中国城市群研究丛书

丛书主编 张学良 肖金成

哈长城市群规划研究

Study on the Planning of Harbin-Changchun Urban Cluster

肖金成 李爱民 等编著

中国财经出版传媒集团

经济科学出版社
Economic Science Press

图书在版编目（CIP）数据

哈长城市群规划研究/肖金成等编著. —北京：
经济科学出版社，2020. 6
（中国城市群研究丛书）
ISBN 978 - 7 - 5218 - 1620 - 4

Ⅰ. ①哈…　Ⅱ. ①肖…　Ⅲ. ①城市群 - 城市规划 -
研究 - 哈尔滨、长春　Ⅳ. ①F299. 273

中国版本图书馆 CIP 数据核字（2020）第 095384 号

责任编辑：于海汛　陈　晨
责任校对：齐　杰
责任印制：李　鹏　范　艳

哈长城市群规划研究
肖金成　李爱民　等编著
经济科学出版社出版、发行　新华书店经销
社址：北京市海淀区阜成路甲 28 号　邮编：100142
总编部电话：010 - 88191217　发行部电话：010 - 88191522
网址：www. esp. com. cn
电子邮箱：esp@ esp. com. cn
天猫网店：经济科学出版社旗舰店
网址：http：//jjkxcbs. tmall. com
北京季蜂印刷有限公司印装
710 × 1000　16 开　18. 75 印张　390000 字
2020 年 6 月第 1 版　2020 年 6 月第 1 次印刷
ISBN 978 - 7 - 5218 - 1620 - 4　定价：75. 00 元

中国城市群研究丛书
学术委员会

中国城市群研究丛书
编辑委员会

《哈长城市群规划研究》课题组成员

组　长：

肖金成　中国区域科学协会理事长、国家发改委国土地区所研究员、中国社会科学院研究生院博士生导师

成　员：

汪阳红　国家发改委国土地区所综合研究室研究员

刘保奎　国家发改委国土地区所区域战略研究二室主任、副研究员

张　燕　国家发改委国土地区所区域战略研究一室副主任、副研究员

滕　飞　国家发改委国土地区所国土开发研究室副主任、副研究员

李爱民　国家发改委国土地区所城镇发展研究室副主任、副研究员

马燕坤　国家发改委经济体制与管理研究所区域城乡室副研究员

申现杰　国家发改委经济所财政研究室助理研究员

陈梦筱　郑州航空学院副教授、首都经贸大学博士研究生

余　勤　中国人民大学博士研究生

中国城市群研究丛书
主编简介

张学良，1978年6月生，安徽安庆人，经济学博士，中国区域经济50人论坛成员，上海财经大学长三角与长江经济带发展研究院执行院长。上海财经大学讲席教授、创新团队首席专家，博士生导师，美国密歇根大学、佛罗里达大学访问学者。入选中组部国家“万人计划”哲学社会科学领军人才、中宣部文化名家暨“四个一批”人才、教育部新世纪优秀人才等多个国家级人才计划，为国家社科基金重大项目首席专家，兼任全国经济地理研究会副会长、长三角城市经济协调会专家咨询委员会专家，主持了国家社科基金重大（重点）项目、国家自然科学基金项目与各级政府委托重大课题50余项，研究方向为区域经济与城市经济。

肖金成，1955年9月生，河北邯郸人，经济学博士，研究员，享受国务院特殊津贴。现任中国宏观经济研究院研究员、中国社会科学院研究生院博士生导师、中国区域经济学会副会长、中国区域科学协会理事长。曾任国家发展和改革委员会国土开发与地区经济研究所所长、国家发展和改革委员会经济研究所财政金融研究室主任、国家原材料投资公司财务处处长、中国城市规划学会区域规划和城市经济委员会副主任委员。2011年，被中国国土经济学会评为“中国十大国土经济人物”，2012年，被中国国际城市化发展战略研究委员会评为“中国城市化贡献力人物”，被中国科学技术协会评为“全国优秀科技工作者”。

序

大力推动城市群高质量发展

城市群是城市发展的最高层次的空间组织形式。作为资源要素的主要集聚地和协同创新的最强承载体，城市群在区域和国家经济社会发展中发挥着核心支撑作用。资料显示，世界排名前40名的城市群为全球贡献了66%的经济总量和85%的科技创新成果，而城市群都是各国经济发展格局中最具活力和潜力的地区①。我国已由高速增长阶段转向高质量发展阶段，抓住世界百年未有之大变局带来的机遇，适应形势变化构建以国内大循环为主体、国内国际双循环相互促进的新发展格局，实现国家经济更高质量、更有效率、更加公平、更可持续、更为安全的发展，必须高度重视城市群发展，采取更加有力的举措推动城市群建设。

一、进一步认识推动城市群发展的重要意义

党的十八大以来，我国把城市群作为新型城镇化的主体形态予以积极部署、大力推进。在《国家新型城镇化规划（2014—2020年）》中，对优化提升东部地区城市群、培育发展中西部地区城市群和建立城市群发展协调机制作了安排。国家“十三五”规划纲要明确了城市群的具体建设任务。近些年来，19个城市群和2个城市圈的规划编制工作相继展开。党的十九大报告进一步指出，要以城市群为主体构建大中小城市和小城镇协调发展的城镇格局。十九届五中全会通过的

① 范恒山：《推动长三角城市合作联动新水平》，载于《智库时代》2017年第4期，第57页。

《中共中央关于制定国民经济和社会发展第十四个五年规划和二〇三五年远景目标的建议》强调，发挥中小城市和城市群带动作用，建设现代化都市圈。在新的发展阶段，践行新发展理念，推动形成新的发展格局，应进一步认识并充分发挥城市群建设的重要作用。

第一，有利于促进城乡区域协调发展。当前我国存在的主要问题是发展不平衡不充分，而这在城乡区域发展方面表现得尤为突出。东西部差距过大问题没有完全解决，南北地区悬差又凸显出来；近些年城镇居民与农村居民人均可支配收入比有所缩小，但综合考量城乡差别依然很大。建设城市群有利于加快缩小城乡间、地区间的发展差距。城市作为优质资源要素的主要集聚地，不仅构成了经济社会发展的主体动源，而且是带动区域发展的核心力量，而由多个城市有机组合而成的城市群，依托其网状形态和联动机制对周边地区发挥着更加广泛和更具强度的辐射带动作用，从而能大大加快欠发达地区的发展进程。不仅如此，依据东部、中部、西部地区资源禀赋和发展潜能构造城市群功能和布局供应链价值链，则可以形成区域间联动发展、合作共赢的格局。就城市群内部看，通过城市间的合理分工及交通通信等基础设施网络连接等举措，不仅能发挥中小城镇各自的比较优势，还可以充分发挥中心城市的引领带动作用，促进域内各城市间在关键领域和重点环节的一体发展、协调发展，从而大大提升相对落后地区的发展速度与品质。

第二，有利于防止和治理“大城市病”。城镇化发展进程蕴含着两个演进趋势，一个是农村生产要素向城镇的流转集聚，这更多地体现为土地城镇化的发展；另一个是产业和人口等向大城市的转移集聚，这更多地体现为人口城镇化的发展。前一种演进容易形成粗放发展，而后一种演进很容易导致“城市病”。大城市具有吸引众多人口和企业进入的综合优势，众多人口企业的进入推动了城市产业多元扩张和功能全面拓展，大而全的产业体系和混杂的功能结构，造成城市不堪重负，从而形成了交通拥堵、环境污染、资源浪费等一系列“城市病”。因此，注重于发展单个城市，不仅大概率会使城市患上各种病灶，而且一旦患“病”，很难通过自己进行有效治理。发展城市群则能够较好地解决这个问题。通过功能疏解重组既能够化解中心城市面对人口多、产业杂、环境乱、服务难等难题，又能强化各适宜中小城市的主体功能，推动其产业结构和公共服务等的优化提升。借此也能有效克服各城市间基于局部利益造成的不良竞争，促进优势互补、资源并济和风险共担。

第三，有利于进一步提升资源配置效率。作为由众多不同规模等级城市组合而成的空间结构紧凑、经济联系紧密的有机体，城市群为一体发展、协同运行提供了坚实的组织体系和空间构架，而一体发展、协同运行给城市个体和城市群整体都能带来强大的发展动能。城市间的合理分工减少了不良竞争、带来了地区协作，防止了资源配置分散、带来了专业效能的提升，强化了比较优势、提供了产业衔接配套条件。与此同时，在一体化、同城化等机制下，各城市可以突破行政区划约束，在城市群范围内自由进行资源要素配置，这不仅能有效化解自身面对的“巧妇难为无米之炊”困境，还能大大降低配置成本，提高适配水平，从而大大提升发展质量与效率。

第四，有利于加快形成双循环战略格局。城市群不仅是国家和地区发展创新的主体，而且是全面承载生产、分配、流通、消费过程，衔接供给、需求体系，连接国内外市场的平台，城市群的循环不仅是国家双循环的基础与支撑，也是动能和推手。通过加强城市群各城市间跨行政区的开放合作，打破阻梗与封锁，畅通内部“小循环”，实现中心城市的引领带动作用与其他城市联动崛起效应的有机结合，全面激发各个地区的发展潜能，提升城市群整体竞争力，带动周边区域加快发展。通过深化城市群间的开放合作，形成合理的区域分工和全方位的合作联动局面，形成供给与需求的配套促进、产业链创新链的联动提升，通过发挥内需潜力，使国内市场和国际市场互相联通，持续挖掘新动能、拓展新空间。

二、不断提高城市群的建设水平

契合经济进入高质量发展新阶段的要求，服务加快推进国家现代化建设重大使命，努力在形成新发展格局中担当砥柱职责，我国城市群发展必须走内涵式的高质量发展道路。要遵循客观规律要求，着眼解决关键问题，不断提高城市群的建设水平。考虑到城市群建设所涉及领域的广泛性与关系的复杂性，在具体方略上，宜坚持从实际出发，灵活施策、多措并举。特别要围绕五个方面下功夫。

第一，强化区域战略协调互动，进一步优化城市群功能分工。囿于历史基础和自然禀赋的差异，我国城市群在国土空间中总体呈现出“东高、中平、西低”的分布格局，而东部地区城市群的经济实力、可持续发展能力远远领先于中西部地区城市群。现有城市群本身发展很不平衡，既有已经较为成熟的，也有正在快速发展之中的，还有处于培育形成阶段的。这种不平衡状态要求城市群发展在总体战略上坚持分类指导、因地制宜，并根据各城市群的发展水平和比较优势，进一步明确功能定位、确立发展重点。在此前提下，应大力推动成熟型城市群与发展型城市群，培育型城市群的战略互动。长三角、粤港澳、京津冀等成熟型城市群应充分发挥辐射带动作用，将发展型城市群和培育型城市群作为产业转移和跨区域合作的主要依托，发展型城市群和培育型城市群应进一步加强与成熟型城市群的交流合作，一方面，通过移植借鉴成熟经验和科学做法，夯实经济社会运行和治理的软硬基础，建立国际一流的发展环境；另一方面，通过飞地经济、租赁经济、托管经济、共享经济、平台经济等多种组织形态和合作模式，实现优质资源要素的共享互补，进一步强化地区比较优势和特色经济体系。

第二，加快都市圈建设，完善城市群空间结构。通常意义上，都市圈是城市群内部以超大特大城市或辐射带动功能强的大城市为中心，以约1小时通勤圈为基本范围的城镇化空间形态，它以同城化为方向，构筑中心城市和周边城市一体化发展的运行格局。都市圈是城市群的基本支撑和主要带动力量，从根本上决定着城市群发展的能量与质量。放眼世界，城市群的发展几乎都得益于都市圈的优强发展。据2018年美国经济分析局数据，纽约大都市区以占美国东北部大西洋沿岸城市群不到25%的总面积集聚了超过40%的就业，创造了约40%的国民生产总值，其集聚带动效应十分显著。因此，推动城市群发展，必须加快都市圈建设。都市圈建设仍然要坚持分类指导、因地制宜总体原则，而操作的重心，一方面应是进一步塑造和突出中心城市的主体功能，增强其核心竞争力；另一方面则是大力推动中心城市与周边城市的一体发展、协调联动，这两个方面应该有机结合、相互支撑。可以利用空间换产业、市场换技术、园区换资本等手段，在疏解中心城市非主体功能的同时，将中心城市发展中的一般功能和“臃肿”事务向周边地区进行“梯度转移”，扶助周边地区突破发展的瓶颈制约。同时，以体制机制创新为保障，以基础设施一体化为支撑，促进中心城市和周边城市市场统一建设、产业错位布局、公共服务协同共建、生态环境一体保护，在合作联动中实现互利共赢。通过促进中心城市和周边地区功能互补和同城化建设，进一步完善城市群的空间结构，形成更大的发展能量。

第三，依托经济联动规避行政区划约束，最大限度地提升城市群综合承载能力。我国京津冀、粤港澳、长三角、成渝等19个城市群承载了全国78%的人口，贡献了超过80%的地区生产总值，成为承载资源要素、引领经济发展的主要空间载体。其中的奥妙在于，城市群各城市间通过协调联动强化了资源要素的跨行政区划配置，即通过拓展经济边界提升区域资源能源、生态环境、基础设施、公共服务等对经济社会发展的承载和支撑能力，缓解单个城市因行政区划限制所受到的土地、生态、环境等的约束。推进城市群发展，应进一步通过共建经济区、深化互补性经济合作、促进体制对接与市场开放等途径，突破行政边界限制，打通人员、资金、技术、土地、数据等要素的自由流动通道。土地是城市群发展的核心要素，往往受制于行政区约束和城市分割，应作为城市群改革创新的重点。就这方面而论，在加强建立全国性建设用地、补充耕地指标跨区域交易机制探索的同时，重点应加快城乡结合部农村集体土地制度改革，盘活存量建设用地，并深化农村宅基地制度改革试点，完善城乡建设用地增减挂钩政策，通过这些举措改变中心城市土地紧缺而外围地区土地闲置的不良状况。

第四，强化数字技术开发利用，夯实城市群现代化建设的智能基础。伴随全球新一轮科技和产业革命的蓬勃兴起和深入发展，以互联网、大数据、人工智能等为代表的数字技术将直接作用于经济发展，形成“数字经济+”模式，带动人类社会生产方式变革、生产关系再造和生产空间重构。如果说过去区域经济乃至整个国民经济的快速发展在很大程度上得益于各类战略的大力推动的话，那么数字技术将成为现在和未来国家高质量发展的核心支撑力量。对于城市群建设来说，数字技术不仅是高效运行、有效治理和一体联动的支撑，还是内涵拓展、品质提升、功能集聚的条件。要把握新的科技革命的机遇，立足争取未来发展的主动地位，加快推进城市群数字技术的开发利用。在这方面应当竭尽所能，能走多快就走多快。当前应当重视的是，加快5G基站、智慧高速公路、未来社区等数字基础设施或运行载体在城市群内深度布局；大力推动传统产业数字化改造，促进制造业与数字技术融合发展；结合本地比较优势，发展和壮大数字经济核心产业；加快完善相关法律法规体系，优化数字经济投资促进机制，强化保障措施。通过努力，在城市群内形成优质高端、开放包容的数字技术基础设施与经济运行体系。

第五，协调优化“三生”空间，努力提高城市群的内在品质。高质量发展的城市群应当是生产、生活和生态功能的有机结合体。回顾我国城镇化发展历程，“三生”空间布局失衡是一个突出问题。在比较长的一个时期里，对生产功能的过度重视，导致生活空间和生态空间不断被蚕食侵夺，相应影响了城市品质的提升和人民福祉的增长。随着新发展理念特别是绿色发展理念深入人心，今天城市生态和生活空间建设已受到各方面高度重视，但协调发展和优化布局仍然面临着不少难题。必须明白，城市群发展“三生”协调并不是简单强化自然景观或休闲场所建设，不是三种功能空间的物理拼凑，而是从整体规划到具体设计上全方位多层次体现三者的交融耦合。高质量发展前提下的“三生”协调，要把绿色作为全部经济社会活动的底色，融入到生产格局和生活方式之中。要站在绿色发展、经济发展与环境保护有机结合、人和自然和谐共生的基点上来考虑“三生”的建设与布局，通过“三生”的融合协调，更好地满足人民日益增长的美好生活的需要，实现城市群的高品质建设、高质量发展。

三、完善城市群一体化发展的支撑协调机制

城市群在超越单个城市的更大空间范围内承载着资源要素的集聚与配置，它不是简单的城市集合体，而是特定空间内由不同规模等级的城市在分工与协作基础上形成的具有密切联系的一体化功能区域。可以说，一体化是城市发展的基本品质所在，也是其旺盛的持续发展潜力所在，而一体化的本质和核心则是资源要素的无障碍自由流动和地区间全方位开放合作。因此，推动城市群发展，还要以促进资源要素自由流动和各城市间全方位开放合作为导向，建立健全各种支撑协调机制，尤其要重视如下一些方面的机制建设。

第一，完善规划指导协调机制。事前的统筹布局、一体规划不仅可以避免低水平重复建设，还可以促进各个城市的发展紧扣自身功能

定位，充分发挥比较优势，从而促进城市群内部合理分工与协调发展，进而提升区域的整体竞争能力。我国实施规划指导具有特殊的优势和丰富的经验，世界上一些国家和地区在城市群规划建设方面也有可资借鉴的做法。例如纽约都市区区域规划协会的工作经验表明，尺度较小、精准度较高的区域规划更能促进区域间交流合作。因此，应当进一步完善城市群规划的指导、管理与协调机制，在强化政府规划部门指导的同时，针对不同区域的城市群发展建立社会层面的规划引导和协调机制。在规划重点上，考虑到都市圈发展对城市群发展的特殊功能，应在统筹谋划城市群发展总体方向、战略布局、地区特色和发展重点的同时，把加强都市圈建设的规划指导与协调放到突出重要的位置。

第二，创新产业集群发展跨区域协调机制。产业集群的跨区域建设是城市群建设的核心内容，而形成世界级产业集群是实现城市群高质量发展的关键支撑。产业集群组织在欧盟、美国、德国、日本等发达国家世界级产业集群的建设过程中发挥了至关重要的作用。在坚持政府引导、市场决定和企业推动的基本思路与操作原则的基础上，我国推动城市群内跨区域产业集群建设，还应借助已有的区域合作机制，尝试建立包括政府、企业、高校、科研院所、行业协会、投资机构等在内的多元化集群管理组织架构，通过其更好协调各方利益，维护公平竞争秩序、优化产业结构，并不断推动产业发展政策的调整和创新，支持先进特色产业做强做大。

第三，探索公共服务优化配置机制。以医疗、教育为代表的公共服务跨地区共享是城市群高质量一体化发展重要标志，也是提升人民群众获得感和幸福感的重要途径，但在现阶段仍然是城市群建设的一个难点。解决这一难题，一个可以探寻的思路是建立教育、医疗协同发展体系、形成公共服务跨区域优化配置机制。在具体操作上，可以通过中心城市医疗、教育等公共服务部门与周边地区签署合作协议等方式，促进资源共享、研训协同；可以采取设立分院、科室合作、学校共建、专家义诊、线上云平台等办法促使中心城市优良医疗教育资源服务于周边城市居民。值得强调的是，此次新冠肺炎疫情的突然袭击，警示城市群建设必须高度重视生物安全和卫生安全。应依此进一步优化城市群空间布局和城市建设格局，完善突发公共卫生疫情联防联控机制，健全跨区域公共卫生应急管理体系，做到反应及时、应对有力，严谨有序、万无一失。

第四，建立成本共担、利益共享机制。交通基础设施互联互通、生态环境联保联治、产业发展协同协作、市场要素对接对流等跨区域事务都涉及成本分担和利益分配问题。保障城市群一体化高质量发展应进一步畅通多层次政府间沟通协商机制，按照稳定存量、改善增量的原则，建立成本共担、利益共享的分配机制，以全面调动各城市、各地区的积极性。为切实推进一体化发展进程，可以以政府资金为引导，探索设立城市群共同投资基金，相应建立科学效能的基金投资决策机制和运行监督机制。

总体来说，城市群发展是一项宏大而又艰巨的系统工程，要审时度势、统筹兼顾，并谋于高远、工于细末。特别是要基于百年未有之大变局的形势和实现高质量发展、建设现代化的要求来谋划和推进。通过持续努力，我国城市群真正成为带动国家发展的创新高地和核心增长极。

顺应新形势新使命的要求，上海财经大学张学良教授等发起的中国城市群研究联盟运用“互联网 + 科研”的新思维，采取“众筹、众包、众研”的项目组织方式，从 2017 年 7 月起，在深入调研的基础上，对我国城市群发展的诸多理论与现实问题进行了全面系统的研究，经过艰苦努力，编写出了《中国城市群研究丛书》。该丛书在梳理京津冀城市群、长三角城市群、粤港澳大湾区、成渝城市群、长江中游城市群、中原城市群、关中平原城市群、山东半岛城市群、滇中城市群、环鄱阳湖城市群、呼包鄂城市群的地理环境、历史脉络与发展历程的基础上，对我国城市群空间结构、产业发展、交通网络、经济联系、区域合作、资源环境承载能力等进行了分析论证，揭示了当前城市群发展取得的基本成就和存在的主要问题，提出了未来实现高质量发展的方向性思路与操作性建议。这套通过各团队成员集体参与、充分沟通，可谓集百家之所长、融众人之所思的丛书，将思想性、政策性、学术性、资料性归为一体，特色鲜明、见解独到，不乏真知灼见，是了解、研究和推进我国城市群发展不可多得的工具类书籍，于理论研究者、政策制定者、实践推进者诸都适用。若据而读之，必深受其益。故此竭力推荐，希望引起关注。

范恒山

2020 年 11 月 21 日

代序

城镇化战略与城市群规划

城镇化战略在中国已经达成了共识。城镇化关系到经济发展、社会发展，关系到人口素质的提高。城镇化和城市建设存在非常密切的关系，城市和城镇是城镇化的载体。城市规模的扩大和城镇数量的增加，使中国涌现出若干城市群。通过城市群规划，促进城市的分工合作与功能互补，实现大中小城市与小城镇协调发展。

一、城镇化与城镇化战略

城镇化作为农村人口从分散的乡村向城市和城镇集中的历史过程，是一种世界性现象。进入21世纪，中国开始实施城镇化战略，城镇化速度不断加快。中国“十五”计划（2000—2005年）纲要提出“要不失时机地实施城镇化战略”。中共十九大报告提出：“以城市群为主体构建大中小城市和小城镇协调发展的城镇格局，促进农业转移人口市民化。”

加快农村富余劳动力向城市和城镇转移，提高城镇化水平，是中国全面建成小康社会、实现全面现代化的必然选择。一是城镇化是解决日益严重的农村富余劳动力的根本出路。农业现代化的顺利推进，需要将滞留在农村的大量富余劳动力转移到城市和城镇的二三产业，摆脱严重失调的人口城乡分布格局对国民经济持续健康发展的制约。根据国家统计局的数据显示，2000年，中国的城镇化水平为36.22%，农村人口为8.08亿人；2017年，中国的城镇化水平为58.52%，农村人口仍有57688万人，还不包括2亿多的农民工。二是城镇化是提高人口素质的重要举措。城镇丰富的教育资源和高效的资源利用有利于人口科学文化素质的提高。三是城镇化有利于减轻生态脆弱地区的压力，从而改善生态环境。随着城镇化进程的不断推进和城镇化水平的不断提高，农村居民的数量不断减少，农民人均收入不断提高，对土地等自然资源的压力也随之降低，为生态退化问题的解决提供了重要条件。

统计数据表明，城镇化水平每提高1%，就可拉动当年国民生产总值的1%～2%。[①] 由此可见，城镇化已经成为决定中国经济增长的关键性因素，不加快城镇化进程，就难以实现农业现代化，中国国民经济发展就难以跃上一个新台阶。

城镇化的本质是实现人口由农村向城市和城镇的转移，城镇化的最终目的是要为人的全面发展创造条件，让进城的农民进得来、留得住、过得好。解决农业转移人口（农民工）问题是城镇化战略的重要组成部分，正确的选择是让进城的农民留下来，并且让他们的家属进城居住。解决农民工问题的基本途径就是农业转移人口市民化。

农业转移人口市民化就是让已进城的农民工不管是在大中城市，还是小城市、小城镇都能享受与城市居民同等的福利待遇、享受同等的社会保障、同等的权利与义务，不再是城市的“边缘人”。农业转移人口市民化可从解决农民工的福利与保障入手，再逐步解决其他问题。

中国改革开放以来，一批批农民脱离农业，离开农村，进入工厂，进入城市，形成了庞大的农民工群体，他们不仅为中国的工业化作出了贡献，也为城镇化作出了贡献，但时至今日，虽然在统计数据上大部分已属于城市常住人口的一部分，但身份问题没有解决，大多数人的家属没有进城，未能享受城市居民平等的待遇，所以，农民工问题受到社会各界的广泛关注。

首先应该解决的是农民工的社会保障问题。在社会保障制度方面，主要是解决流动人口社会保障的可转移问题。加快农民工输入和输出大省之间进行养老保险关系转移的对接试点工作，在取得经验的基础上推向全国。应尽快研究建立不分城乡区域的社会保障体系。其次是

---

① 肖金成：《城镇化战略与城市群的发展》，载于《今日国土》2013年第9期，第15～17页。

农民工的子女教育问题。儿童教育当然应是输入地政府的责任，不应该有任何的歧视。实质上这已不是农民工的福利而是农民工子女的权益，应追究城市政府不作为的责任。再次，在住房方面，要城市政府包下来也不现实，应多层面完善农民工的住房问题。参照城市居民住房公积金制度，制定并实行外来务工人员住房公积金制度，对建立公积金账户的外来务工人员允许其以公积金购房和支付房租；建设一批小户型的廉租房，向包括外来人口在内的无力购房的低收入群体出租。在户籍制度方面，应废除城乡分割的户籍制度，建立全国统一的以居民身份证和居住证为基本依据的人口管理体制。超大城市和特大城市可建立有序的准入制，降低门槛，允许符合具有可靠职业和稳定收入的外来人口在经常居住地落户，引导流动人口融入当地社会。城市应该宽容、主动、创造条件去接纳农民工成为城市居民。鼓励家庭移民，家庭中凡有一人在城市有固定职业者，允许其家庭成员落户。

二、城市群：城镇化的主体形态

进入21世纪，中国区域经济发展的重要特点是城市群的出现。城市群是在工业化、城镇化进程中出现的区域空间形态的高级现象，能够产生巨大的集聚经济效益，是国民经济快速发展、现代化水平不断提高的标志之一。所谓城市群是在特定的区域范围内云集相当数量的不同性质、类型和等级规模的城市，以一个或几个特大城市为核心，依托一定的自然环境和便捷的交通条件，城市之间的内在联系不断加强，共同构成一个相对完整的城市“集合体”。在城市群范围内，原来单个的城市和另外的城市形成了互补关系，大城市的功能不断升级，给小城市和小城镇带来了机遇。小城市和小城镇在城市群范围内，区位劣势在弱化，而成本优势在强化。原来一些小城市之所以发展缓慢，是因为有区位劣势，产业和人口难以集聚，始终保持很小的规模，但在城市群中，由于交通条件的改善，区位劣势被化解。小城市和小城镇要素成本很低，比如零部件产业就可以在小城市和小城镇得到发展。长三角城市群、珠三角城市群之所以有很多小城镇能够集聚那么多产业，和处于城市群之中有非常密切的关系。另外，在城市群里大中小城市和小城镇能够协调发展，而且基础设施能够共享共用。

一个区域是否形成了城市群，需具备三个条件：一是要有一定的城市数量；二是要有大都市，没有大都市，都是中小城市，各自的辐射半径就很小，城市和城市之间难以形成合理分工；三是城市之间的联系要十分密切，交通十分便捷。

根据我们的研究，中国已经形成了十大城市群，即长三角城市群、粤港澳大湾区城市群、京津冀城市群、长江中游城市群、川渝城市群、中原城市群、辽中南城市群、山东半岛城市群、海峡西岸城市群和关中城市群。这十大城市群的面积约占全国国土面积的10%多一点，承载人口占全国1/3多，GDP占全国的比重将近2/3。①

未来还会形成几大城市群，如湘东城市群、江淮城市群、北部湾城市群、哈长城市群、天山北坡城市群等。原来大家只听说过长株潭城市群，实际上这三个城市离得很近，这三个城市实际上是一个城市的三个组团，它的发展会带动周边城市的发展，如益阳、衡阳、岳阳、娄底和常德，还有江西的萍乡，会形成以长株潭为核心的湘东城市群。像长沙、合肥、长春、哈尔滨、南宁、乌鲁木齐，近年来发展非常快，随着辐射半径的扩大，和周边城市的联系不断加强，城市群就有希望形成。

总之，由于中国人口众多，适宜人类生存发展的国土空间并不大，绝大多数人集中生活在东中部平原地区，所以，中国的城市群不仅数量多，而且规模大。我们预测，中国将形成若干世界级城市群。长三角城市群已经名列世界第六大城市群，珠三角将与香港、澳门融为一体，形成比珠三角范围更大的粤港澳大湾区世界级城市群。未来，京津冀和山东半岛两大城市群将融合为一体，形成京津冀鲁世界级城市群，还有长江中游地区、川渝地区、东北地区，也有可能形成世界级城市群。这些世界级城市群将矗立在世界的东方，和美国、美加、欧洲、英国、日本的世界级城市群遥相辉映。

三、城市群规划：城市分工与功能互补

为什么要做城市群规划？因为在城市群内部，由于区位的变化，

---

① 肖金成、申兵：《我国当前国土空间开发格局的现状、问题与政策建议》，载于《经济研究参考》2012年第31期，第15～26页。

竞争比较激烈，如北京与天津、广州与深圳、沈阳与大连、济南与青岛、福州与厦门等，均要发展成为金融中心，出现“虹吸效应”和“寡头效应”，周边城市很难发展起来，而核心城市由于功能过度聚集，出现了比较严重的“大城市病”。因此需要国家出面进行规划，明确各自的分工，消除行政壁垒和恶性竞争，促进城市间的合作。2010年，中共中央、国务院批准的《全国新型城镇化规划》指出，科学规划城市群内各城市功能定位和产业布局，缓解特大城市的压力，强化中小城市产业功能，增强小城镇公共服务和居住功能，推进大中小城市一体化建设和网络化发展。

城市群如何规划？城市群规划与区域规划和城市规划有很大的区别。区域规划范围一般大于城市群规划，规划对象既要包括城市也要包括农村，内容比较庞杂。城市规划主要对一个城市未来一定时期扩展的部分与需要重建或改造的部分进行设计，包括交通设施、地下基础设施、空间布局、城市风貌等，一般不涉及其他城市，甚至也不涉及农村。而城市群规划的对象是城市群范围内的城市和城镇，确定各城市的功能及相互之间的关系等。

第一，科学界定城市群的范围。城市群包括多个城市，但范围并非越大越好。是否纳入城市群范围，应根据城市的辐射半径、城市之间的联系度和交通条件。城市的辐射半径最远不会超过200公里，也就是说大都市的辐射半径远一些，小城市的辐射半径会近一些。一般来说，都市有都市圈，城市有城市圈，都市圈和城市圈相互耦合，也就是各自辐射的范围连在一起，城市群的范围就清楚了。

第二，明确城市群内各城市的功能定位。城市群内的每个城市都要承担一定的功能，根据产业基础、比较优势进行分工。比如京津冀城市群，北京的功能、天津的功能、河北省各城市的功能均要在规划中明确。

第三，确定城市群的空间布局。预测城市群内大都市和其他城市发展的速度和方向，明确同等规模城市之间的关系，确定哪个城市重点发展哪些产业？各城市发展到多大规模？为各城市的规划提供依据。

第四，构建合理的城镇体系。城市群内有特大城市甚至有超大城市，也有大城市、中等城市、小城市，还有小城镇。规划主要明确大中小城市和小城镇之间的关系，构建比较合理的城市体系。我们说京津冀城市群城市体系不太合理，是因为有两个1000万以上的超大城市，经济实力很强，吸引力很强，而河北省均是300万人以下的城市，存在断崖式落差，所以，在城市群内建立合理的城镇体系非常重要。

第五，产业发展与分工协作。产业选址、产业发展一般由企业决策，但在规划中可明确负面清单，即明确哪些城市不能发展什么产业，如核心城市一般发展现代服务业，限制发展劳动力密集型制造业，禁止发展高排放产业。产业链条应向整个城市群延伸，向中小城市和小城镇延伸，促进产业分工协作。

第六，基础设施互联互通。之所以要对城市群进行统一规划，直接动因就是要解决“断头路”问题。交通一体化和建设交通网络体系是城市群规划的重要内容。

第七，生态环境共建共保。城市群中有的城市在流域的上游，有的城市在下游，流域上下游要一体化规划，规划生态走廊，划定生态红线，共同保护生态环境。

第八，基本公共服务共享。在城市群内一体化的公共服务十分必要。规划中要明确缩小公共服务差距的途径与举措。

此外，要有保障措施，上级政府应加强组织领导，强化督促检查。要推进体制机制创新，如建立市长联席会议制度，建立合作办公室、建立共同发展基金等。

在城市群丛书出版之际，我将城市群丛书组稿会上的发言作为序言，希望城市群丛书得到研究城镇化和城市群的学者的欢迎，希望社会各界的读者了解和认识城镇化和城市群。

肖金成

2020年2月14日

总前言

城市群的日益崛起是当前我国区域经济发展的一个重要特征。伴随着城镇化的快速推进，城市之间的联系日益密切，企业和要素的跨城市配置日益明显，一个城市的发展愈发受到其他地区和城市影响，传统的行政区逐渐向经济意义上的功能区转变，由地域上相近的不同规模和功能的多个城市聚合而成的城市群逐渐成为我国区域经济发展的主要空间单元，同时，以城市群为主要载体来实现大中小城市和小城镇的协调发展也已成为被普遍认可的城镇化道路。党的十九大报告指出，要以城市群为主体构建大中小城市和小城镇协调发展的城镇格局。《中共中央关于制定国民经济和社会发展第十四个五年规划和二〇三五年远景目标的建议》也进一步提出，要发挥中心城市和城市群带动作用，建设现代化都市圈。此外，国家还集中出台了多项有关城市群和经济区的专项规划，特别是近年来京津冀协同发展、粤港澳大湾区建设、长三角一体化发展、成渝双城经济圈上升为国家战略，更加凸显了城市群在区域发展中的重要作用。

城市群的崛起源于其特定的竞争优势，这种优势内生于城市群的形成和演化过程之中。城市伴随着集聚经济而发展，产生两个好处：地方化经济与城市化经济，二者推动专业化城市和综合性城市的形成。但是，当城市发展到一定规模，经济活动在单个城市的集中会带来集聚不经济问题，此时要素和产业会从中心城市以人流、资本流、信息流和商品流的形式沿着交通轴线和通信渠道向外围低梯度城市地区扩散，甚至在区域其他地方产生新的经济中心，这些新的经济中心与原来的经济中心在发展和空间上相互联系、组合，形成区域的经济中心体系。每个经济中心都会有与其规模相应的大小不一的外围地区，这样，区域中就出现了若干规模不等的“中心—外围”空间结构，大、中、小城市在地理空间上“聚集”在一起，并最终形成一个完善的由不同等级规模城市构成的城市体系，即城市群。

城市群的核心竞争力在于城市群经济效应。城市群是基于交通高度发达、社会分工深化、市场深度扩张、要素高度聚集而演化形成的空间组织形式，从城市向城市群的演进，是经济集中化的产物，体现了生产从企业聚集到产业聚集再到城市聚集的延伸，能够实现要素在更大范围城市体系内的集聚与整合。现有理论强调单一城市的集聚对城市内部市场主体形成的外部性，但城市之间彼此的空间聚集和联动发展也会形成一种互为溢出的外部性，产生“1+1>2”的更强的经济效应，提高城市群整体的资源配置效率，获得更大的规模效益和分工收益。城市群经济的发挥就在于集聚空间由城市向城市群的扩展，地理邻近、功能邻近、交流邻近能够带来城市间交易成本的降低和知识信息的溢出，使得网络外部性作用得以充分发挥，实现城市与区域间的经济边界、行政边界、地理边界与社会文化边界的耦合。所以，要真正实现地方化经济和城市化经济向城市群经济的延伸，城市群各个城市之间必须要形成联系密切、结构合理、布局优化的城市体系。只有通过整合发展，构筑合理的城市等级规模结构、产业分工结构和空间布局结构，实现各个城市在市场一体化基础上的密切联系和交流，才能优化要素配置，发挥城市群经济的优势，从而具备更强的竞争力。中国地域广阔，各大城市群的发展必然处在不同的发展阶段，资源环境所承载的人口规模和经济发展水平也均有不同，我们在前期的系列研究中，也将处于不同发展阶段的城市群划分为成熟型城市群、发展型城市群和形成型城市群，以因地制宜、分类指导，更好寻求其各自发展的侧重点。

由此看来，城市群问题是中国区域经济发展的重大综合性问题，需要综合多学科开展系统性、整体性、协同性的深化研究。为此，一直以来坚持以“组织科研”方式创新、实现“科研组织”形式变革的中国城市与区域实验室（CCRL），于2017年7月，与南开大学城市与区域经济研究所、中国人民大学区域与城市经济研究所、兰州大学经济学院、西南民族大学经济学院、东北财经大学国民经济管理研究所、中山大学城市化研究院、首都经济贸易大学特大城市经济社会发展研究院、哈尔滨工业大学（深圳）经济管理学院、哈尔滨工业大学经济管理学院、湖南师范大学资源与环境科学学院、武汉大学、中国地质大学（武汉）、中国海洋大学法政学院、山东省城乡规划设计研究院、河南工业大学、云南师范大学旅游与地理科学学院、广西大学商学院、江西师范大学江西经济发展研究院、山西财经大学资源型经济转型发展研究院、内蒙古大学经济管理学院、安徽财经大学经济学院、新疆财经大学经济学院、上海财经大学区域经济研究中心等23个研究机构共同发起成立了“中国城市群研究联盟”，并举办了系列城市群发展高端论坛。该联盟旨在让一群对中国城市群有研究基础、有研究能力、有研究兴趣的学者或团队聚集在一起，运用“互联网+科研”的新思维，秉持“众包、众筹、众研”的项目组织方式，让学术回归学术，平等参与、平等讨论，充分发挥科研比较优势，分享研究成果，共享知识溢出，构建中国城市群研究的学术生态圈。

《中国城市群研究丛书》就是在联盟成员充分沟通、达成共识的基础上，共同参与、集体创作的综合性研究成果。全书结合中国城市群发展实际，坚持用数据说话，牢固树立问题导向，从理论与实践相结合的高度，对我国城市群发展作出全面考量与客观评价。各研究团队不仅梳理了京津冀城市群、长三角城市群、粤港澳大湾区城市群、山东半岛城市群、哈长城市群、鄱阳湖城市群、滇中城市群、兰州—西宁城市群、中原城市群、江淮城市群等相应城市群的地理环境、历史脉络与发展历程，研究了不同城市群的空间结构、产业结构、经济结构、区域合作方式与进程，并就不同城市群目前存在的问题与未来的可持续发展方向提出了意见与建议，具有重大的理论价值和现实意义。

展望未来，中国城市群发展的道路、模式、机制等都十分复杂，有中国改革开放空间试验场的独特故事，书中虽对全国各大城市群已经作了比较系统、独特的综合性研究，但在中国进入新发展阶段，以国内大循环为主体、国内国际双循环相互促进的新发展格局中，城市群的理论与实践还在不断发展，关于城市群空间范围科学界定、内部城市间产业分工合理测度、城市联系度量等研究的广度、深度上仍有待深入探索。比如，“大城市—都市圈—城市群”三个空间尺度紧密相连，都市圈作为突破城市行政边界、促进生产要素跨区域优化配置的更小空间尺度，在城市群建设中正发挥着放大城市群核心城市辐射力、突破行政边界束缚、实现区域融合发展的重要作用，是城市群发展不可逾越的阶段。关于此问题的深入探讨，我们会在后续都市圈系列丛书中与各位读者见面，敬请关注。

最后，本丛书是在经济科学出版社领导和编辑同志支持下完成出版的，中国地质大学（武汉）区域经济与投资环境研究中心副主任白永亮教授，内蒙古大学经济管理学院院长杜凤莲教授，新疆财经大学副校长高志刚教授，兰州大学经济学院院长郭爱君教授，山西财经大学资源型经济转型发展研究院院长郭淑芬教授，南开大学城市与区域经济研究所原所长、中国城市经济学会学科建设专业委员会主任江曼琦教授，安徽财经大学经济学院院长李刚教授，广西大学商学院李红教授，中山大学地理科学与规划学院梁育填副教授，哈尔滨工业大学（深圳）经济与管理学院林芳莹助理教授，哈尔滨工业大学可持续发展与城市治理研究所所长马涛教授，中国海洋大学法政学院马学广教授，云南师范大学旅游与地理科学学院潘玉君教授，郑州大学副校长屈凌波教授，深圳市原副市长、哈尔滨工业大学（深圳）经济与管理学院唐杰教授，东北财经大学公共管理学院王雅莉教授，武汉大学经济与管理学院吴传清教授，首都经济贸易大学城市群可持续发展决策模拟北京市重点实验室常务副主任吴康副教授，西南民族大学经济学院原院长郑长德教授，江西师范大学地理与环境学院执行院长钟业喜教授，湖南师范大学资源与环境科学学院副院长周国华教授，安徽财经大学副校长周加来教授等共同参与了丛书的讨论与编写工作。此外，本丛书还得到了国家发改委原副秘书长范恒山教授，中国科学院科技战略咨询研究院副院长樊杰教授，中国科学院地理资源所区域与城市规划设计研究中心主任方创琳教授，中国区域科学协会副会长、南开大学郝寿义教授，中国社科院学部委员、中国区域经济学会会长金碚教授，南开大学经济与社会发展研究院院长刘秉镰教授，中国社科院城市与竞争力研究中心主任倪鹏飞教授，华东师范大学中国现代城市研究中心原主任宁越敏教授，上海对外经贸大学原校长、上海市政府参事孙海鸣教授，中国人民大学区域与城市经济研究所原所长、全国经济地理研究会会长孙久文教授，中国社会科学院农村发展研究所所长魏后凯教授，国家发改委国土开发与地区经济研究所原所长肖金成教授，中国社科院生态经济研究所党委书记、中国区域科学协会会长杨开忠教授，清华大学中国新型城镇化研究院执行副院长尹稚教授，中国科学院赵作权教授等专家学者的关心与支持，特此深表谢意！

张学良

2020 年 11 月于上海

CONTENTS 目录

第一章

总　　论*

哈长城市群①是我国东北地区发展水平最高、发展潜力最大的城镇化区域，是国家推进新型城镇化重点培育的城市群，是引领东北地区加快发展、提升内陆开放水平、增强国家综合实力的重要支撑，在促进区域协调发展和国际合作中具有重要的战略地位。依托哈长城市群发展基础，瞄准哈长城市群战略定位，本章重新谋划哈长城市群总体布局，并在基础设施互联、产业协同发展、生态文明共建、公共服务共享、深化开放合作、体制机制创新等重点领域进行了深入研究，旨在推动哈长城市群高质量发展，在城市群体系中占据有利位置。

一、发展基础

东北振兴战略实施以来，特别是党的十九大以来，哈长地区转型发展迈出新步伐，且依托深厚的历史渊源和合作交流的便利条件，形成了一体化发展的坚实基础。

（一）历史渊源深厚

哈长地区有着悠久的历史，距今两千多年前是北方肃慎族生活区域，汉唐以来受到中央政府的精心管辖，得到较大程度开发。新中国成立后，哈尔滨、齐齐哈尔、长春和吉林都成为新中国重要的工业基地，苏联援建的156项重点建设工程，有20项落在该区域。该区域文化相近，同为满族文化发源地，是东北文化

---

* 本章执笔人：李爱民，男，中国人民大学区域经济学博士，现任国家发展改革委国土开发与地区经济研究所室副主任、副研究员，研究方向为区域经济、城镇化。

① 哈长城市群是中国东北经济合作区域，规划范围包括黑龙江省哈尔滨市、大庆市、齐齐哈尔市、绥化市、牡丹江市，吉林省长春市、吉林市、四平市、辽源市、松原市、延边朝鲜族自治州。

的缩影。东北地区孕育了包括满族、朝鲜族、蒙古族、鄂伦春族、赫哲族等12个民族，具有深厚的民族文化性。清朝时期，中原地区百姓闯关东来到东北，促进了汉民族与当地民族的融合。

（二）区位优势独特

哈长城市群地处中国、日本、韩国、朝鲜、俄罗斯、蒙古国六国组成的东北亚腹心地带，是东北亚国际次区域的重要组成部分。哈长城市群东与俄罗斯、韩国、朝鲜接壤，与日本隔海相望；北与俄罗斯远东地区通过黑龙江和乌苏里江相望；西与中蒙大通道连接，通向中亚、欧洲；作为第一欧亚大陆桥的重要组成部分，哈长城市群是沟通东北亚、中亚和欧洲货物流通的重要通道和交通节点枢纽，可以充分利用自己得天独厚的地理区位优势和与周边国家在资源禀赋及产业结构等方面互补的特点，扩大对外开放，强化区域协作联系，在东北亚经济圈经贸合作中发挥积极作用。此外，哈长城市群位于东北交通大动脉哈大主轴线北端，属于东北松嫩平原，南依辽中南城市群，与环渤海经济区相呼应，是国家振兴东北老工业基地的重要支点，也是中国面向东北亚地区合作的前沿阵地。

（三）经济基础较强

哈长城市群土壤肥沃、土层深厚，且集中连片，土质均匀，是我国重要的粮食生产基地；工业初步形成了以装备制造、运输设备制造、石油化工、食品加工等为主体的产业体系，电子信息、边境贸易、国际物流和生态、冰雪、边境旅游等现代服务业快速发展。每个地级城市都有自身的产业强项：食品工业、装备制造、石化和医药是哈尔滨的四大工业；长春是著名的汽车城、电影城，制造出中国第一辆解放牌卡车的中国第一汽车集团公司就坐落在长春市，新中国第一家电影制片厂——长春电影制片厂也位于此；大庆是以石油和石化为支柱产业的工业城市；吉林是著名的化工城市，松花江流经吉林市，水量充沛，为吉林市发展化工企业提供了足够用水；四平和绥化是全国重要的粮食基地；松原是新兴的工业城市，主导产业为石油化工和农畜产品深加工；齐齐哈尔是以装备制造业为主的重工业基地。哈长城市群主要城市之间主导产业各异，产业配置比较合理，相互竞争小，城市功能互补性较强。

（四）城镇化稳步发展

以哈尔滨、长春为引领，形成了一批各具特色的中小城市和小城镇，空间聚合形态较好，城镇综合承载能力全面提升，覆盖城乡的综合交通网络基本形成，城镇市政基础设施条件明显改善。2014 年常住人口城镇化率达到 58%。过去 10 年，东北地区城镇化率由 55.15% 提高到 60.83%，增长 5.68 个百分点，增幅低于全国 6.06 个百分点（如图 1 - 1 所示）。东北地区是我国的老工业基地，历史上曾经是我国除直辖市外城镇化水平最高的地区，直到 2000 年辽宁、黑龙江、吉林城镇化率仍分别排在全国第 5、第 6、第 7 位，仅次于上海、北京、天津、广东，而到了 2010 年则分别排在第 4、第 9、第 11 位。

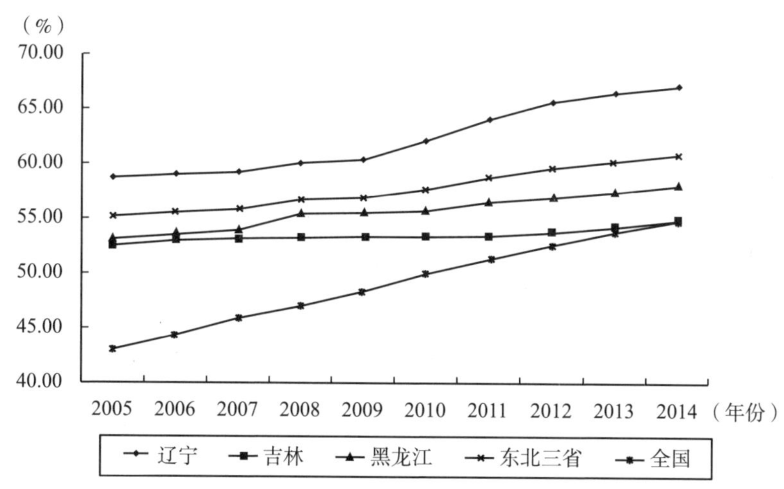

图 1 - 1　2005 ~ 2014 年东北三省城镇化率与全国对比

资料来源：根据历年《中国统计年鉴》整理。

（五）合作交流便利

哈长城市群交通设施互联互通，文化习俗相近，民俗民情相通，对内合作交流便利，特别是东北等老工业基地振兴战略实施后，两省省际、省会城市间政治、经济、文化、教育、科技交流更加频繁。哈长城市群边境线总长 968.25 千米，具有突出的国际交流优势。截至 2014 年，黑龙江省有 15 个口岸，吉林省有 11 个口岸，其中 18 为国家一类口岸，边境地区有绥芬河、东宁、珲春、图们等 10 多个互市贸易区，具有优良的开展边贸合作的优势条件。依托沿海近边条件和各类开放平台，与德国、日本、美国、匈牙利、俄罗斯、澳大利亚、韩国等国的贸易往来密切。

与此同时，哈长地区还存在有明显短板和弱项，严重制约了哈长城市群更高水平发展，突出表现在以下几个方面：一是中小城市发育不足，缺少 50 万 ~ 100 万人规模的城市。哈长地区拥有 1 座特大型城市、1 座Ⅰ类大型城市、4 座Ⅱ类大型城市、4座中型城市和32座小城市，中等城市数量明显偏少。二是产业结构偏重，配套协作程度较低。哈长地区各城市功能定位不够清晰，致使低水平同质化竞争较为突出，加上传统支柱产业增长不足，经济发展面临较大的下行压力。三是中心城市的竞争优势日益减弱，新兴城市实力尚未形成。改革开放以后，哈尔滨、长春的位次不断被其他城市超越，区域城市人口向心集聚趋势加剧影响新兴城市发展壮大。四是开放环境亟须优化。特别是受制于周边国家政治、经济等多方面原因，与周边国家合作进展相对缓慢，我国在对外开放政策方面有待进一步完善。

二、战略定位与目标

哈长城市群是东北地区新型城镇化主体形态，是实现全国区域协调发展、提高对外开放水平、推进新型城镇化建设、提升东北地区竞争力的载体。精准确定哈长城市群在全国、东北地区等各个层面的战略定位以及未来发展目标，是推动哈长城市群高质量发展的基础。

（一）战略定位

1. 东北振兴的新平台

哈长城市群位于支撑国家农业和工业发展的东北经济带上，是国家“两横三纵”京哈轴线上的重点发展区域，自然资源、人口、产业、生态环境承载力在东北地区最优，适宜经济社会发展要素集聚，蕴含着巨大的发展潜力。打破行政区划边界限制，注重于哈长地区城市间的协调发展，通过改革和市场机制，制定全方位的制度支撑体系，引导经济社会资源在区域内的合理流动，吸引生产要素更好地集聚，形成大中小城市“结构有序、功能互补、整体优化、共建共享”的城市集合体，进而实现规模效应、集聚效应、辐射效应和联动效应达到最大化，成为东北振兴的新平台。

2. 向东北亚地区开放的重要门户

哈长城市群涵盖了吉林省中部和黑龙江省西南部的主要城市，地处与中国、日本、韩国、朝鲜、俄罗斯、蒙古国等国交汇的东北亚腹地，是中国沟通东北亚、中亚和欧洲的重要通道和交通枢纽。应该牢牢抓住国家建设“丝绸之路经济带”的重大机遇，利用国家赋予的对外开放先行先试政策，依据独特的区位优势和现有的合作基础，积极参与东北亚和对俄罗斯的国际区域分工合作，打造我国对外开放合作的重要平台，成为我国面向东北亚地区和俄罗斯对外开放的重要门户。

3. 新型城镇化先行试验区

哈长城市群覆盖吉林、黑龙江两省，深受计划经济思维的影响，城镇化发展质量普遍不高，必须牢牢把握我国新型城镇化战略的总体要求，立足哈长城市群人口外流、资源型城市衰退等突出问题，深入开展国家新型城镇化综合试点，着力提升城镇化质量，推动城镇化向高级阶段演化，围绕老工业基地改造和资源型城市转型，在产业更新、产城融合、宜居宜业、低碳发展等取得新突破，走出一条具有我国特色的老工业基地振兴转型之路，探索建立跨省级行政区城市群一体化发展的城镇化新模式。

4. 东北老工业基地转型示范区

立足东北老工业基地的发展实际，按照习近平总书记在东北各次视察的重要讲话和指示批示精神，统筹哈长城市群产业结构优化升级与城市功能提升，探索设立国家级承接产业转移示范区，依托自身工业基础主动承接国内外先进地区产业转移，不断增强自主创新能力，扭转工业结构单一、“原”字号“初”字号产品居多的窘境，推进老工业基地调整改造和资源型城市转型发展，把哈长城市群打造成为东北老工业基地转型示范区，为全国老工业基地转型发展提供经验借鉴。

5. 生态文明建设的示范区

积极应对生态约束和环境治理压力越来越大的挑战，全面树立生态文明理念，着力推进绿色发展、循环发展、低碳发展，切实加强生态修复和环境保护，减少对自然的干扰和损害，节约集约利用土地、水、能源等资源，把加快发展同高效利用资源能源、有效保护生态环境结合起来，着力构建宜居宜业环境，推动形成绿色低碳的生产生活方式。通过建设生态文明示范区，确保把哈长城市群建设成为东北地区乃至全面具有代表性的生态宜居型城市群。

（二）发展目标

到 2025 年，哈长城市群城镇化水平要稳步提高，城镇化质量显著提升，城市群格局渐趋优化，综合承载能力与辐射带动能力明显增强，基本消除阻碍城市群健康发展的体制机制障碍。

1. 城镇化水平稳步提高

近几年哈长城市群城镇化进程要稳步推进，到 2025 年初步实现常住人口城镇化率达到 65% 左右，户籍人口城镇化率达到 59%，实现城市群辐射区农业人口转移并落户城市群 400 万人左右。中心城市辐射带动作用更加突出，中小城市聚集经济、承载人口的能力明显增强，小城镇服务功能和特色发展能力显著提高。

2. 城镇化质量显著提升

哈长城市群地区要推动义务教育、就业服务、基本养老、基本医疗卫生等基本公共服务覆盖城镇全部常住人口。产业发展体系更为完备，形成较强的产业支撑能力，城乡居民就业稳定性和收入水平持续提高。城乡一体化发展取得较大突破。城乡污染防治与生态环境保护取得有效进展，人居环境得到显著改善，城市管理智能化，城镇化发展进入高质量发展阶段。

3. 城市群格局不断优化

哈长城市群集聚人才、资金、技术等要素能力更加明显，核心竞争力显著提升，城市联动效应逐步显现，各个城市形成分工合理、联动发展的局面。城市规模结构更加完善，各种类型城市得到较快发展，哈尔滨和长春率先实现集聚发展，辐射带动作用更加突出，成为哈长城市群核心增长极，齐齐哈尔、大庆、吉林的城市规模进一步提升，绥化、四平、松原、辽源成为城镇化发展的重要区域，重点小城镇建设取得明显成效。

4. 城镇化健康发展的体制机制基本形成

哈长城市群要高度重视城镇化健康发展体制机制变革，推动户籍管理、土地管理、社会保障、住房保障、财税金融、就业创业、社会治理、生态环境等重点领域和关键环节体制机制改革取得重大突破，基本消除阻碍城镇化健康发展的体制机制障碍，让哈长城市群进入健康发展的轨道。

展望到 2030 年，哈长城市群城镇化率要基本接近发达国家平均水平，城市群一体化进程取得实质性进展，整体效应得到充分发挥，基本形成特色鲜明、生态优良、适宜人居的城镇组团和产业关联紧密的城镇发展轴带，中小城市数量大幅增加，城市群发展的体制机制基本完善，城镇化质量进一步提升，在东北亚区域形成重要影响力，在全国更具竞争力。

三、总体布局

按照布局合理、功能完善、分工协作、共同发展的要求，体现空间上的层次性、都市圈的一体化、核心区的网络化特点，以主体功能区规划确定的城镇化地区为重点，优化城镇化总体布局，完善城镇体系，形成“双核、三轴、两组团”的城市群空间格局。

（一）形成“双核、三轴、两组团”空间布局

以哈尔滨、长春两市为核心，即哈长发展轴、哈大齐牡、长吉图发展带，构建“双核、三轴、两组团”的城市群空间格局。强化哈尔滨、长春“双核”对哈长城市群的辐射带动能力，提升“三轴”空间支撑功能，加快培育区域性中心城市和重要节点城市，构筑城市群发展的连接点、集聚点和传导点，推进沿线大中小城市和小城镇合理分工、联动发展。同时，加强“组团”发展，梯次推进城市群一体化发展，构建核心带动、节点支撑、多点呼应的网络化格局。

1. 强化“双核”带动，提高集聚和辐射能力

以哈尔滨、长春为哈长城市群发展的核心城市，有序拓展发展空间，辐射带动其他城市，培育壮大榆树、五常、扶余等县（市），加快建设成现代化、国际化的大都市，进一步增强集聚和辐射能力，促进城市群区域联动发展。

2. 突出“三轴”联动，推进城镇联动发展

哈长发展轴。以哈尔滨、长春、绥化、四平等城市为节点，以京哈、哈绥交通干线等为纽带，形成连接哈尔滨、长春双核的重要通道，并发挥贯通南北主通道作用，推动沿线城镇、产业和人口集聚，重点打造汽车、农产品加工、高端服务业等产业基地，建成面向俄罗斯和东北亚、具有国际竞争力的城市发展轴和产业集聚带。

哈大齐牡发展轴。以哈尔滨、大庆、齐齐哈尔等城市为节点，以哈大高速、哈牡高速、哈齐客专、哈牡客专、牡绥铁路等为纽带，强化西北向、东南向辐射作用以及对俄物资枢纽输送作用，贯通绥芬河和满洲里两座口岸城市，推动口岸与中心城市双向互动，积极引导产业与人口集聚，形成连接东西和面向俄罗斯远东地区城市发展轴。

长吉图发展轴。依托图乌交通轴线，形成贯通吉林省东西，连接吉林、长

春、松原等节点城镇的发展轴，重点打造金融、化工、建材、物流、农产品加工等工业产业基地，通过与延边自治州的珲春、图们、延吉、敦化相连接，形成与俄罗斯远东的贸易通道，成为我国面向东北亚地区和俄罗斯对外开放的重要门户。

3. 加强“组团”发展，梯次推进城市群一体化

哈大齐绥城市组团。以哈尔滨、大庆、齐齐哈尔、绥化及其下辖县市为主体，以同质性资源、环境与产业发展等为依托，形成哈大齐绥城市组团。发挥资源、产业等优势，并对哈大齐绥城市功能进行整合；加强对外联系通道的建设，整体提高哈大齐绥地区对内、对外的联系效率，将哈大齐绥城市组团建设成为黑龙江省的新引擎。

吉林中部城市组团。以长春、吉林都市区为核心，建设辐射长春、吉林、松原、四平、通化、辽源的吉林中部城市群。推进长（春）吉（林）一体化，构建田园式的现代化大都市区，加快发展位于交通轴线的小城市和小城镇，打造以长春为核心的放射状密集城镇发展带，强化城市产业分工合作，构建现代农业、加工制造、高新技术、现代服务业产业集群。推进与哈大齐绥城市组团的协同发展。

（二）构建完善城镇体系

优化城镇规模结构，明确大中小城市功能定位、发展重点和发展方向，强化分工合作，实现集约发展、联动发展。提升哈尔滨、长春区域性核心城市的综合承载能力和辐射带动能力，加快培育和发展中小城市，推进特色城镇发展，促进大中小城市和小城镇协调发展。

1. 提升核心城市

哈尔滨。依托城市地铁、高铁、临空经济区等重大基础设施和重大产业布局拉开城市主城区骨架，优化城市空间结构，推动城市功能合理布局、均衡发展，促进产城融合；依托主城区，沿哈绥、哈大、哈双、哈五、哈同等交通干线，构建一小时大都市经济圈，把五常、尚志、宾县、阿城、双城、肇东、兰西等建设成卫星城，共同辐射带动周边区域联动发展。重点发展高端服务业，积极发展先进制造业，打造高端产业集聚区、对俄合作服务中心、国际物流枢纽、科技研发和人才教育基地，建设现代化国际化城市、东北亚区域性和综合性核心城市。

长春。进一步优化提升城市的核心功能，依托长吉北线和长吉南线等交通

线，推动长吉一体化发展，以九台、长春龙嘉机场周边地域、吉林高新北区等为产业整合区，着力打造汽车、农产品加工和轨道客车三大世界级产业基地，大力发展光电、生物、新能源汽车、新材料和先进装备制造等战略性新兴产业，加快发展现代金融、现代物流、文化创意、信息服务、旅游会展、科技服务、总部经济和房地产等现代服务业。把长春重点打造成为面向东北亚的国际性城市、全国重要的先进制造业和高端服务业基地及国内有重要影响的绿色宜居核心城市。

2. 做强区域性重点城市

结合自身特点和发展条件，提升区域服务能力，分担核心城市功能，强化区域辐射带动作用，联合推动区域一体化发展。

大庆市。全国重要的石油化工基地，重要的石化装备和汽车制造、油气化工信息服务、食品加工、文化创意、生态旅游基地和服务外包示范城市。

齐齐哈尔。全国重要的重型装备制造基地，重要的绿色食品加工、煤油化工、精品钢材、科技孵化和生态旅游基地，外向型产业为主的特色工业城。

绥化市。全国重要的绿色农产品加工基地，重要的现代物流、农牧良种繁育推广、硅基新材料基地，绿色田园城市。

吉林市。全国重要的先进制造业基地和面向东北亚的休闲型旅游目的地及国内知名的生态宜居城市；着力打造石油化工、碳纤维两大国际级产业基地，重点发展化工、汽车、冶金等支柱产业。

松原市。吉林省西北部的中心城市和门户城市，黑龙江、吉林、内蒙古三省交界的交通物流枢纽及吉林省的石油化工基地；重点发展石油、天然气采掘业和现代物流业。

四平市。大力发展绿色农产品加工和机械加工制造配套产业，提升能源、化工、冶金等优势产业，建设成为东北地区重要的交通枢纽城市、哈长城市群向南开放的桥头堡和内蒙古、辽宁、吉林区域合作示范区。

辽源市。重点发展新材料产业、健康产业、纺织服务业和食品加工产业，建设成为吉林省南部的中心城市和重要的工业城市。

牡丹江。加快发展加工、物流、商贸、旅游、会展等，建设开放型城市，辐射黑龙江省东南部及俄罗斯远东地区。

延吉。打造国家生态文明示范区、沿边开发开放先行示范区、图们江区域国际化中心城市和吉林省东部地区核心城市。

3. 建设其他重要节点城镇

建设其他重要节点城镇，促进城镇网络化发展。加强两大城市组团交界城镇的建设，重点发展肇源县、肇州县、扶余市、榆树市等县市，将榆树市打造成为哈长发展轴的支点城市。推动双辽市内蒙古、吉林、辽宁三省份交界地区合作示范区建设。支持重点城镇基础设施建设，增强公共服务功能，提升人口就近城镇化的支撑能力。依托交通通道互联互通，形成“多中心互动、多层次互补、多空间发展”的网络状城市群空间。

四、基础设施互联

根据哈长城市群“双核、三轴、两组团”的空间格局，加快建设哈长城市群快捷畅通的交通网络体系、配套完善的水利设施体系、安全清洁的能源保障体系和资源共享的一体化信息网络体系，进一步增强支撑保障能力。

（一）构筑综合交通运输网络

1. 铁路基础设施布局

建设以哈尔滨、长春为中心的城际交通网络，加快推进快速铁路建设，形成覆盖50万人以上城市的快速铁路网，实现哈长城市群1小时经济圈，建设轨道上的哈长。加快扩大城市群路网规模，完善路网结构，提高路网质量，努力构建快捷、智能的现代化铁路网络，进一步畅通城市群融入东北、与京津冀城市群无缝衔接的渠道。构建以哈大线、牡（丹江）通（化）线和珲乌线、牡（丹江）齐（齐哈尔）线大“井”字为主干线的“四纵六横”大格局和城际铁路网。全面提高和改造城市群内既有线路，重点建设、改造繁忙干线和中心城市客货站场，客运实现快速化、提高直达列车比重；货运实现重载化，大力发展集装箱运输。

专栏1-1 哈长城市群“四纵六横”铁路建设和城际铁路网

四纵：嫩江—富裕—齐齐哈尔—镇赉—白城—通榆、北安—大庆—大安—乾安—太平川、北安—绥化—哈尔滨—扶余—长春—四平、佳木斯—方正—尚志—五常—舒兰—吉林—磐石—梅河。

六横：北安—绥化—佳木斯、龙江—齐齐哈尔—大庆—哈尔滨—牡丹江、敦化—蛟河—舒兰—榆树—松原—乾安—通榆、敦化—蛟河—吉林—长春—松原、白山镇—桦甸—烟筒山—长春—长岭、梅河口—辽源—四平—双辽。

城际铁路网：齐齐哈尔—大庆—哈尔滨—牡丹江、绥化—哈尔滨、佳木斯—

哈尔滨、长春—四平、松原—长春、松原—大庆、松原—四平、四平—辽源—吉林、辽源—长春、吉林—哈尔滨、吉林—珲春。

2. 公路基础设施布局

按照哈长城市群总体布局，以加强吉林中部城市群与周边城镇组团和哈大齐工业走廊、牡绥城市群的互联互通为重点，继续加快区域内高速公路网建设，改造、提升、加密干线公路，加强区域间、经济轴线间的连接线建设，形成区域内以高速公路为骨架、国省干线公路为基础、运输站场为节点、与哈尔滨城市群公路网衔接紧密的公路运输网络，进一步增强吉林中部城市组团与哈大齐绥城市组团之间经济社会发展的沟通和联系。构建以长春和哈尔滨为双核心的“五纵八横”格局。

专栏 1-2 哈长城市群“五纵八横”公路建设

五纵：为嫩江—讷河—富裕—齐齐哈尔—镇赉—白城—通榆—科左中旗—双辽—四平、北安—明水—安达—松原—长岭—双辽、绥化—哈尔滨—扶余—长春—四平、佳木斯—尚志—舒兰—吉林—梅河口、牡丹江—敦化—抚松—通化。

八横：为齐齐哈尔—大庆—哈尔滨—尚志—牡丹江、富裕—明水—绥化—通河—方正、方正—延寿—尚志—五常—榆树—扶余—松原—白城、松原—乾安—通榆—向海—科右中旗、敦化—蛟河—榆树—松原—乾安、敦化—蛟河—吉林—长春—松原、大蒲柴河—桦甸—双阳—长春—长岭—科左中旗、集安—通化—柳河—梅河口—辉南—辽源—四平—双辽—通辽。

3. 水路基础设施布局

加快哈长城市群航道建设和港口建设，打造高标准、大运能的高等级航道网主航道，形成干支联动、畅通高效、安全生态、过货能力较强的内河运输体系，有效降低资源型和支柱优势产业运输成本，进一步畅通中蒙东北亚经贸大通道。形成以松花江、第二松花江、嫩江、乌苏里江、图们江为主航道，以松花湖、查干湖和连环湖为重点湖泊，以松原港、扶余港、吉林港、榆树港、呼兰港、依兰港、方正港和富拉尔港为重要港口的“两纵一横三湖八港”的主航道格局。

4. 航空基础设施布局

强化长春龙嘉机场和哈尔滨机场 2 个国际机场的区域枢纽功能，推动松原查干湖机场、四平机场、辽源机场、吉林二台子机场、大庆机场、齐齐哈尔机场、亚布力机场、五常机场、肇州机场和杜蒙机场等支线机场建设，形成“两主十辅”机场群格局。优化航线网络，提高城市群与主要城市间航班密度。支持共建干支线运输市场，大力发展通用航空。

5. 管道基础设施布局

加强油气管网建设，加快投产大庆—锦西原油管道（大庆—铁岭段）。充分利用俄进口天然气资源，规划实施省城市群内天然气干线管网及大中城市天然气基础设施建设。谋划实施天然气战略储备，积极推进中俄天然气管道前期工作。

6. 提升综合交通运输与城市交通管理水平

加强综合交通运输顶层设计，构建综合交通运输体系，优化布局，加快综合枢纽建设，推进运输服务一体化，促进信息资源共享，提高综合交通运输管理效能。大力推进低碳交通运输体系建设，以提高能源利用效率、降低二氧化碳排放为重点，强化科技进步，完善法规标准，创新体制机制，加强监督管理，构建节能型交通基础设施网络体系、环保型交通运输装备体系、高效型运输组织体系，实现交通运输集约、绿色、可持续发展。进一步加大城市公共交通建设与保障力度，科学引导个体机动化出行，充分改善步行和自行车出行条件，推进城市道路交通管理智慧化和精细化发展。

（二）共建水利基础设施体系

1. 加强水资源开发利用

科学划定饮用水源保护区，实施物理隔离、生物隔离、种植结构调整、排污口关闭等工程，综合保护饮用水源地。完善地表水监测网络建设，开展松花江干流、主要支流出入口、重点湖泊等巡测活动，建成水资源保护管理决策支持系统。加快实施水源工程建设，继续实施和进一步加强农村饮水安全工程，“引嫩扩建骨干”“引呼济嫩”等重大引调水工程，开展区域性水资源配置项目。基本建成穆棱奋斗、绥化阁山、龙江花园等大型水库工程和通河二甲沟等一批中型水库。

2. 推进民生和农田水利建设

统筹生活、生产、生态三者用水，优先保障城乡居民安全饮水和清洁饮水。加快推进重点地区、重要城市水源工程和水资源调配工程和应急备用水工程建设，提高供水安全保障程度。建成松花江干流沿岸规划的84处灌区工程，形成地表地下、本地外调相结合的多层次供水网络。完成现有大型灌区和5万亩以上的重点中型灌区续建配套与节水改造工程，加强地表水置换地下水，提高水资源利用效率。全面解决农村饮水安全问题，为新型城镇化发展提供稳定、高质的水资源保障。

3. 健全防洪减灾体系

全面完成大江大河的治理工作，建成松花江、嫩江干流治理及胖头泡蓄滞洪区工程。大江大河干流堤防达到20~100年一遇防洪标准，主要支流及重要中小河流达到10~30年一遇防洪标准。加快城市及产业集中区排涝泵站等防洪设施建设，疏浚排涝沟系，增加调蓄水面，增强排涝减灾能力建设，哈尔滨市达到200年一遇防洪标准，大庆、齐齐哈尔、牡丹江、绥化等城市达到100年一遇防洪标准，中等城市及城镇达到30~50年一遇防洪标准。完成山洪灾害防治区内重点山洪沟工程措施治理，对县（市、区、局）山洪灾害防治非工程措施系统升级改造。完成县市区的抗旱应急水源工程建设，增加抗旱面积。续建配套重点大中型涝区，特别是松嫩平原重度涝区，重点大中型涝区达到5~10年一遇除涝标准。

（三）加强能源保障体系建设

1. 优化提升传统能源化工产能

稳步提高松辽盆地油气产量，深化精细勘探开发，积极发展先进采油技术，努力增储挖潜，提高原油采收率，保持原油产量基本稳定，支持大庆油田公司实施“走出去”战略。有效有序推进天然气开发，稳定伴生气，提升深层气。加快重大煤炭开发项目建设。加大小煤矿整治整合力度。坚决停止核准新建低于30万吨/年的煤矿和低于90万吨/年的煤与瓦斯突出矿井，逐步淘汰9万吨/年及以下煤矿。加快关闭煤与瓦斯突出等灾害隐患严重的煤矿，继续推进煤矿企业兼并重组，切实减少和控制小煤矿数量。保持矿井生产能力基本稳定，促进生产和需求的基本平衡。以调整煤炭产业结构优化升级为主线，推进龙煤集团综合改革，促进集约、高效、环保型煤炭企业发展，保证煤炭产业平稳运行。

2. 有序推进新能源和可再生能源基地建设

统筹编制哈长城市群新能源规划，建设千万千瓦风电基地、常规水电项目，利用市场机制配置风电、生物质发电和光伏发电项目。实施黑龙江经吉林、辽宁至华北输电工程，提高北电南送能力。加快中西部风能资源开发，推进风电的规模化建设。大力发展生物质发电，稳步发展垃圾发电，积极支持生物质液化、气化等综合利用项目建设。推动发展光伏发电，在太阳能资源丰富地区的盐碱地、废弃地、滩涂等区域建设光伏发电项目，加强光伏发电并网服务，适度发展大型地面光伏电站。加快水能资源的开发利用，研究优化流域水电站建设运行管理，提高水能资源梯级利用效能，重点加快推进抽水蓄能电站建设。组织实施地热能开发利用规划，开发大庆市林甸县等地区地热资源。稳步推进核电建设，积极开展小型核反应堆供热的应用示范。

3. 强化城市能源保障与安全联动

加强预警预控、区域协作，全面提升能源运行综合调节水平。科学制订能源品种资源年度供需计划，确保供需总量平衡。强化运行调度调节，优化资源外部供应环境和跨区域能源保障机制。完善迎峰度夏、度冬等重要时段专项能源运行保障方案。强化煤电油气能源运行管理和调度调节，开展能源需求侧管理，提高用能效率和削峰填谷能力。完善能源应急协调机制，提高应急处置能力和综合保障能力。实施好政府与企业相结合的能源多级储备，确保能源运行平稳安全。推动精细智能管理，健全能源运行监测预警机制。推广应用现代网络和信息技术，提升能源智能监测和调度水平。

（四）促进信息基础设施共享

1. 共建信息网络设施

加强建设新一代移动通信、下一代互联网、数字电视、卫星通信等网络设施，推进电信网、广电网和互联网“三网融合”，加强信息基础设施布局，优化网络结构，提升网络性能，统筹城乡规划，推进基站、管道、杆路、光缆等基础设施共建共享，推动建设“宽带哈长”。组织实施人口数据库、法人单位数据库、空间地理数据库、宏观经济数据库等工程建设，推动加快4G网络建设，有序推进宽带无线城市建设，实现城市公共热点区域无线局域网覆盖，建成“无线哈长”。引导通信运营企业和增值企业与城市群内大型企业合作，建设“四化”同步发展示范区；深入推进电信网、广电网和互联网“三网融合”，深化“数字城管”试点工程建设，开展城市应急管理物联网示范工程建设等。

2. 共享信息资源和服务

加快推进哈尔滨、长春等国家智慧城市试点。做大做强哈尔滨“中国云谷”，建立基础型、应用型和公共型数据库，加强城市群信息资源采集加工和共享应用。重点开展“数字哈长”信息化服务工程，加快数字化城市建设，构建跨部门、共建共享的市政基础设施管理平台和公共服务平台。建设城市群信息交换共享平台，推动城市群居民医保跨区域结算，推进信息资源互联共享。

3. 共保信息网络安全

建设基础信息系统，实施信息安全等级保护。建立信息安全评估体系，提高信息网络平台安全监测、预警和应对能力。加强信息安全认证体系工作，做好信息安全顶层设计。全面开展系统的信息安全保障试点，探索建立信息安全保障体系。加强信息资源安全管理，制定和实施大数据资源分级、共享、开放、交易等标准规范。

五、产业协同发展

依托产业发展优势，按照集群化、融合化、生态化发展思路，联手打造优势产业集群，发展壮大现代农业，积极发展现代服务业，推动哈长城市群产业协同发展。

（一）联手打造优势产业集群

1. 汽车产业

以哈尔滨、长春为重点，结合大庆、吉林、辽源、四平等汽车产业发展优势，推动地区间有序竞争与合作，大力发展自主品牌汽车集群，突出“专、精、特、新”，建成我国重要的汽车和发动机生产基地及汽车零部件产业集群。以长春为核心，重点支持插电式混合动力自主品牌汽车产业化，联手打造全国新能源汽车研发中心与生产中心，建设全国新能源汽车生产研发集群。

2. 石油化工

统筹协调大庆、吉林、绥化、松原的石油化工产业发展，突出生产规模化和产品差异化优势，延伸石化产业链条，大力发展精细化工产业园建设，联手打造世界知名的特大型石油化工产业集群和全国重要的石化装备制造与科研集群。加大油田勘探开发力度，增加后备储量，推动科技创新提高产，进一步提高采收率，不断扩大境外原油补给，谋划建设原油战略储备基地。

3. 装备制造

依托哈尔滨、大庆、齐齐哈尔、长春等装备制造业优势，推动信息技术提升装备制造水平，重点发展以数字化、柔性化及系统集成技术为核心的智能装备制造。努力培育一批集工程设计、产品开发、设备制造、工程成套设备和技术服务为一体的竞争力较强的大型企业集团，联手打造世界级装备制造业集群。支持有自主品牌的龙头企业不断做大做强，加快“走出去”步伐，进一步开拓国内国际市场。

4. 生物医药

巩固发展长春、哈尔滨、吉林、辽源生物制药产业优势，加强共性关键技术和工艺装备开发，推进规模化集群化发展。加快推进基因工程药物、抗体药物、新型疫苗关键技术和重大新产品等的研制及产业化过程，鼓励利用现代生物技术改造传统制药工艺和流程，重点建设以长春国家生物产业园、哈尔滨利民生物医药产业园区、大庆生物产业园区为支撑的生物疫苗、基因工程药物产业集群，加大大环内脂类产品的开发深度。

5. 电子信息

进一步发挥长春、吉林、哈尔滨电子信息产业优势，加快实施“三网”融合，重点发展汽车电子、新型电子元器件、光电子、智能控制设备、软件、动漫、云计算等。统筹推进长春、哈尔滨新一代信息技术及产业发展，联手打造我国重要的电子信息产业集群。重点发展长春（国家）汽车电子产业园，建设东北最大的汽车电子生产基地。加快长春（国家）光电子产业基地建设，推动 LED 高端显示和专用照明产品的研发和产业化。依托哈尔滨、大庆国家服务外包示范园区，大力发展软件开发与服务外包产业。加快长春（国家）动漫产业基地、吉林软件园的发展，提高软件企业的生产、运营、管理水平和市场竞争能力。

（二）发展壮大现代农业

1. 增强保障国家粮食安全能力

积极推动农村改革向纵深发展，严格执行基本农田保护制度，加大农业科技推广力度，转变农业发展方式，优化农业产品结构，逐步形成规模化、机械化、集约化的现代化农业发展模式。推动商品粮增产能力建设，在松嫩平原建设全国重要的粳稻、非转基因大豆、优质专用玉米和马铃薯生产基地，建设保障国家粮食安全的战略基地。

2. 提升农业产业化经营水平

加快农村综合改革，推动农业生产经营体制创新，鼓励支持并适当引导承包经营权通过公开市场向农民合作社、家庭农场、专业大户、农业企业流转，允许农民以土地承包经营权入股推动农业产业化经营。大力发展农产品精深加工，推动农业规模化、品牌化发展。支持支持长春大成、皓月等国家级特色农业龙头企业，支持建设大庆、齐齐哈尔、绥化的大豆深加工、非转基因油脂生产、乳品加工基地。将哈长城市群内重点绿色食品产业园区统一纳入全国承接产业转移示范工程。

3. 完善农产品流通体系

加快建设区域性农产品批发市场，完善电子交易市场，建设主要农产品、重要生产资料市场监测和成本价格等综合信息的服务平台。鼓励支持散粮运输、集装箱或集装袋运输等物流方式，规划建设散粮和集装箱中转集散基地。加强农产品储备和商品化处理设施建设，形成集采购、跨区域配送为一体的的现代物流体系。创新农产品交易方式，争取建成哈尔滨农产品期货交易所。

（三）积极发展现代服务业

1. 现代物流业

推进现有物流资源整合利用，培育大型物流集团和专业物流企业，建成现代物流服务体系。建立区域性物流公共信息平台，发展第三方物流、冷链物流、邮政快递等专项物流和新兴业态，提高物流服务的质量与精细化水平。以“中蒙俄经济走廊”陆海丝绸之路经济带建设为契机，建设国际物流枢纽基地。发展东北亚地区跨境贸易信息服务平台，建设哈尔滨对俄大宗产品仓储分拨中心和长春对韩贸易为主的产业合作园区。切实发挥中国长春东北亚投资贸易博览会、中国哈尔滨国际经济贸易洽谈会等国际会展品牌作用，强化珲春、绥芬河等沿边口岸功能，提升城市群对外物流服务功能。

2. 现代旅游业

推动旅游业特色化发展和旅游产品多样化发展，推进旅游与文化、生态等相关产业的融合发展。整合开发黑龙江和吉林省沿长白山山脉、松花江沿线旅游景点及资源，突出冰雪、生态、工业、温泉、边境、红色等特色旅游，合力打造旅游品牌，推动东北城市风情、民族民俗、温泉度假、商务会展等发展。以中国长春东北亚投资贸易博览会、中国俄罗斯博览会等展会品牌为依托，提升区域发展影响力。整合开发两省旅游资源，加强旅游基础设施建设，组建旅游联盟，建设面向俄罗斯、韩国出境游市场的综合性信息服务平台，打造国内游客赴俄、赴韩朝旅游集散中心。推进规范化管理，完善旅游服务体系，提高旅游服务质量。

3. 金融服务业

推动金融资源整合，加强长春、哈尔滨两个核心城市的金融合作，联合搭建区域性要素交易平台，共同打造东北亚区域性金融服务中心。提升金融业对外服务能力，支持发展跨境金融，推动对俄对韩国际结算市场及卢布、韩元现汇中心建设。支持设立哈长城市群产业投资基金、创业投资基金和股权投资基金，共建大型投融资平台，引导社会资本进入金融服务领域。积极推进黑龙江银行、吉林银行跨区域发展和上市经营，支持一汽金融等新兴金融机构发展，支持保险资金在依法合规、风险可控的前提下，参与城市群建设。扩大边境地区经常项目人民币结算规模，加快区域性人民币跨境支付系统建设，在具备条件的边境城市建立贸易结算中心。

4. 商贸服务业

以哈尔滨、长春为核心，充分发挥区域性中心城市人流、物流、资金流集聚的优势，不断创新商贸服务方式，大力推广连锁经营、货仓式商场、物流配送等现代化流通。支持两地商贸龙头企业做大做强，推动建设区域性商品交易中心、专业集散市场、标准商业步行街和大型商业综合体等，积极打造地标性区域商圈。支持传统商贸服务业与网络信息技术融合，形成专业化综合性线上线下电子商务平台。

六、生态文明共建

树立绿水青山就是金山银山的理念，坚持生态优先、绿色发展，统筹推进山水林田湖草生态保护，协同推进生态环境综合治理，努力构建资源节约、环境友好的生产方式和消费模式，建设人与自然和谐发展的绿色生态城市群。

（一）共筑区域生态屏障

1. 划定生态保护红线

维护区域生态安全，科学划定国土空间边界线，严格划分并保护自然保护区、风景名胜区、森林公园、地质公园、重要湿地和重要水源地等生态红线保护区。实行差别化的管控措施，对自然保护区禁止砍伐、开垦、捕捞、开矿烧荒等活动；风景名胜区严格控制人工景观建设；森林公园禁止毁林开垦、毁林采石、采砂、开矿、采土、放牧以及非抚育性和更新性采伐行为，根据资源状况和环境容量对旅游规模进行有效控制；严禁在地质公园保护区范围内采集标本和化石，禁止修建与地质遗迹保护无关的厂房或者其他建筑设施；严禁开垦湿地，填埋、排干湿地或擅自改变湿地用途，禁止取用或截断湿地水源；严禁向重要水源地排放含持久性有机污染物以及其他含重金属、化学试剂的污染物，禁止堆置和存放工业废渣、城市垃圾和其他废物。哈长城市群生态保护区分类如表1-1所示。

表1-1　哈长城市群生态红线保护区分类

类型	数量（个）	面积（平方千米）	生态红线保护区
自然保护区	58	33532.06	扎龙国家级自然保护区、牡丹峰国家级自然保护区、吉林长白山国家级自然保护区、吉林雁鸣湖国家级自然保护区等
风景名胜区	19	9483.38	松花湖国家级风景名胜区、八大部—净月潭国家级风景名胜区、太阳岛风景名胜区、仙景台国家级风景名胜区等
森林公园	75	15696.64	净月潭国家森林公园、龙湾群国家森林公园、牡丹峰国家森林公园、哈尔滨国家森林公园等
地质公园	14	8498.26	乾安泥林国家地质公园、长白山火山国家地质公园、镜泊湖国家地质公园、宾县二龙山—长寿山地质公园等
重要湿地	17	5935.32	扎龙湿地、镜泊湖湿地、松花江三湖湿地、查干湖湿地等
重要水源地	12	2278.06	尼尔基水源地、磨盘山水库水源地、新立城水库、二龙山水库等

资料来源：根据黑龙江、吉林提供的材料整理。

2. 打造城市群生态廊道

以山脉、河流水系、道路为基本骨架，以广大平原、台地为自然本底，以城市区域为人文景观板块，推动自然景观与人文景观共融，打造城市群生态廊道。依托现有各级交通路网构建起高度连通的生态廊道网络体系，通过建设城市群交通干线两侧绿化带，形成多条绿径，成为外围自然生态过程向城市肌理延伸、渗透的重要通道，形成沿道路城市群生态廊道，消除城市生态破碎化的负面效应。以松花江、嫩江等主要河流为轴线，开展沿江水系景观带建设，合理规划滨河绿带、坝、堤和人行系统，实施流域治理，共同打造沿江两岸的绿色生态廊道，提高廊道体系对水文变化的应对能力、对水质的净化能力及对水量的调蓄能力，构建河流与居民点之间的生态缓冲空间，进一步保障人居环境的生态安全。

3. 扩大城市内部生态空间

拓展城市绿地规模，全面推进城市园林绿化及人居生态环境建设。采取多种绿化形式，提高绿地率及环境质量，建立绿地信息管理系统，科学管理城市绿地生态。打造以自然山水为依托，林地、农田为基础，园林绿地为重点的城市绿地生态系统，将公园、广场绿地与道路、河道共同构筑成连续的绿色开放空间，扩展城市绿地多样性。优化重组城市内部生态节点、生态廊道、生态斑块等生态功能区，维护景观生态格局的连续性，构建布置均匀、网络结构合理、生态环境优良、景观特征明显、城景关系协调的城市空间生态格局。加强水源地监测，实施环湖截污、环湖生态等工程措施，保护城市内部河流、湖泊，严格维护城市湿地系统生态平衡，保护城市湿地功能和湿地生物多样性，提升城市生态质量。加强城市群生态保护区内典型生态城市建设，打造国家生态园林城市。

（二）联防联控环境污染

1. 完善环境保护管理制度

依法全面推进规划环评，建立环保与各职能部门的联动机制，将污染物排放总量指标作为规划环评审批的前置条件，严格环境准入制度，建立区域、流域、相关城市环境影响评价审批信息通报制度。建立污染物产生和排放强度“双约束”制度，形成与污染物产生与排放强度评估结果相关联的准入管理方法，强化企业污染防治的倒逼传导作用。完善落后产能淘汰机制，定期发布淘汰、限制落后生产能力、工艺和产品目录，不断提高淘汰标准、扩大淘汰产品和工艺范围，制定落后产能退出的财政奖励、转型后土地使用权出让、贷款贴息、税收优惠、生产配额和排污权交易等经济激励或补偿政策，综合运用价格、环保、土地、市场准入等手段予以推进，鼓励重污染企业主动退出。

2. 建立污染防治联动机制

搭建环境监测一体化平台，推进区域环境监测网络一体化，实现区域环境信息共享，系统提升区域环境监管水平。建立健全环境监测质量管理制度，统一环境监测技术体系，完善环境质量评价体系。建立一体化应急监测、预警移动平台及空气质量预报预警平台，提升区域环境监测预警与应急能力，建立健全哈长城市群环境事故应急处理的协调联动机制和跨区域联合执法机制，统一区域环保执法尺度，规范环境执法程序、执法文书，推进环境预警应急响应和执法联动化。

（三）促进区域绿色发展

1. 大力发展循环经济

按照循环经济理念调整经济发展模式和产业结构，鼓励企业实行清洁生产和工业用水循环利用，建立节水型工业。鼓励冶金、有色、化工、建材（筑）等重点行业改造生产流程，优化生产工艺，提高能源资源综合利用水平。合理规划园区企业结构和布局。积极开展低碳经济园区试点。开展企业间、园区间和行业间废弃资源、能源和伴生副产品的梯级和重复利用，延伸产业链，推进循环产业链项目建设，推进区域内资源、能源利用效率最大化和污染物排放最小化。

2. 节约集约利用资源

严格执行土地利用总体规划和年度计划，切实落实耕地和基本农田保护目标。统筹土地资源的开发利用和保护，工业向园区集中、居住向社区集中、农业向规模集中，推动土地集约利用、规模经营，提高土地使用效率。合理确定城乡土地利用规模，依法保障国家重点建设项目、基础设施用地和其他合理建设项目用地，调整优化中心城的土地资源配置。加强城市群骨干河道治理，搞好山区水土保持和小流域综合治理。加强松花江、嫩江流域城市间在水资源建设、保护及统筹调配等方面的协作，逐步增加上游来水量，改善过境水质。划定地下水源保护区，严格控制地下水超采。加强推广再生水利用力度，提高污水资源化利用程度。适度开辟国外能源供应渠道，大力引进电力、天然气等优质能源。因地制宜发展新能源和可再生能源，推广能源新技术产业化进程。

3. 倡导绿色低碳生活方式

强化生态文明宣传，结合世界环境日、地球日、国际湿地日、生物多样性日、世界水日、世界防治荒漠化和干旱日等纪念日或活动日，开展一系列形式多样的主题宣传活动，树立全社会生态意识。积极倡导生态生活方式，将通过环境标志认证的产品、再生材料生产的产品、通过清洁生产审计或通过 ISO 14000 认证的企业的产品列入优先采购计划。鼓励科研机构与企业积极研制、开发与生产节能、节水、无污染的产品以及再生产品。将生态教育工程正式纳入国民教育体系。利用生态主题一日游、电视专栏，生态环境教育主题公园、生态旅游、中小学生生态夏（冬）令营等载体，开展生态实践和体验教育。到 2025 年将生态教育工程正式纳入全民教育体系。

七、公共服务共享

统筹城市群社会事业及公共服务设施体系建设，加强社会公共服务资源共享，推进区域内基本公共服务均等化，构建布局合理、特色鲜明、适应城市群发展要求的现代公共服务体系。

（一）加强教育合作交流

1. 完善教育基本公共服务

实施城镇学前教育扩容、义务教育学校标准化建设和普通高中改造工程，新建和扩建一批中小学校及幼儿园，重点增加中小城镇的基础教育资源供给。根据城镇人口规模和空间分布密度，在新城新区和旧城改造中同步规划建设中小学、幼儿园，鼓励中小城市优先改造提升有扩容需求的城乡接合部中小学和幼儿园。推广“名校办分校、老校带新校、强校扶弱校”等办学模式。

2. 推进教育资源区域共享

促进校际教育资源共享，推进义务教育均衡发展和学校标准化建设，构建覆盖城乡、布局合理、灵活开放的教育公共服务体系。将农民工随迁子女纳入当地普惠性学前教育、免费中等职业教育招生范围，保障随迁子女平等接受义务教育。完善随迁子女异地中高考制度和招生制度，实现随迁子女在迁入地区平等参加中考、高考。鼓励中等职业学校跨省招生，探索高中阶段学校跨省招收城市群内生源，并参加本地高等教育考试。建立健全中小学生学籍信息管理系统，为学生学籍转接提供便捷服务。依托信息化手段共同开展教师培训，实施青少年素质教育基地共建共享。

3. 大力发展特色职业教育

面向城市群特色优势产业发展需求，积极开展职业教育和职业技能培训，在有条件的区域重要节点城市规划建设职业教育基地。加强职业教育基础能力建设，积极推进工学结合、校企合作、顶岗实习、工学交替和订单培养等人才培养模式改革。引导一批普通本科高等学校向应用技术类型高等学校转型，推进国家示范性高等职业院校及骨干高职院校建设。

4. 联合提升高等教育实力

适应城市群经济社会发展需要，加强重点产业相关学科专业建设，提升现有大学教学科研水平，支持哈尔滨工业大学、吉林大学等高校建设国际高水平大学。打破政区界限，鼓励城市群内高校合作联动与资源整合，促进高校合理定位和布局，实施重点学科及实训基地、重点实验室共建，开展重大课题联合攻关、技术联合开发。发挥高校学科互补优势，鼓励城市群校际教学合作，推动学分互认、师资互聘、联合办学，支持高水平大学跨省设立分校和与当地合作办学，扩大优质教育资源的辐射力。

（二）推进医疗卫生合作

1. 健全城市医疗服务体系

科学布局综合医院、专科医院和社区卫生服务机构，建立长春市、哈尔滨市七个中心城市、区（县）、街道（乡镇）、社区（行政村）的公共综合医疗卫生体系，完善医疗服务、预防保健、卫生监督和医疗救助机制，实现区域医疗保险一体化。健全社区卫生服务机构与城市大医院之间分工协作、分级诊疗、双向转诊的医疗卫生服务体系，推进区域医疗联合体试点工作。鼓励并优先支持社会力量举办各类医疗机构。根据常住人口配置城镇基本医疗卫生服务资源，保障农民工及其随迁家属享受基本医疗卫生服务。

2. 共享医疗卫生资源

开放医疗卫生服务市场，鼓励高水平医学专家在城市群内大型综合医院多点执业。加快同级医疗机构检查、检验结果互认，构建双向转诊机制，推动预约诊疗挂号统一平台建设。加强医疗紧急救援能力建设，创新省际院前急救协作模式。加强医学学术交流，推动医学科研领域联合攻关。建立国家级、省级中医药大师、名师专家库，为名老中医跨省开展师承教育提供便利条件。搭建城市群卫生信息平台，以电子病历、远程医疗、健康档案为核心，实现信息资源互通共享。

（三）共同推动文化繁荣

1. 发展公共文化事业

推进基本公共文化服务标准化、均等化，建设社区综合性公共文化服务场所，实施公共文化服务项目和其他公共服务项目共建共享，完善公共文化设施网络。加强城市博物馆、剧院等标志性文化设施建设。加快实施文化惠民工程，进一步推进公共文化设施免费开放。加大公共体育设施建设力度，完善全民健身服务体系，支持鼓励举办国际大型冰雪体育赛事。到 2025 年地级城市全部建有图书馆、博物馆和群众艺术馆，80% 以上的市县建有全民健身活动中心、体育场和健身户外活动基地，街道（乡镇）、社区（行政村）全部建有便捷、实用的体育健身设施。

2. 保护发掘文化遗产

依托历史文化名城、历史文化街区和民族风情小镇，深入发掘特色历史、工业、民族等文化资源，强化区域文化认同，建设具有历史底蕴和时代特色的人文宜居空间。加强历史文化名城、名镇、街区文化资源挖掘和文化生态的整体保护，保存城市文化记忆。加强城市老工业区和独立工矿区内的工业遗产保护，深度开发利用工业遗产资源。挖掘红色文化、闯关东文化、知青文化内涵，做好非物质文化遗产保护工作，强化文化传承。加大金上京等历史文化遗址保护力度，实施中东铁路建筑群整体保护。妥善保护民族解放战争历史遗迹，支持侵华日军第七三一部队旧址申报世界文化遗产。

3. 壮大提升文化产业

着力提升区域文化“软实力”，使哈长城市群成为国家重要的文化产业基地、优秀文化产品生产基地、文化艺术人才基地和东北亚区域重要的文化交流中心。培育新生文化企业，推动长影集团、吉视传媒、哈尔滨交响乐团、吉林歌舞团等跨行业跨地域兼并重组和上市发展。建设文化产业基地，启动一批特色文化产业园区、文化遗址公园、文化商业街区。大力发展会展业，重点办好长春民间艺术博览会、中国（长春）国际动漫艺术节和国际动漫游戏论坛等展会。

（四）构建一体化社会保障体系

1. 加强就业服务保障

完善就业服务网络，免费为各类人员提供就业综合服务。成立哈长城市群高校毕业生就业合作组织，形成高层次人才统一市场，建立跨省地交流合作的工作机制。实施农民工职业技能提升计划，建立青年创业联盟，完善创业扶持政策，探索联合建立青年创业扶持基金、青年创业风险池基金、农业转移人口创业扶持基金。

2. 推进社会保险救助体系对接

提高企业退休人员基本养老金水平，支持黑龙江、吉林做实基本养老保险个人账户。建立覆盖城乡的社会保障信息网络，逐步实现社会保障“一卡通”，建立和完善城乡居民基本医疗保险跨地区转移接续、异地就医即时结算机制。推进城镇从业人员社会保险全覆盖，推动农业转移人口参加养老保险、工伤保险，积极推进城乡最低生活保障制度统筹发展，促进社会和谐稳定。

3. 建设养老保障体系

加快实现城乡社会养老保险的全覆盖，建立“省、市、县、乡、村”五级养老服务网络，积极探索社区养老和居家养老相结合的新模式，大力发展专业化的养老机构。依托良好生态环境，建设国家级生态养老示范基地。到 2025 年新建和改造建设 6000 个社区居家养老服务（日间照料）中心（站）、托老所等居家养老服务平台，市（地）至少建成 1 所床位 300 张以上的示范性失能、失智老年养护机构，各类医养结合养老床位达到 13 万张以上。

4. 完善住房保障体系

科学编制公共租赁住房等保障性住房建设规划和年度实施计划，加快构建多层次住房供应体系。实施住房保障工程，深入推进城乡危房和棚户区改造，稳步实施廉租住房和公共租赁住房等各类保障性安居工程建设。建立多元化的保障性住房融资体系，通过财政拨款、住房公积金沉淀资金、银行信贷金、社会资本等多渠道筹集保障性住房建设资金。

（五）加强和创新社会治理

1. 完善城市治理结构

明确社会组织参与社会治理主体地位，加快实施政社分开，把适合由社会组织提供的公共服务和解决的事项交由社会组织承担。强化社区自治和服务功能，推进社区居民依法民主管理社区公共事务和公益事业，支持有条件的地区探索实施街道直改社区，构建扁平化管理模式。引导各类社会组织、志愿者参与社区服务和管理，加强社区社会工作专业人才和志愿者队伍建设，推进社区工作人员专业化和职业化，构建社区综合服务管理平台。完善落实公共决策的社会稳定风险评估机制、社会公示制度、公共听证制度和专家咨询论证制度，扩大公众参与程度。完善人民调解、行政调解、司法调解联动工作体系，建立调处化解矛盾纠纷综合机制。

2. 强化公共安全管理

创新立体化社会治安防控体系，加快社会管理综合治理信息平台建设，加大社会治安重点地区、复杂部位和薄弱环节整治和管理力度。健全防灾减灾救灾机制，加强城市消防、防洪、排涝、抗震等设施和能力建设，完善灾害监测和预警体系，强化公共建筑物和设施应急避难功能。建立城市群公共卫生事件应急合作机制，建设互联互通的信息决策指挥平台，完善预警指标体系、预警制度、监测预警信息通报机制，逐步实现应急物资跨省调配。建立食品安全工作联席会议制度，推动食品安全地方标准一致和互认，构建食品检验资源共享机制，联合开展食品安全专项整治。

八、深化开放合作

依托哈大、珲乌大通道和国际航线，大力发展内陆开放型经济，不断深化国内外区域合作，全面提升开放层次和水平，打造东北亚地区合作发展的重要平台。

（一）扩大沿边对外开放

1. 打造对外交流合作平台

加强政府、企业信息交流，共同打造商务合作平台，实现商务信息互通共享。支持哈尔滨、长春、吉林建立引导哈长城市群扩大开放的平台建设，整合发挥好中国—俄罗斯博览会、长春中国—东北亚博览会、长春国际汽车博览会、长春电影节、黑龙江农业机械博览会和哈尔滨太阳岛国际雪雕艺术博览会等各类国际性展会的作用。加强城市群内国家级经济技术开发区、高新技术产业开发区以及省级开发区的创新发展。积极推进哈尔滨临空经济区建设，研究设立哈尔滨、大庆、长春综合保税区，在哈长城市群设立自由贸易试验园区。加强沿边开放合作平台建设，加快建设牡丹江中俄地区友好合作示范城市，打造中俄沿边开放先导区。推进设立绥芬河（东宁）重点开发开放试验区。依托珲春国际合作示范区建设，打造集区域性出口加工、境外资源开发、生产服务、国际物流、跨国旅游等于一体的特殊经济功能区。研究设立延吉（长白）重点开发开放试验区、和龙边境经济合作区。加快珲春俄、日、韩工业园区建设，建设成为图们江区域合作开发的桥头堡。哈长城市群国家级经济技术开发区和高新技术开发区如表1－2所示。

表1－2 哈长城市群国家级经济技术开发区和高新技术开发区

省份	国家级经济技术开发区	国家级高新技术开发区
黑龙江省	哈尔滨经济技术开发区 利民经济技术开发区 宾西经济技术开发区 牡丹江经济技术开发区 海林经济技术开发区 绥化经济技术开发区 大庆经济技术开发区	哈尔滨高新技术开发区 大庆高新技术开发区 齐齐哈尔高新技术开发区
吉林省	长春经济技术开发区 长春汽车经济技术开发区 吉林经济技术开发区 四平红嘴经济技术开发区 松原经济技术开发区	长春高新技术开发区 长春净月高新技术开发区 吉林高新技术开发区 延吉高新技术开发区

2. 畅通对外开放大通道

积极参与、融入丝绸之路经济带和21世纪海上丝绸之路，推动沿边开发开放。推进跨境铁路改造提升，依托绥芬河—满洲里、珲春—乌兰浩特沿线公路、铁路基础，重点加强“两带”对外开放陆路大通道建设，构筑以哈尔滨为中心枢纽的哈大齐牡交通大通道和以长春为中心枢纽的长吉图交通大通道。推进中俄原油管道扩建、中俄东线天然气管道建设。加强对哈尔滨、长春机场提档升级，发展临空经济，构建开放型航空运输体系。

3. 实施“走出去”战略

充分发挥比较优势，加快境外经济贸易合作区、工业园区、农业园区、木材加工园区、科技园区和物流园区建设，推动汽车、装备制造、石油化工、现代农业、现代服务业等领域的优势企业进行全球化布局。开展先进技术合作，鼓励有实力的企业采取多种方式参与境外基础设施投资和能源资源合作。研究推进利用境外港口进一步拓展与俄罗斯、日韩、东南亚等地区相连接的江海联运和陆海联运新通道。加强域内境外投资合作信息平台建设，培育国际化的咨询、评估、法律服务等中介机构，建立完善出口信用担保和对外投资的担保体系。

4. 推进口岸通关便利化

加大口岸基础设施建设投入，加快电子口岸建设，推进国际贸易“单一窗口”服务，全面实施关检协作一次申报、一次查验、一次放行“三个一”通关模式。建立“绿色通关”，搭建集口岸通关执法管理和相关物流商务服务于一体的大通关统一信息平台，实现口岸通关执法管理和相关物流商务服务统一的“一站式”通关服务。扩大中俄海关监管结果互认试点范围，推进东宁—波尔塔夫卡互市贸易区互免签证。

（二）加强国内合作交流

1. 积极对接环渤海地区

立足于京津冀、辽东半岛、山东半岛的产业优势与地域分工特点，加强哈长城市群与辽宁、京津冀在高端装备制造业方面的协同与合作，优化空间布局，完善高端装备制造产业体系，打造世界级高端制造业基地。充分利用环渤海地区金融、物流、信息等高端服务业优势，促进高端服务业的相互融合，吸引相关领域龙头企业、央企、外资在哈长城市群投资布局，提升哈长城市群现代服务业水平；充分利用北京、天津等地的科技、教育、人才优势，加强产学研合作，为哈长城市群产业发展提供科技支撑。加快建设京哈高速铁路客运专线、支线航空等交通基础设施建设，大力发展哈长城市群与环渤海经济圈的立体交通网络，推进互联互通与一体化建设，共建“大通关”信息共享平台，积极发挥四平在与环渤海地区合作交流中的枢纽作用。共建哈长城市群——环渤海地区工业园，积极开展旅游、会展、金融、物流等服务业领域的合作，全力促成环渤海地区优质项目的引进和联合开发。

2. 全面深化与其他地区合作

强化对黑龙江、吉林两省其他地区、内蒙古东部地区的辐射带动作用，加快在基础设施建设、产业协同发展、生态环境保护等方面的合作。积极吸纳周边地区劳动力转移就业，带动周边地区特色产业发展。通过“两横两纵”井字形交通运输体系的通道和“内贸外运”的陆海联运通道，深化哈长城市群与我国南方各省的联系，进一步加强面向长三角、珠三角等东部沿海地区的招商引资和市场开拓，拓展合作领域，创新合作形式，提升合作层次，建立承接技术密集型和劳动密集型的产业园区，合理承接沿海发达经济圈的产业，吸引研发、设计、服务、营销等产业环节转移，承接先进制造业、现代服务业。加强与港澳台地区的合作交流，发挥双方在绿色食品、文化产业、旅游产业、金融业、时尚产业等方面的互补优势，搭建面向东北亚和俄罗斯合作的重要桥梁。

九、体制机制创新

创新城市群发展体制机制，打破行政壁垒，建设一体化市场体系，在重点领域先行先试，关键环节重点突破，扫清体制机制障碍。

（一）推动市场一体化体系建设

加强工作协调对接，全面清理阻碍生产要素和商品自由流动的不合理规定，破除行政壁垒和垄断，促进生产要素自由流动和优化配置。规范招商引资行为标准和准则，实行相对统一的土地、税收政策，规范产业发展秩序，营造公平、开放的市场环境。在产业准入、产品质量检测、环境排放标准和监测方面加强合作，消除产业行政壁垒。建立产业整合平台，鼓励跨地区产业融合，探索采取飞地经济、组建联盟、整合地理标识、整体营销等方式深化合作，壮大优势产业集群。建立城市群成本共担和利益共享机制，推进城市公共交通“一卡通”等公共服务跨省互联互通，促进基础设施和公共服务设施共建共享。加快培育区域科技成果交易市场和产权交易市场，整合分散的产权交易机构，推进科技成果展示交易市场共建。加强就业制度改革，开展农民工技能培训，落实农民工进城务工扶持政策，建立城乡统一的劳动力市场。积极开展农村土地整治，盘活农村土地要素，建设城乡统一建设用地市场，统筹安排城乡建设用地增减挂钩。

（二）重点领域先行先试

1. 加快公共资源配置市场化改革

完善公共资源市场化配置制度，通过特许经营、购买服务、股权合作等方式，开展政府和社会资本合作（PPP）。将工程建设项目招投标、土地使用和矿业权出让、国有产权交易、政府采购等整合为统一规范的公共资源交易平台。推动社会资本参与市政基础设施建设运营，对城镇供水、供热、燃气、污水及垃圾处理等有收益的新建市政设施项目通过市场化公开招标确定投资主体，鼓励通过委托经营或转让—经营—转让（TOT）等方式，转交社会资本运营管理。推广政府购买服务，制定政府购买服务指导目录，实现供给主体和方式多元化。

2. 构建多渠道资金保障体系

探索由政府、企业、个人共同参与的农业转移人口市民化成本分担机制，合理确定各级政府在教育、基本医疗、社会保障等公共服务方面的事权责任，建立健全基本公共服务支出分担机制，完善财政转移支付制度。构建规范透明的城市建设投融资机制，建立健全地方债券发行管理制度和评级制度，允许地方政府发行市政债券，拓宽城市建设融资渠道。两省联合设立哈长城市群发展基金，用于支持跨政区的基础设施建设、产业协调发展、人才培养、科技创新、环境治理和生态补偿。

3. 有序推进转移人口市民化

深化户籍制度改革，全面放开辽源等小城市和建制镇落户限制，有序放开绥化、松原、四平落户限制，放宽大庆、齐齐哈尔、吉林市落户条件，在哈尔滨、长春实行“双轨制”落户政策，适当控制主城区人口规模，放宽非主城区落户条件。进一步建立和完善居住证制度，切实保障农业转移人口合法权益。

（三）关键环节重点突破

1. 推动产城融合发展

坚持“以产兴城、以城促产”，使城市发展与产业支撑、就业转移和人口集聚相统一，实现优化要素配置、三次产业联动、细化社会分工，促进产业与城镇化良性互动、融合发展。按照“做大产业集群、释放规模效益”的思路，加快建设以工业集中区为基本平台的各类产业集聚区，促进城镇发展和产业集聚区建设相结合，整体谋划，科学布局。在基础设施建设上，充分考虑与产业集聚区的共享和衔接，确保各种生产服务设施相互补充、相互融合。

2. 加快推进棚户区、城中村改造

加快推进城市棚户区改造，将铁路等行业棚户区按照属地原则，纳入各地棚户区改造规划统一组织实施。坚持统筹规划，将棚户区改造与城镇基础设施、公共设施建设和产业发展相结合，充分考虑居民就业、就医、就学和出行等需要，方便群众生产、生活。2020 年，基本完成城市群内各类棚户区改造任务，明显改善城镇居住条件，进一步优化城市群核心城市居住环境，为人口向中心城区集聚奠定基础。加快城中村改造和近郊村整体搬迁，到 2020 年全部完成城市群城中村改造，基本完成城市和县城周边 5 千米范围内村屯整体搬迁。

参考文献

[1] 陈玉光:《城市群形成的条件、特点和动力机制》, 载于《城市问题》2009 年第 1 期。

[2] 朱英明:《我国城市群地域结构特征及发展趋势研究》, 载于《城市规划会刊》2001 年第 4 期。

[3] 马海龙:《区域治理结构体系研究》, 载于《理论月刊》2012 年第 6 期。

[4] 魏后凯:《大都市区新兴产业分工与冲突管理》, 载于《中国工业经济》2007 年 2 月。

[5] 王佃利:《城市管理转型与城市治理分析框架》, 载于《中国行政管理》2006 年第 12 期。

[6] 汪阳红:《区域治理理论与实践研究》, 中国市场出版社 2014 年版。

[7] 魏后凯:《大都市区新型产业分工与冲突管理——基于产业链分工的视角》, 载于《中国工业经济》2007 年第 2 期。

[8] 齐讴歌、赵勇:《城市群功能分工的时序演变与区域差异》, 载于《财经科学》2014 年第 7 期。

[9] 张若雪:《从产品分工走向功能分工: 经济圈分工形式演变与长期增长》, 载于《南方经济》2009 年第 9 期。

[10] 苏红键、赵坚:《产业专业化、职能专业化与城市经济增长——基于中国地级单位面板数据的研究》, 载于《中国工业经济》2011 年第 4 期。

[11] 陈建军:《长江三角洲地区产业结构与空间结构的演变》, 载于《浙江大学学报》(人文社会科学版) 2007 年第 2 期。

[12] 贺灿飞、肖晓俊、周沛思:《中国城市正在向功能专业化转型吗? ——基于跨国公司区位战略的透视》, 载于《城市发展研究》2012 年第 3 期。

[13] 魏后凯:《构建面向城市群的新型产业分工格局》, 载于《区域经济评论》2013 年第 2 期。

[14] 肖金成、袁朱, 等:《中国十大城市群》, 经济科学出版社 2009 年版。

[15] 肖金成、欧阳慧, 等:《优化国土空间开发格局研究》, 中国计划出版社 2015 年版。

[16] 方创琳:《中国城市群形成发育的新格局及新趋向》, 载于《地理科学》2011 年第 31 期。

[17] 汪阳红:《促进城市群城市间合理分工与发展》, 载于《宏观经济管理》2014 年第 3 期。

［18］陈雯，等:《上海周边二级大城市的产业分工和职能转型——以苏锡常中心城市为例的分析》，载于《江海学刊》2002 年第 5 期。

［19］董洪梅:《大庆市建设哈长城市群区域中心城市问题研究》，载于《大庆社会科学》2017 年第 1 期。

［20］汪阳红、张燕:《加快“哈大经济支撑带”建设研究》，载于《区域经济评论》2017 年第 1 期。

第二章

哈长城市群的范围*

城市群是聚集产业和人口的主要载体，是推进城镇化的主体形态。《国家新型城镇化规划（2014～2020年）》中明确指出：按照统筹规划、合理布局、分工协作、以大带小的原则，发展集聚效率高、辐射作用大、城镇体系优、功能互补强的城市群，使之成为支撑全国经济增长、促进区域协调发展、参与国际竞争合作的重要平台。但在理论层面，城市群的范围界定问题众说纷纭、莫衷一是。本章在借鉴国内外研究的基础上，以城市圈域半径作为界定哈长城市群范围的基本依据，并以最短公路里程和通行时间以及经济联系强度模型相佐证，得出哈长城市群范围的综合判定。

一、研究综述

城市群是聚集产业和人口的主要载体，是推进城镇化的主体形态。《国家新型城镇化规划（2014～2020年）》提出加快培育成渝、中原、长江中游、哈长等城市群，使之成为推动国土空间均衡开发、引领区域经济发展的重要增长极，首次提到哈长城市群的概念，但是对于哈长城市群的范围存在着诸多不一致的认识。

关于城市群范围的界定，国内外许多学者进行过诸多研究。国外对城市群空间范围界定的相关研究开展较早，1957年戈德曼对美国大都连绵带（Megalopolis）的研究，定性指标：有密集城市、有密切联系、交通便利，定量指标：人口≥2500万人、人口密度≥250人/平方千米；1950～1977年美国的大都市统计区（SMSA）的研究，定性指标：中心城市所属地区属于SMSA，定量指标：中心城市人口>5万人、总人口>10万人、非农业劳动力比例>75%、通勤率≥20%；

---

* 本章执笔人：李爱民。

20世纪50~60年代日本的都市圈研究，定性指标：有一个或几个大城市为中心城市，定量指标：人口≥3000万人、中心城市人口≥100万人、通勤率≥15%、物资运输量≤总运输量的25%。国外关于城市群的定量指标对于人口密度更高、地域范围更广的我国而言，显然具有不适应性。基于此，国内学者提出了适应我国国情的城市群界定标准，如表2－1所示。

表2－1　　国内关于城市群标准的研究

年份	研究者	研究对象	定性指标	定量指标
1992	姚士谋	城市群	（1）城市群区域总人口超过1500万~3000万人； （2）城市群内特大超级城市不少于2座； （3）区域内城市人口比重大于35%； （4）区域内城镇人口比重大40%； （5）区域内城镇人口占省区比重大于55%； （6）城市群等级规模结构完整，形成5个等级； （7）交通网络密度：铁路网密度大于250万~350/万平方千米，公路网密度大于2000~2500千米/万平方千米； （8）社会消费品零售总额占全省比重大于45%； （9）流动人口占全省比重大于65%； （10）工业总产值占全省比重大于70%	
1995	周一星、史育龙	都市连绵区	（1）有相当规模和技术水平领先的大型海港（年货运吞吐量大于1亿吨）和空港，并有多条定期国际航线运营； （2）有多种现代运输方式叠加而成的综合交通走廊，区内各级发展极与走廊之间有便捷的陆上手段； （3）组成都市连绵区的各个城市之间、都市区内部中心城市和外围县之间存在紧密的经济社会联系	（1）有2个以上人口超过100万人的特大城市作为发展极，其中至少1个城市有相对较高的对外开放度，具有国际性城市的主要特征； （2）有数量较多的中小城市，且多个都市区沿交通走廊相连，总人口规模达到2500万人以上，人口密度达到700人/平方千米
1999	顾朝林	城市群	（1）中心城市的数量与规模； （2）人口城镇化水平，总体上要高于全国平均水平； （3）城市密度与城镇用地比率，如美国东北沿海大都市圈内城镇用地已占到整个地区土地总面积的20%以上，许多城市沿交通线连成一片	（1）区域社会经济特点以及城市之间的社会经济联系程度，以城市之间的社会经济联系常用人员和信息交流规模来衡量，带内交流规模一般应占规模的50%以上； （2）人口密度，城市群中心地区人口密度不低于500人/平方千米，外围地区人口密度不低于250人/平方千米
2007	肖金成、袁朱	城市群	（1）有一到几个较强经济实力的中心城市； （2）完善的城镇体系； （3）较高的产业发展与分工协作水平； （4）完善的基础设施网络	一定规模的人口与空间。面积5万平方千米左右，区域人口2000万人以上，人口密度400人/平方千米，中等以上城市10个左右，城市密度2个/万平方千米

续表

年份	研究者	研究对象	定性指标	定量指标
2010	方创琳	城市群	（1）城市数量（≥3 个）； （2）100 万人口以上特大城市个数（≥1 个）； （3）人口规模（≥2000 万人）； （4）城镇化水平（≥50%）； （5）人均 GDP（≥3000 美元）； （6）非农产值比率（≥70%）； （7）核心城市 GDP 中心度（≥45%）； （8）经济密度（≥500 万元/平方千米）； （9）经济外向度（≥30%）	
2013 年	汪阳红、贾若祥	城市群	（1）至少拥有 1 个人口在 200 万人（市辖区城镇人口）以上的大城市，或拥有 2 个人口在 100 万人以上的城市； （2）总人口规模达到 2500 万人以上； （3）人口密度在 300 人/平方千米以上； （4）城镇化水平≥全国平均水平； （5）具有发达的交通运输系统和通信网络，核心城市与外围区域的最短公路里程不超过 3 小时（或 300 千米左右）； （6）核心城市与周边城市之间、群内各城市之间具有较强的经济联系； （7）共同的自然、历史、文化相似性和地域认同感	
2014	樊杰	城市群	（1）地理区位适宜，具有相对平坦、开阔、连绵的用地条件，城镇化的资源环境综合承载能力较强。 （2）至少有 1 个城区人口在 200 万人以上的大城市或特大、超大城市作为核心城市，100 万人口以上城市数量一般不少于 3 个。总人口规模大于 2000 万人，城镇化水平高于所在省区的平均城镇化水平。人口密度达到 1000 人/平方千米。 （3）人均 GDP 高于所在省区的平均水平。工业化程度较高，非农产业产值占总产值的比重大于 70%。核心城市 GDP 占城市群 GDP 总量的比重一般不小于 40%，是全国或所在省区的经济中心城市。 （4）具有由多种现代交通方式组成的国家级和区域性交通枢纽，具备较强的对外开放门户功能。基本形成城际间联系便捷的综合交通运输网络，核心城市的半小时通勤圈和 2 小时经济圈已具雏形	

资料来源：国家发展和改革委员会宏观经济研究院重点课题《我国城市群发展研究》，2013 年。

二、哈长城市群范围的定量分析

城市群是城镇化高级阶段的空间组织形式，城市群内各城市应当具有密切的经济联系和便捷的交通运输往来。哈长城市群是我国东北跨省区的城市群，拥有哈尔滨和长春两大核心城市，分别形成哈尔滨和长春两大都市圈。本章运用中心城市圈域半径、最短公路里程和通行时间以及经济联系强度模型三种定量分析方法分别对哈长城市群的范围进行初步界定。

（一）中心城市圈域半径

根据城镇空间结构由城市→都市圈→城市群演进的路径，中心城市在构建都市圈和城市群中具有重要作用。本部分首先借鉴高汝熹、罗明义在《城市圈域经济论》中提出的方法，以中心城市辐射的圈域半径作为界定哈长城市群的方法，如表2-2所示。

城市GDP总量和城市人口规模是城市辐射能力和辐射大小的主要依据，一般而言，GDP越大，经济势能越大，辐射带动范围越大，城市圈域半径也越大，但同时，城市经济势能大小还要充分考虑城市服务功能。本章用基础设施指数和服务设施指数对中心城市的量级修正。

表2-2　哈长地区中心城市确定

城市		全市人口（万人）	市辖区人口（万人）	市区人口占全市人口比重（%）	城市类别*
黑龙江省	哈尔滨市	1064.2	412.0	38.71	Ⅰ型大城市
	齐齐哈尔市	537.0	108.9	20.28	Ⅱ型大城市
	鸡西市	186.6	72.1	38.65	中等城市
	鹤岗市	108.5	55.7	51.34	中等城市
	双鸭山市	146.3	46.7	31.92	Ⅰ型小城市
	大庆市	282.6	143.5	50.78	Ⅱ型大城市
	伊春市	114.9	76.6	66.70	中等城市
	佳木斯市	245.9	60.4	24.56	中等城市
	七台河市	92.0	40.3	43.80	Ⅰ型小城市
	牡丹江市	289.0	71.0	24.56	中等城市
	黑河市	171.5	14.4	8.37	Ⅱ型小城市
	绥化市	555.7	33.2	5.97	Ⅰ型小城市
吉林省	长春市	—	361.0	—	Ⅰ型大城市
	吉林市	—	127.6	—	Ⅱ型大城市
	四平市	—	59.4	—	中等城市
	辽源市	—	51.0	—	中等城市
	通化市	—	47.5	—	Ⅰ型小城市
	白山市	—	40.2	—	Ⅰ型小城市

续表

城市		全市人口（万人）	市辖区人口（万人）	市区人口占全市人口比重（%）	城市类别*
吉林省	松原市	—	48.5	—	Ⅰ型小城市
	白城市	—	28.3	—	Ⅰ型小城市
	延吉市	—	49.1	—	Ⅰ型小城市

注：*根据2014年国务院印发的《关于调整城市规模划分标准的通知》，新的城市规模划分标准以城区常住人口为统计口径，将城市划分为五类七档：城区常住人口50万人以下的城市为小城市，其中20万人以上50万人以下的城市为Ⅰ型小城市，20万人以下的城市为Ⅱ型小城市；城区常住人口50万人以上100万人以下的城市为中等城市；城区常住人口100万人以上500万人以下的城市为大城市，其中300万人以上500万人以下的城市为Ⅰ型大城市，100万人以上300万人以下的城市为Ⅱ型大城市；城区常住人口500万人以上1000万人以下的城市为特大城市；城区常住人口1000万人以上的城市为超大城市。

资料来源：《中国区域经济统计年鉴》（2014年）、《中国城市建设统计年鉴》（2013年）。

根据数据的可获性，选取人均城市道路面积、万人拥有公共汽车数量、人均生活用水、人均生活用电等指标计算基础设施指数：

$$F = \sum F_{ij}/F_j \tag{2-1}$$

式（2－1）中，F为基础设施指数，F_{ij}为i城市的第j类基础设施，F_j为全国城市的第j类基础设施。

同时，选取移动电话用户数、国际互联网用户数、万人拥有医院床位数、万人在校大学生数、人均图书馆藏书等指标计算中心城市服务设施指数：

$$A = \sum A_{ij}/A_j \tag{2-2}$$

式（2－2）中，A为服务设施指数，A_{ij}为i城市的第j类基础设施，A_j为全国城市的第j类基础设施。

在计算基础设施指数、服务设施指数后，利用资金利税率修正经济势能指数：

$$GDP'_j = GDP_j \times (F + A)/2 \times R_j \tag{2-3}$$

式（2－3）中，GDP'_j表示j城市的经济势能指数，GDP_j表示j城市的地区生产总值，R_j表示j城市的资金利税率。

根据前面的方法和步骤，2013年哈长地区各城市基础设施指数、中心城市服务设施指数、中心城市经济势能与圈域半径的计算结果分别如表2－3至表2－5所示。

黄征学（2014）确定了中心城市经济势能量级与圈域半径划分标准，本书根据研究实际在其基础上对市区GDP低于1000亿元的城市的圈域半径进行拓展，如表2－6所示。

表 2－3　　哈长地区各城市基础设施指数计算

城市		人均城市道路面积（平方米）	万人拥有公共汽车（辆）	人均生活用水（吨）	人均生活用电（千瓦小时）	基础设施指数
黑龙江省	哈尔滨市	10.04	12.65	36.58	753.30	3.73
	齐齐哈尔市	6.82	7.42	26.25		1.88
	鸡西市	7.54	8.67	21.05	492.55	2.49
	鹤岗市	6.53	8.75	20.20	957.27	2.92
	双鸭山市	7.64	6.73	23.02		1.80
	大庆市	24.88	11.77	29.59	490.83	4.39
	伊春市	11.17	6.50	29.65	405.13	2.66
	佳木斯市	6.84	5.18	28.81	729.02	2.52
	七台河市	8.53	8.77	19.85	826.05	2.93
	牡丹江市	11.02	8.76	23.50		2.29
	黑河市	7.94	4.71	17.13	579.67	2.14
	绥化市	26.47	2.59	39.49	1482.47	4.93
吉林省	长春市	18.58	12.98	24.46	548.87	3.95
	吉林市	7.39	6.61	36.98	733.02	2.90
	四平市	9.28	4.75	17.81	368.99	2.03
	辽源市	11.09	8.11	12.75	348.45	2.38
	通化市	9.02	8.34	13.01	590.04	2.51
	白山市	7.06	6.38	14.60	633.38	2.24
	松原市	13.36	9.61	43.30	649.44	3.73
	白城市	5.34	5.14	26.75	832.92	2.47
	延吉市					

资料来源：《中国城市统计年鉴》（2014 年）。

表 2－4　　哈长地区各城市服务设施指数计算

城市		移动电话用户数（万户）	国际互联网用户数（户）	拥有医院床位数（张）	万人在校大学生数（人）	每百人公共图书馆藏书（册）	服务设施指数
黑龙江省	全省	1124.35	156	55157	296.00	148.29	1.96
	哈尔滨市	380.29	44	13889	191.32	77.39	1.12

续表

城市		移动电话用户数（万户）	国际互联网用户数（户）	拥有医院床位数（张）	万人在校大学生数（人）	每百人公共图书馆藏书（册）	服务设施指数
黑龙江省	齐齐哈尔市	173.80	23	4993	191.14	15.88	0.64
	鸡西市	112.36	13	5153	224.03	43.28	0.93
	鹤岗市	153.47	20	3005	236.30	40.41	0.94
	双鸭山市	405.78	48	11836	311.99	163.16	2.10
	大庆市	82.60	52	5171	176.70	91.01	1.18
	伊春市	234.20	33	6606	215.22	35.70	0.85
	佳木斯市	100.67	11	3141	177.93	29.82	0.71
	七台河市	229.51	43	8662	132.17	68.20	0.88
	牡丹江市	115.80	20	849	217.67	52.86	0.99
	黑河市	242.40	42	1205	32.95	16.21	0.22
	绥化市						
吉林省	全省	794.63	121	32282	358.75	212.91	2.62
	长春市	365.92	67	12559	348.31	87.75	1.61
	吉林市	268.00	33	5834	500.85	80.17	1.96
	四平市	102.35	15	2705	286.84	49.79	1.15
	辽源市	168.55	31	3545	309.55	65.00	1.33
	通化市	104.65	18	3495	157.56	39.31	0.73
	白山市	224.50	24	2766	452.83	37.72	1.50
	松原市	162.47	25	2424	289.68	51.80	1.17
	白城市	1124.35	156	55157	296.00	148.29	1.96
	延吉市	380.29	44	13889	191.32	77.39	1.12

资料来源：《中国城市统计年鉴》（2014年）。

表2-5　　哈长地区中心城市经济势能指数

城市		国内生产总值（亿元）	资金利税率（%）	基础设施指数	服务设施指数	经济势能指数
黑龙江省	哈尔滨市	3236.32	24.17	3.73	1.96	2224.38
	齐齐哈尔市	621.81	6.53	1.88	1.12	60.82
	鸡西市	189.30	2.88	2.49	0.64	8.54

续表

城市		国内生产总值（亿元）	资金利税率（%）	基础设施指数	服务设施指数	经济势能指数
黑龙江省	鹤岗市	194.67	0.79	2.92	0.93	2.96
	双鸭山市	150.03	13.43	1.80	0.94	27.63
	大庆市	3619.45	27.85	4.39	2.1	3272.13
	伊春市	181.91	5.90	2.66	1.18	20.63
	佳木斯市	364.00	5.88	2.52	0.85	36.09
	七台河市	186.21	0.36	2.93	0.71	1.21
	牡丹江市	336.94	12.92	2.29	0.88	68.96
	黑河市	27.29	23.53	2.14	0.99	10.04
	绥化市	112.48	13.13	4.93	0.22	38.00
吉林省	长春市	3569.30	19.01	3.95	2.62	2229.66
	吉林市	1476.35	4.76	2.90	1.61	158.22
	四平市	268.69	10.73	2.03	1.96	57.55
	辽源市	400.03	4.83	2.38	1.15	34.10
	通化市	309.17	7.28	2.51	1.33	43.18
	白山市	335.83	7.58	2.24	0.73	37.75
	松原市	547.86	10.90	3.73	1.5	156.02
	白城市	167.09	8.06	2.47	1.17	24.48
	延吉市					

资料来源：《中国城市统计年鉴》（2014 年）。

表 2-6　中心城市经济势能量级与圈域半径划分标准

市区 GDP	经济势能指数	中心城市量级	城市圈域半径（千米）
10000 亿元以上	10000 以上	特级	200
5000 亿～10000 亿元	5000～10000	1	150
2000 亿～5000 亿元	2000～5000	2	120
1000 亿～2000 亿元	1000～2000	3	90
500 亿～1000 亿元	500～1000	4	50
200 亿～500 亿元	200～500	5	30
200 亿元以下	200 以下（中等城市）	6	25
	200 以下（小城市）	7	20

参照表2－6，并结合市区GDP和人口规模对黑龙江、吉林各中心城市的城市圈域半径进行修正，确定各自辐射带动范围如表2－7所示。

表2－7　　哈长地区中心城市经济势能指数与圈域半径

城市		市辖GDP（亿元）	市辖区人口（万人）	经济势能指数	城市圈域半径（千米）
黑龙江省	哈尔滨市	3236.32	412.0	2224.38	122.2
	齐齐哈尔市	621.81	108.9	60.82	25.0
	鸡西市	189.30	72.1	8.54	25.0
	鹤岗市	194.67	55.7	2.96	25.0
	双鸭山市	150.03	46.7	27.63	20.0
	大庆市	3619.45	143.5	3272.13	132.7
	伊春市	181.91	76.6	20.63	25.0
	佳木斯市	364.00	60.4	36.09	25.0
	七台河市	186.21	40.3	1.21	20.0
	牡丹江市	336.94	71.0	68.96	25.0
	黑河市	27.29	14.4	10.04	20.0
	绥化市	112.48	33.2	38.00	20.0
吉林省	长春市	3569.30	361.0	2229.66	122.3
	吉林市	1476.35	127.6	158.22	25.0
	四平市	268.69	59.4	57.55	25.0
	辽源市	400.03	51.0	34.10	25.0
	通化市	309.17	47.5	43.18	25.0
	白山市	335.83	40.2	37.75	20.0
	松原市	547.86	48.5	156.02	20.0
	白城市	167.09	28.3	24.48	20.0
	延吉市				

资料来源：《中国城市统计年鉴》（2014年）。

通过哈长地区中心城市经济势能指数与圈域半径，结合哈长行政地图可以得出，受哈尔滨市辐射影响的城市包括大庆、绥化，齐齐哈尔受到大庆市的辐射影响；受长春市辐射影响的城市包括吉林、辽源、四平；而松原市的辐射半径分别与哈尔滨市和长春市的辐射半径圈交汇，理应放入哈长城市群的范围。

（二）最短公路里程和通行时间

中心城市经济势能辐射带动力遵循距离衰减的规律，因此最短公路里程和通行时间成为城市群范围划定需要重点考虑的因素。国外都市圈往往也以通勤距离作为主要依据，日本三大都市圈的圈域半径一般都在 100 ~ 150 千米。哈长地区到哈尔滨、长春的最短公路里程和通行时间如表 2 - 8 所示。

表 2 - 8　到哈尔滨和长春的最短公路里程和通行时间

城市		与哈尔滨最短公路里程（千米）	与哈尔滨通行时间（小时）	与长春最短公路里程（千米）	与长春通行时间（小时）
黑龙江省	哈尔滨市	0	0	258	2.6
	齐齐哈尔市	303	3.0	486	4.9
	鸡西市	443	4.4	710	7.1
	鹤岗市	431	4.3	660	6.6
	双鸭山市	442	4.4	671	6.7
	大庆市	153	1.5	342	3.4
	伊春市	320	3.2	576	5.8
	佳木斯市	368	3.7	596	6.0
	七台河市	416	4.2	645	6.5
	牡丹江市	332	3.3	559	5.6
	黑河市	568	5.7	824	8.2
	绥化市	120	1.2	383	3.8
吉林省	长春市	258	2.6	0	0
	吉林市	252	2.5	112	1.1
	四平市	369	3.7	117	1.2
	辽源市	390	3.9	115	1.2
	通化市	565	5.7	290	2.9
	白山市	569	5.7	294	2.9
	松原市	196	2.0	169	1.7
	白城市	383	3.8	344	3.4
	延吉市	500	5.0	419	4.2

资料来源：根据百度地图（http：//map.baidu.com/），其中通行时间按照高速 100 千米/小时换算而来。

哈长地区幅员辽阔，黑龙江全省面积47.3万平方千米，吉林全省面积18.74万平方千米，考虑到全域面积的因素，本书以200千米最短公路里程或2小时通行时间划定哈长城市群的覆盖范围。基于此，哈长城市群范围包括：黑龙江的哈尔滨、大庆、绥化（3个）以及吉林省的长春、吉林、四平、松原、辽源（5个），齐齐哈尔不在哈尔滨和长春2小时经济圈内。但齐齐哈尔到大庆的最短公路里程为155千米，显然在大庆的2小时经济圈内，应当纳入哈长城市群统一规划。特别注意的是，黑龙江省的牡丹江市和吉林省的延吉市分别距离哈尔滨和长春的最短公路里程分别为332千米和500千米，难以受到辐射带动作用，牡丹江和延吉应予排除在哈长城市群外。

（三）经济联系强度模型

区域经济联系量是用来衡量区域间经济联系强度的指标，或称空间相互作用量，既能反映经济中心城市对周围地区的辐射能力，也能反映周围地区对经济中心辐射能力的接受程度。经济联系强度表达式为：

$$R_{ij} = (\sqrt{P_i \times G_i} \times \sqrt{P_j \times G_j})/D_{ij}^2 \tag{2-4}$$

式（2-4）中，R_{ij}为两城市经济联系强度；P_i、P_j为两城市市辖区常住人口数（万人）；G_i、G_j为两城市市辖区GDP（万元）；D_{ij}为两城市公路营运里程（千米）。

哈长城市群中经济区位度最高的无疑是哈尔滨和长春，本书以哈尔滨与长春为参照，计算哈长地区各城市与哈尔滨、长春的经济联系，结果如表2-9所示。

表2-9 经济联系强度计算结果

城市		常住人口（万人）	GDP（万元）	与哈尔滨的距离（千米）	与长春的距离（千米）	与哈尔滨的经济联系	与长春的经济联系
黑龙江省	哈尔滨市	412	32363205	0	258	—	28277
	齐齐哈尔市	108.9	6218075	303	486	32729	1796
	鸡西市	72.1	1893026	443	710	6874	378
	鹤岗市	55.7	1946697	431	660	6473	390
	双鸭山市	46.7	1500295	442	671	4947	303
	大庆市	143.5	36194531	153	342	355499	10044
	伊春市	76.6	1819128	320	576	13311	580
	佳木斯市	60.4	3640000	368	596	12643	680

续表

城市		常住人口（万人）	GDP（万元）	与哈尔滨的距离（千米）	与长春的距离（千米）	与哈尔滨的经济联系	与长春的经济联系
黑龙江省	七台河市	40.3	1862123	416	645	5780	339
	牡丹江市	71	3369368	332	559	16203	807
	黑河市	14.4	272854	568	824	709	48
	绥化市	33.2	1124781	120	383	49002	679
吉林省	长春市	361	35693037	258	0	196916	—
	吉林市	127.6	14763494	252	112	78921	56401
	四平市	59.4	2686862	369	117	10714	15044
	辽源市	51	4000336	390	115	10844	17605
	通化市	47.5	3091746	565	290	4384	2349
	白山市	40.2	3358339	569	294	4144	2191
	松原市	48.5	5478596	196	169	48997	9303
	白城市	28.3	1670875	383	344	5413	947
	延吉市	49.1		500	419	—	

资料来源：《中国城市统计年鉴》（2013 年）。

通过表 2－9，将哈长地区各城市与哈尔滨的经济联系密切度进行排序，依次是大庆、长春、吉林、绥化、松原、齐齐哈尔，其余各地区与哈尔滨的联系密切度相对较低。对哈长地区各城市与长春的经济联系密切度进行排序，依次是吉林、哈尔滨、辽源、四平、大庆、松原，其他地区与长春的经济联系相对较少。

三、哈长城市群范围的综合判定

根据以上的定量分析，综合考虑哈长地区地形地貌、交通以及实地调研等诸多因素，以中心城市辐射圈域半径作为界定哈长城市群范围的主要依据，该方法具有一定的综合性，而最短公路里程和通行时间、经济联系强度分析等指标也基本佐证了这一结论，因此，入围哈长城市群范围的城市共 9 个，包括黑龙江省的哈尔滨、大庆、齐齐哈尔、绥化 4 市和吉林省的长春、吉林、四平、松原、辽源 5 市。

2009 年 11 月 18 日，国务院正式批复《中国图们江区域合作开发规划纲要——以长吉图为开发开放先导区》，使长吉图地区的开发开放上升为国家战略层次，立足图们江，面向东北亚，服务大东北成为长吉图地区的主要任务。考虑到哈长城市群面向东北亚开发开放的战略考量，本书认为将延边州和牡丹江划入哈长城市群是合宜而且必要的。为区分起见，本书将哈长城市群划分为拓展区和核心区，核心区即包括黑龙江省的哈尔滨、大庆、齐齐哈尔、绥化和吉林省的长春、吉林、四平、松原、辽源9地市，哈长城市群核心区、吉林省的延边州和黑龙江省的牡丹江市一并构成哈长城市群的拓展区。

就哈长城市群而言，与长三角城市群、珠三角城市群、京津冀城市群相比，发展质量和发展水平都相对较差，还处于城市群发展的初级阶段，需要加大培育力度。2013 年，哈长城市群的基本情况如表 2－10 所示。

表 2－10　　哈长城市群基本状况（2013 年）

项目	面积（万平方千米）	常住人口（万人）	城镇化水平（%）	人口密度（人/平方千米）	人均 GDP（元）
黑龙江省	43.70	3835	57.4	87.8	37509
吉林省	18.74	2751	54.2	146.8	47191
哈长城市群核心区（9 市）	23.94	4306*	—	179.9	52983
哈长核心区占黑龙江、吉林两省的比重（%）	38.34	65.38	—	—	—
哈长城市群拓展区（11 市）	33.61	4793		142.6	51908
哈长拓展区占黑龙江、吉林两省的比重（%）	53.83	72.78	—	—	—

注：* 常住人口数缺失，此为户籍人口。
资料来源：《中国区域经济统计年鉴》（2014 年）、《中国城市统计年鉴》（2014 年）。

参考文献

[1] 孟德友、陆玉麒：《基于引力模型的江苏区域经济联系强度与方向》，载于《地理科学进展》2009 年第 5 期。

[2] 乔旭宁、杨德刚，等：《基于经济联系强度的乌鲁木齐都市圈空间结构研究》，载于《地理科学进展》2007 年第 6 期。

[3] 黄征学：《城市群界定的标准研究》，载于《经济问题探索》2014 年第 8 期。

[4] 鲁金萍、孙久文、刘玉：《京津冀城市群经济联系动态变化研究——基于城市流的视角》，载于《经济问题探索》2014 年第 12 期。

［5］陈建军、王国正：《都市圈内涵与界定维度研究》，载于《江西社会科学》2009 年第 6 期。

［6］汪阳红、贾若祥：《我国城市群发展研究》，国家发改委宏观经济研究院重点课题，2013 年。

［7］高汝熹、罗明义：《城市圈域经济论》，云南大学出版社 1998 年版。

［8］方创琳：《中国城市群形成发育的新格局及新趋向》，载于《地理科学》2011 年第 9 期。

［9］顾朝林：《中国城市地理》，商务印书馆 1999 年版。

第三章

哈长城市群及其主要城市的功能定位*

哈长城市群地处全国“两横三纵”城镇化战略格局中京哈京广通道纵轴北端，是国家重点推进新型工业化和城镇化开发的经济人口密集地区，在我国区域协调发展、促进全面对外开放新格局中具有重要地位。从城市功能与势能上看，正在形成以哈尔滨和长春为双核心，以齐齐哈尔、牡丹江、吉林、四平、大庆、绥化、绥芬河、辽源、延边等为区域性中心城市或重要节点城市的层级结构。在未来培育引导哈长城市群发展中，一方面，需要立足国家战略加快提升哈长城市群的整体功能；另一方面，需要优化提升不同城市的专业化支撑功能，形成城际协同互动、区域整体性强、能够有效支撑东北振兴和国家面向东北亚全面开放的发展态势。

一、哈长城市群在国家发展全局中的重要地位

哈长城市群在国家改革开放全局中占据重要战略地位，是东北地区振兴发展的重点支撑区域，是促进区域协调发展的重要增长极。深刻认识和把握哈长城市群在国家发展大局中的特殊性是推动哈长城市群规划发展的逻辑起点。

（一）我国面向东北亚开放的核心支撑区域

哈长城市群南依辽中南城市群，北邻俄罗斯远东地区，东靠朝鲜半岛，西接内蒙古自治区，与京津冀、环渤海经济区相呼应，是我国东北地区对外开放合作的桥头堡，是连接东北亚、中亚和欧洲货物流通的重要通道和交通枢纽，是我国

---

* 本章执笔人：张燕，男，中国社会科学院研究生院经济学博士，现任国家发展改革委国土开发与地区经济研究所室副主任、副研究员，研究方向为区域经济、城市经济和产业经济等。

面向东北亚地区和俄罗斯对外开放的门户。2015 年 3 月 28 日，国家发展改革委、外交部、商务部联合发布的《推动共建丝绸之路经济带和 21 世纪海上丝绸之路的愿景与行动》中，明确指出要“完善黑龙江对俄铁路通道和区域铁路网，以及黑龙江、吉林等与俄远东地区陆海联运合作，推进构建北京—莫斯科欧亚高速运输走廊，建设向北开放的重要窗口”。显然，哈长城市群是我国面向东北亚开放、全面推进实施“一带一路”倡议的重要支撑板块。“十三五”及更长一段时期内，哈长城市群作为我国东北地区经济发展和对俄及东北亚开发开放的核心区，应积极顺应全球化和区域一体化发展大势，发挥好地处东北亚的核心区位的优势，超前谋划应对东北亚各国的开发开放战略，积极对接融入“一带一路”建设，构建对外开放新走廊，发挥沿边开放门户作用，建设成为我国对俄乃至东北亚贸易的桥头堡和枢纽站，并与国内纵深腹地尤其是京津冀、环渤海地区紧密协作，优势互补，在我国全方位对外开放格局和“一带一路”建设中发挥战略支撑作用。

（二）全国生产力布局的重要区域

根据《全国主体功能区规划》，哈长地区位于全国“两横三纵”城镇化战略格局京哈京广通道纵轴北端，是全国重要的能源、装备制造基地，区域性的原材料、石化、生物、高新技术产业和农产品加工基地，是带动东北地区发展的重要增长极。依托哈长地区建设哈长城市群，就是要充分发挥哈长地区较好的产业基础和人口集聚能力。按照国家生产力布局导向，该区域有哈大齐工业走廊和牡绥地区、长吉图经济区等重要的工业化区域，承担着国家重要的工业化和对外开放的职能。因此，哈长城市群发展不仅关系到东部地区全面振兴的大局，更是关系到全国生产力布局和促进形成全国区域协调发展的新格局，哈长城市群将成为推动国土空间均衡开发和促进区域经济增长的重要引擎。

专栏 3－1 哈长城市群的重点区域

哈大齐工业走廊和牡绥地区。该区域包括黑龙江省哈尔滨、大庆、齐齐哈尔和牡丹江及绥芬河的部分地区；功能定位是：全国重要的能源、石化、医药和重型装备制造基地，区域性的农产品加工和生物产业基地，东北地区陆路对外开放的重要门户。

构建以哈尔滨为中心，以大庆、齐齐哈尔为重要支撑，以牡绥地区为对外开放窗口，以主要交通走廊为主轴的空间开发格局。

哈大齐工业走廊要强化科技创新、综合服务功能，增强产业集聚能力和核心竞争力。把哈尔滨建设成为全国重要的装备制造业基地、东北亚地区重要的商贸中心和国际冰雪文化名城，把大庆建设成为全国重要的原油、石化基地和自然生态城市，把齐齐哈尔建设成为全国重型装备制造基地。

牡绥地区要强化绥芬河综合保税区功能，重点发展进出口产品加工、商贸物流、旅游等产业，建设成为重要的国际贸易物流节点和对外合作加工贸易基地。

发挥区域生态优势和资源优势，建设绿色特色农产品生产及加工基地，推动规模化经营，提高农产品精深加工和农副产品综合利用水平。

长吉图经济区。该区域包括吉林省长春、吉林、延边、松原的部分地区；功能定位是：全国重要的交通运输设备制造，石化、生物、光电子和农产品加工基地，区域性高新技术产业基地，我国参与图们江区域国际合作开发的先导区，我国面向东北亚开放的重要门户，东北地区新的重要增长极。

构建以长春为中心，以长春、吉林为主体，以延龙图（延吉、龙井、图们）为对外开放前沿，以珲春为对外开放窗口，以交通走廊为轴线的空间开发格局。

强化长春科技创新和综合服务功能，建设全国重要的光电子、生物、医药、汽车、轨道客车、新材料、农产品加工基地和国际影视文化名城。推进长吉经济一体化，建设吉林石化产业基地和宜居城市。增强要素集聚和辐射带动能力，建设先进制造业和科技创新基地。

资料来源：《全国主体功能区规划》。

（三）支撑东北全面转型升级的重点支撑区域

哈长城市群是全国重要的老工业基地，目前已经形成了以汽车、装备、石化、能源、食品、医药等为主体的工业体系，边境贸易、国际物流、跨境旅游、信息服务等服务业快速发展，外向型经济体系初具规模。哈长城市群每个城市都有各自的产业强项或工业基础。如食品工业、装备制造、石化和医药是哈尔滨市四大主导工业；长春市有著名的汽车城和电影城，有制造出中国第一辆解放牌卡车的中国第一汽车集团公司和新中国第一家电影制片厂（长春电影制片厂）；大庆是以石油和石化为支柱产业的工业城市；吉林市是著名的化工城市；松原市是新兴的工业城市，主导产业为石油化工和农畜产品深加工；齐齐哈尔市是以装备制造业为主的重工业基地。总体来看，哈长城市群城市之间主导产业各异，产业配置同质性小，城市功能互补性较强，有条件围绕特色产业基础，科技创新能力提升，推动建设成为重型装备、汽车、石油化工、绿色食品、新材料等现代产业基地，并带动信息、服务外包、商贸物流和文化旅游等现代服务业加快发展，面向东北亚加大对外开放力度，建设跨国贸易投资服务平台和进出口加工基地，打造成为东北亚重要口岸物流中心和国际旅游集散地。显然，哈长城市群作为全国和东北地区重要的工业化和城镇化区域，能够带动东北地区创新创业、支撑东北工业转型升级、引领城镇化与城市转型、率先推进以国有企业改革为重点的制度改革等，是新时期东北实现全面转型升级和振兴发展的重要支撑板块。

（四）地处东北黑土地重要的农业和生态地理区位

哈长城市群区域大部分位于松嫩平原上，地貌类型为平原，地形开阔地势平坦，土地资源和水资源相对丰富，开发强度相对较低；大气环境与水环境质量总体较好，大部分地区二氧化硫与化学需氧量的排放基本没有超过环境容量。生态自然资源丰富，有着丰富的森林资源、石油资源和矿产资源，有国家级自然保护区扎龙自然保护区，有被列入国家级非物质遗产保护名录的查尔干冬捕等，生物多样性好。从气候特点上看，冬季漫长寒冷，地表积雪时间长；季节冻土发育，阻碍地表水下渗，草甸化与沼泽化现象显著；夏季气温较高，降水集中。因此，一方面，哈长城市群区域在国家农业生产和农产品供给的战略布局中占据重要地位，有不少城市依托国有农场及农产品加工发展起来；另一方面，哈长城市群在东北及全国生态文明建设和生态功能布局上占据重要地位。

二、哈长城市群的战略定位

鉴于哈长城市群发展的基础条件及其在全国发展大局中的战略功能，哈长城市群的总体定位是支撑带动东北全面振兴的国家级城市群。为有力支撑实现该战略定位，需要突出优化提升哈长城市群的具体功能定位，包括东北地区产业创新升级的引领区、东北地区深化改革的试验区、老工业基地城镇化转型的先行区、生态文明建设的示范区和我国面向东北亚开放的重要门户。

（一）东北地区产业创新升级的引领区

充分利用国家全面振兴东北老工业基地的有利政策条件，全面推进创新创业就业，有序承接国际和东部沿海地区的产业转移，大力推进产业结构调整，加快转变经济发展方式，改造提升特色优势产业，做大做强装备制造业和战略性新兴产业，积极营造有利于创新的市场环境和制度环境，加快形成以产业创新为引领和支撑的现代化经济体系和发展模式，通过产业创新升级驱动引领东北经济转型升级。

一是带动东北地区创新创业发展。以引领东北地区创新发展为目标，发挥创新资源集中的优势，扎实实施创新驱动发展战略，围绕转型发展积极推进全面创新改革，破除体制机制障碍，完善创新创业发展环境，激发区域创新活力和创新热情，鼓励大众创业万众创新，以政府部门创新为引导、以企业创新为主体、以高效科研院所创新为支撑，瞄准全球全国创新新动向，切实提高自主创新能力和创新辐射影响力，积极探索创新驱动的发展模式，增强转型发展的内生动力。正如2015年6月26日，国家发展改革委、科技部、人力资源社会保障部、中科院联合发布《关于促进东北老工业基地创新创业发展打造竞争新优势的实施意见》中明确提出的，要使创新创业在东北老工业基地蔚然成风。

二是支撑东北装备制造业提升。顺应全球新科技革命和我国产业转型升级的新导向，提升航空装备、轨道交通装备、能源装备、成套工程装备、数控机床及重型机械装备等装备制造业优势，瞄准市场新方向，用增量盘活存量，着力推进装备制造业向智能化、绿色化、服务化改造提升，在自主研发、生产工艺、制造模式、自主品牌、价值链构建等方面发挥引领作用，加快提升装备制造业国际化和现代化水平，为提升东北装备制造业在国际市场的竞争力做出应有的贡献。

三是积极培育发展以“新技术、新产业、新业态和新模式”为主导的四新经济。完善创新创业环境，依托优势产业基础，不断集聚创新创业资源要素，积极推广众创、众包、众扶、众筹等新模式，积极培育智能制造和“互联网+”等新技术驱动下的新业态、新产业，加快引导成为地区增长的新引擎。一方面，要围绕特色优势产业包括装备制造业、石油化工产业以及农产品加工业，促进产业跨界融合和联动发展。另一方面，积极培育和发展壮大新能源、新材料、电子信息、节能环保、生物产业等战略性新兴产业。

专栏3-2 东北地区打造产业竞争新优势

促进传统制造业提质增效。加快推进新一代信息技术与制造业深度融合，促进工业互联网、云计算、大数据在企业研发设计、生产制造、经营管理、销售服务等全流程和全产业链的综合集成应用。在东北地区实施服务型制造行动计划，引导和支持制造业企业延伸服务链条，从主要提供产品制造向提供产品和服务转变。鼓励优势制造业企业剥离生产性服务业，通过业务流程再造，提供社会化、专业化服务。推进钢铁、有色、化工、建材等行业绿色改造升级，加快机械、船舶、汽车、食品等行业智能化改造，加强质量、品牌和标准建设，打造一批具有国际竞争力的产业基地和区域特色产业集群。支持长春、哈尔滨、齐齐哈尔等地先进装备制造业发展，在电力装备、轨道交通、造船、海工装备等领域形成一批世界级产业基地。支持打造四平专用车、大庆石油石化装备等产业集群。推动在哈尔滨设立军民融合发展示范园区工作，发展军民两用高技术产业，积极布局国家大型军工项目，形成从主机到配套的完整产业链。实施一批重点技术装备首台（套）项目，将东北重大技术装备产品纳入《首台（套）重大技术装备推广应用指导目录》。实施首台（套）重大技术装备保险补偿机制试点，中央财政对符合条件的东北地区投保企业保费补贴予以支持。

发展壮大新兴产业。出台实施东北地区培育和发展新兴产业行动计划，拓展新兴产业市场空间，发展一批有基础、有优势、有竞争力的新兴产业。支持中心城市打造国内领先的新兴产业集群。加快推进哈尔滨等地壮大工业机器人及智能装备产业规模，形成优势产业集群。推进哈飞等企业与国际大型航空企业开展重大项目合作，在哈尔滨建设国家级航空产业基地。壮大长春光电子、卫星应用、生物制药等新兴产业规模。积极打造东北二三线城市新兴产业名片。

促进新业态大发展。积极实施“互联网＋”行动计划，围绕各行业产品、生产线、供应链及商业模式等环节，开展跨界融合创新。依托本地实体经济，积极发展电子商务、供应链物流、互联网金融等新兴业态。支持电子商务向基层延伸，鼓励在电子商务领域就业创业。支持企业利用互联网开展面向全球的技术资源合作、在线科技服务、创新众筹，促进智能设计、众创研发、协同制造、网络化实时服务等产业组织模式创新。加强对吉林市等电子商务示范城市的支持。推进哈尔滨、绥芬河开展跨境电子商务（出口），支持当地非金融机构开展第三方支付业务。

资料来源：《关于促进东北老工业基地创新创业发展打造竞争新优势的实施意见》。

（二）东北地区深化改革的实验区

长期以来制约东北老工业基地转型发展的深层次矛盾和障碍关键在体制机制的约束，深化改革在东北地区具有较强的时代迫切性。正如，2014 年 8 月 19 日，国务院发布《关于近期支持东北振兴若干重大政策举措的意见》中明确提出，为破解深层次的体制机制性障碍，要以简政放权为突破口，促进各类市场主体竞相迸发发展活力，着力激发市场活力；要进一步深化东北地区国有企业和国有资产管理体制改革，支持东北在国有企业改革方面先行先试，大力发展混合所有制经济，切实增强国有经济发展活力。

为此，依托哈长城市群市场化程度相当较高、产业基础较好、创新创业资源丰富等优势条件，在推进城市群建设发展过程中，可率先着眼东北地区共性问题促进制度改革，加快理顺相关领域体制机制。一方面，围绕制约东北经济社会发展的共性制度和体制机制问题包括国有企业改革、市场化环境建设滞后、要素制约等探索深化改革的有力政策举措，发挥改革先行示范作用，继而带动整个东北地区提高改革效率。另一方面，围绕哈长城市群自身特点和未来发展的导向需求，在区域治理机制、产业合作机制、对外开放等方位积极探索体制机制创新，率先在东北地区探索一条可持续、包容和高效的高质量发展路径，继而向东北其他地区示范和推广应用。

（三）老工业基地城镇化转型的先行区

新时期，东北老工业基地转型发展应该是工业化和城镇化的全面转型升级，其中，城镇化转型就是要促进城镇化模式和城市发展的双转型。哈长城市群作为东北地区重要的城镇化区域，有基础、有条件积极探索新模式、新路径和新方式，积极引领东北老工业基地城镇化转型发展。

具体地，就是要把握我国新型城镇化战略的总体要求，立足哈长城市群老工业基地城市特点，特别是针对人口外流、资源型城市衰退等突出问题，深入开展国家新型城镇化综合试点，以人的城镇化为核心，以提升城镇化质量为关键，有序推进农业转移人口市民化，促进城镇化向高级阶段演化，重点围绕老工业基地改造和资源型城市转型，在产业更新、产城融合、宜居宜业、低碳发展等方面取得新突破，加快建立多元化可持续的城镇化投融资机制，走出一条具有我国特色的老工业基地城镇化振兴转型之路，探索建立跨省级行政区城市群一体化发展的城镇化新模式，形成由核心城市带动、区域性中心城市支撑、中小城市联动协调发展的城镇化格局，也积极为全国同类地区城市功能改造与转型升级提供有效示范。

（四）生态文明建设的示范区

在我国全面推进生态文明建设的背景下，哈长城市群作为东北地区推进绿色城镇化和工业化的重点区域，有条件也非常有必要以绿色转型为价值导向，加快形成区域绿色崛起新优势。在全面推进老工业转型升级的导向下，努力应对生态约束和环境治理压力越来越大的挑战，把生态文明理念全面融入各项建设工作中，加快经济发展方式转变，着力推进绿色发展、循环发展、低碳发展，切实加强生态修复和环境保护，减少对自然的干扰和损害，节约集约利用土地、水、能源等资源，把加快发展同高效利用资源能源、有效保护生态环境结合起来，着力构建宜居宜业环境，推动形成绿色低碳的生产生活方式。一方面，要切实加快促进工业化与城镇化全面绿色转型。以推进重点园区循环化改造和构建现代绿色产业体系为重点任务，加快推进工业绿色化转型。以推进绿色城市建设和发展绿色城市群为目标，以绿色建筑、绿色能源、绿色基础设施、绿色生活、绿色空间等建设为重点任务，全面推进城镇化绿色转型。另一方面，要加快构建哈长城市群区域绿色治理体系。积极发挥政府部门、非政府组织、私人部门、公民及其他利益相关者等多元主体参与作用，完善政府治理、市场治理和社会治理机制，着力解决突出的生态环境问题，对绿色发展进行全领域、全方位和多主体的施行自上而下、自下而上和横向分工协作的决策、行动与监督。通过建设生态文明示范区，确保把哈长城市群建设成为东北乃至全国生态环境质量高、有代表性的生态宜居型城市群。

（五）我国面向东北亚开放的重要门户

哈长城市群涵盖了吉林省中部和黑龙江省西南部的主要城市，地处与中国、日本、韩国、朝鲜、俄罗斯、蒙古国诸国交汇的东北亚腹地，是中国连接东北亚、中亚和欧洲的重要通道和交通枢纽。因此，从战略区位上，是我国面向东北亚开放的前沿和核心区域，从国家对外开放战略和东北亚区域发展的角度上，就是要将哈长城市群打造成东北亚地区最先进的装备制造业基地、石油化工基地、农副产品生产加工基地和高端综合服务业基地，使其发展成为东北亚地区重要的经济增长极。

为此，需要立足面向东北亚开放的独特战略区位，依托融入东北亚区域和与东北亚各国家合作的基础条件，有力支撑“一带一路”建设，统筹更高质量的“走出去”和“引进来”，以东北亚其他各国为支点，积极参与国际分工合作，加快对外跨境运输体系建设，完善外向型服务经济业态，积极构建外向型的现代产业体系，繁荣外向型经济，将哈长城市群打造成为我国北方对外开放合作的重要门户。

三、主要城市的功能定位

哈长城市群包括哈尔滨、长春两个核心城市，以及齐齐哈尔、牡丹江、吉林、四平、大庆、绥化、绥芬河、辽源、延边等区域性中心城市或重要节点城市。为推动哈长城市群整体优化发展，不同城市应立足基础条件和特色优势，进一步强化各具特色的功能定位。

（一）两个核心城市的功能定位

立足于哈尔滨和长春的区位、交通和产业等特点和优势，充分考虑以哈尔滨和长春两市为核心的区域连接、产业对接和体制衔接等方面的联系，明确哈尔滨、长春作为哈长城市群核心城市的具体功能。

1. 哈尔滨：哈长城市群高端装备制造基地及外向型服务中心

哈尔滨市是黑龙江省省会，是中国东北地区北部政治、经济、文化中心，是中国 15 个副省级城市之一，下辖 8 区、3 市、7 县，总土地面积 53068 平方千米，是第一条欧亚大陆桥的重要枢纽，被誉为欧亚大陆桥的明珠。哈尔滨产业发展的载体建设较好，目前有哈尔滨高端装备制造产业园区、科技创新城、利民生物医药产业园区等国家级开发区、哈尔滨新区和多个省重点产业园区，可以大力发展高端装备制造、生物、新材料等战略性新兴产业，以及培育壮大食品、医药等优势产业，建设临空产业创新发展基地，有条件将哈尔滨建设成为黑龙江省和哈长城市群制造业价值链的高端产业集聚区。同时，可依托区位条件，大力发展外向型产业，打造成为哈长城市群乃至全国对俄合作的综合服务中心。

因此，在推进哈长城市群发展中，哈尔滨作为核心城市，一方面，需要进一步拉开城市发展框架，也即依托城市地铁、高铁、临空经济区等重大基础设施和重大产业布局拉开城市骨架，优化城市空间结构，推动城市功能合理布局、均衡发展，促进产城融合，中心城区、城区老工业区要加快搬迁和升级改造，加强交通网络化、公交化建设，保护历史风貌，建设楔形绿地系统，完善新城区基础设施建设，积极承接中心城区人口疏解，接纳中心城区置换出来的传统城市功能，加快构建 1 小时大都市经济圈，促进建设五常、尚志、宾县、阿城、双城、肇东、兰西等若干卫星城。另一方面，要发挥主导产业对周边地区的辐射带动作用，提升哈尔滨作为核心城市在装备制造等产业发展的辐射和带动作用，促进与哈大齐牡发展带和哈长发展轴等周边城市联动发展。此外，充分发挥对外开放通道节点优势、科教文化资源优势和产业发展优势，强化对俄及东北亚其他国家的开放合作、物流集散、创新引领等功能。总之，要将哈尔滨打造成为哈长城市群高端装备制造基地及外向型服务中心，建设成为对俄合作中心城市、东北亚国际商贸中心城市、现代化国际化城市和东北亚区域性中心城市。

2. 长春：哈长城市群高端装备制造基地及创新服务中心

长春作为吉林的省会城市，在全省具有经济政治文化中心功能，在哈长城市群中最突出的是区域和产业优势。在区域位置上，是东北亚几何中心城市，长春位于环日本海经济圈、俄罗斯远东城市群、环渤海经济圈、哈长城市群交汇、叠加地带，西望蒙古，北眺俄罗斯，东与朝鲜、韩国、日本遥相呼应，距东北亚各主要边境口岸平均距离约 700 千米，战略地位重要，区位优势明显；同时，也是东北内陆要素集散中心，长春位于珲乌—哈大公路、铁路、高铁交通轴交点，城市功能完备，辐射能力较强，是整个东北亚地区、哈大城市群间商品、资金、人才、信息、原材料等要素中转、给养运送基地，日渐成为东北亚天然的资源要素集散中心。在产业发展优势方面，拥有1个综合保税区、4个国家级开发区、22个省市级开发区和工业集中区、10个省级现代服务业集聚区等。农业基础地位稳固，长春农业生产优势明显，是我国重要的商品粮生产基地，全国每60斤粮食中就有1斤产自长春，粮食商品量、商品率等指标连续多年居全国大中城市之首。工业主导地位明显，长春是我国重要的汽车产业、农产品加工业、轨道客车产业基地，近年来装备制造、光电信息、生物医药、新能源、新材料等战略性新兴产业也迅速成长。服务业发展势头迅猛，现代物流、现代金融、商贸流通、信息服务、旅游会展、文化创意等“两新四高”现代服务业发展较快。具体地，在推进哈长城市群发展过程中，就是需要发挥以下功能①：

一是发挥引领带动功能。依托哈大和图乌交通轴线，与哈尔滨形成城市群两大重要引擎。依托长吉南线、长吉北线及龙嘉机场临空经济区，打造长吉都市区，进一步优化提升城市的核心功能，推动长春大都市圈发展，引领带动哈长沿线节点城市和重点城镇提升功能，以产业互补促合作、以跨界联动促开放、以互利共赢促发展，形成东北区域重要增长极。

二是发挥产业支撑功能。加强城市群内部产业转移、产业接续和产业整合，构建边腹联动、优势互补、协同发展的产业格局。着力打造汽车、农产品加工和轨道客车三大世界级产业基地，大力发展光电、生物、新能源汽车、新材料和先进装备制造等战略性新兴产业，加快发展现代金融、现代物流、文化创意、信息服务、旅游会展、商贸流通等现代服务业，为城市群内部产业转移和结构调整拓展产业空间并输送动能，引导产业集聚发展、要素合理配置、资源集约利用，将长春建设为东北地区高端制造业基地、现代农业产业示范基地和东北现代服务业中心城市。

三是发挥辐射影响功能。发挥长春区域中心城市作用，延伸中心城市对外辐射半径，强化长春对节点城市、县市城镇、交通节点的影响力。充分发挥中心城区的人口集聚效应和开发区的产业发展优势，加快推进高新区与德惠、经开区与九台、汽车区与农安、净月区与双阳的区域合作带动战略，加快开展哈长、长吉等城市群内部城际多边合作，强化城市产业分工，创新协作发展模式，完善城市核心区，打造产业集群地，形成产城融合主阵地，合力构建以长春为核心的放射状密集城镇发展带，成为城市群发展重要一核。

四是发挥双向开放功能。围绕构建长吉图开发开放先导区战略，强化多元开放、提升城市定位、开展城际合作。一方面，加强对内开放，推动与辽中南、京津冀、环渤海乃至长三角、珠三角区域的合作，推进平台建设、搭建产业通道、

① 长春市发改委：《长春市作为哈长城市群核心城市的功能定位研究》，2014年12月。

协调政策步调、建立长效机制，利用长春区位优势，着力开创面向西南方向跨界合作的纵深区域。另一方面，加强对外开放，借助日韩技术优势、利用俄朝丰富资源，开拓面向日本、韩国、俄罗斯、朝鲜、蒙古国的广阔市场。加大外贸主体培育，调整对外贸易结构，加强口岸通道建设，创新招商引资方式，将长春市打造为面向东北亚区域合作与发展的核心城市，构筑我国内陆沿边对外开放的新格局。

为此，要充分发挥长春东北亚几何中心区位优势、丰富的科教文化资源优势和坚实的产业基础优势，不断集聚创新资源和要素，建设成为国家创新型城市和哈长城市群的创新中心，打造城市群区域内人口和要素集聚的核心平台，强化在城市群内创新引领、产业支撑和要素集散等综合功能，全面提升城市引领、带动和辐射能力，将长春打造成为哈长城市群的高端装备制造基地、以创新服务引领的面向东北亚的区域性中心城市。

（二）9个重点城市的功能定位

1. 齐齐哈尔：以重型装备制造为特色的工业城市

齐齐哈尔市位于黑龙江省西部，下辖7区、8县，代管讷河市，总土地面积42469平方千米，是以装备制造业为主的重工业基地，是国家振兴老东北工业基地的战略实施重点城市之一。根据《齐齐哈尔市城市总体规划（2010～2020）》，产业发展目标为重点建设两大基地，即装备工业基地、绿色食品基地；发展十大产业，即煤油化工、冶金（含大型铸锻件）、能源、医药、机械制造、木业、建材、物流、军工、食品。

齐齐哈尔市装备工业在全国都占有重要的一席之地，中国一重、齐轨装备、齐重数控、齐二机床等核心企业非常突出，生产的大型锻件加氢反应器、大型矿山采掘设备、大型成套连铸连轧设备、重型数控机床、核电设备、铁路货车车辆、大型铸锻件等在国内处于领先地位，代表着国家装备制造业的最高水平，并跻身于世界先进行列。近年来，高技术企业在齐齐哈尔取得了较快发展。中国第一重型机械集团公司、齐齐哈尔轨道装备有限责任公司、安泰生物工程股份有限公司等一大批企业被认定为国家级高新技术企业，骨干高新技术企业及其配套企业均属高新技术改造传统产业领域，其他企业主要分布在生物与新医药技术、新材料技术和新能源及节能技术领域。北方特种合金、齐齐哈尔冶金结晶器、国土勘测设计院公司等一批科技型中小企业逐渐成长壮大。

为此，依托重型装备制造优势和新兴高技术产业发展强劲势头，在哈长城市群中，齐齐哈尔应建设以重型装备制造为特色的现代化工业城市，兼顾发展绿色食品加工、煤油化工、精品钢材等传统产业和其他新兴产业。

2. 牡丹江：以进出口产品精深加工为特色的外向型城市

牡丹江是黑龙江省辖地级市，位于黑龙江省东南部，是黑龙江省省域副中心城市，也是黑龙江省东部地区最大的中心城市，面积3.88万平方千米，辖东安、西安、爱民、阳明4个城区，东宁、林口、海林、宁安、穆棱5个县（市）。

牡丹江在对外开放上的区位特色明显。在区位上，牡丹江东与俄罗斯滨海边疆区接壤，南与吉林省延边毗邻，是东北“丁”字形铁路干线起点，是黑龙江省距离出海口最近的城市。商贸物流辐射黑龙江省东部、延边和俄滨海边疆区，是全国首批、黑龙江唯一的“全国流通领域现代物流示范城市”，是东部陆海丝绸之路经济带的重要战略通道。牡丹江市边境线长211千米，有4个国家一类口岸，年过货能力1200万吨、过客能力250万人次，是虎林吉祥口岸、密山档壁镇口岸和吉林珲春口岸扇形口岸群的轴心。对俄贸易额占黑龙江省1/3以上，始终居全国地级城市首位。目前，正以牡丹江—符拉迪沃斯托克陆海联运大通道建设为核心，以建设国际内陆港、构建“牡符乌”跨境产业合作区，深化中俄人文交流合作为切入点，全力打造东部陆海丝绸之路经济带先导区。另外，在资源上，牡丹江有41种矿产已探明储量，可大规模开发利用的达31种；水能、风能蕴藏量丰富，是中国北方风电之乡、黑龙江“北电南输”载能基地；俄远东地区木材、铁矿石等资源大量经绥芬河、东宁口岸出口到我国①。

为此，牡丹江应立足区位优势和产业基础，重点发展进出口商贸物流、进出口产品精深加工等，打造对俄经贸产品加工基地、商品物流中心，推进建设中俄地区友好合作示范城市，打造中俄沿边开放先导区。在产业上，着力建设重型装备、汽车、石油化工、绿色食品、新材料等产业基地，以及大力发展信息、服务外包、商贸物流、文化旅游等现代服务业。在开放方面，要加快推进设立绥芬河（东宁）重点开发开放试验区，积极搭建跨国贸易投资服务平台。

3. 吉林：以石化、汽车等为主导的先进制造和休闲旅游城市

吉林市是吉林省的重要中心城市，也是东北地区重要旅游城市和化工工业基地之一，辖4区（船营区、昌邑区、龙潭区、丰满区）、4市（舒兰市、蛟河市、桦甸市、磐石市）和永吉县，总土地面积27126平方千米。

吉林的工业基础较好。吉林是中国“一五”期间国家重点建设的老工业基地，目前已经形成了石化、汽车、冶金、能源、农产品加工、非金属矿产等传统产业体系，碳纤维、装备制造、生物产业、基础电子及电力电子等新型产业体系。中国石油吉林石化公司、吉林燃料乙醇有限责任公司、吉林化纤集团有限责

---

① 资料来源：牡丹江市政府网，http：//www.mdj.gov.cn/zjmdj/csjs/20120212/csjs.html。

任公司在国内同行业占有重要位置。以中国一汽吉林轻型车厂为主体，以轻型车、多功能车、经济型轿车为重点，吉林具备较强规模的整车生产能力。中钢集团吉林炭素股份有限公司是亚洲最大、国际四强炭素企业，工艺技术等代表着中国炭素行业的最高水平；吉林被中华人民共和国科技部认定为唯一一个国家碳纤维高新技术产业化基地。近年来，工业创新转型升级不断推进，以节能环保、生物医药、电子信息、高端装备制造、新材料、新能源为主的战略性新兴产业已经成为全市工业发展的新支柱①。另外，吉林的旅游资源丰富，被誉为“龙兴福地”“雾凇名都”“陨石之乡”。

为此，结合资源环境禀赋及产业发展基础特点，在哈长城市群中，吉林要立足建设成为以石化、汽车、碳纤维为引领的新材料等为主导的先进制造业基地，成为现代化的产业新城，与此同时，依托旅游资源优势和旅游业基础，建设成为休闲旅游城市，打造成为面向东北亚的休闲型旅游目的地。值得一提的是，吉林市作为长吉一体化中的“一核”，要更加注重发挥与长春优势互补、差异协调发展，在地域面积、下辖县区个数、人口以及经济总量等主要经济指标上，长吉两市相加大体上与哈尔滨体量相当；因此，长吉一体化在哈长城市群中又可作为吉林省的一个核心，与哈尔滨市共同形成哈长城市群“双核三极”的作用，积极打造成为哈长城市群经济发展的中原腹地和发展引擎。

4. 四平：以资源加工为特色的重要交通枢纽城市

四平市位于吉林省西南部，北靠长春，南临辽宁省铁岭市，地处辽宁、吉林、内蒙古三省区交界处，松辽平原中部腹地，是东北地区重要交通枢纽，西北为松嫩平原，东南为丘陵，下辖 2 区（铁东区、铁西区）、2 市（公主岭市、双辽市）、2 县（梨树县、伊通满族自治县）。根据《四平市城市总体规化（2011～2030 年）》，四平中心城区包括铁西区的站前街、英雄街、地直街、仁兴街、北沟街、平西乡和铁东区的解放街、北门街、四马路街、北市场街、黄土坑街、七马路街、平东街、平南街、城东乡，以及山门镇的塔山村和老城村，总面积 331 平方千米。

在产业发展方面，围绕特色优势产业，包括换热器、汽车零部件、行走机械和精细化工等产业基础较好，有望通过提升自主创新能力打造成为区域性产业集群，新能源、新型建材、非金属矿产加工产品等有进一步挖掘提升的空间。围绕现代服务业，可打造区域性专业物流中心，探索建设区域性玉米期货市场，大力发展品牌店、专卖店、便利店、超市、汽车服务等多种形式商业业态，发展粮食、化纤、钢铁等专业性会展。总体上，四平在哈长城市群中的最大特点和优势

---

① 资料来源：吉林市人民政府网，http：//www.jlcity.gov.cn/jlszf_web/sqjj/ztgk.jsp?lmid=1001002007。

在于区位上的辽宁、吉林、内蒙古三省区交界处和产业上的以资源加工为特色。

为此，一方面，要着力建设交通枢纽城市，推进建设物流集散基地，打造哈长城市群向南开放的桥头堡和内蒙古、吉林、辽宁区域合作示范区，支撑哈长城市群向南向西开放；另一方面，重点发展绿色安全农畜产品加工、机械加工制造配套、能源化工等产业，建成特色资源加工业城市。

5. 大庆：以石油化工及其装备制造产业为主导的现代工业城市

大庆市位于黑龙江省西南部，处于松嫩平原中西部。中国第一大油田大庆油田坐落于此。大庆市下辖5区、4县，总土地面积21219平方千米。大庆市西部和北部与齐齐哈尔市接壤，东与绥化市相连，南边与吉林省以松花江为界，是一座能源城市，拥有丰富的石油、天然气和地热资源。

根据《大庆城市总体规划（2011～2020年）》，中心城区范围是由东部片区、中部片区、西部片区共同组成的地域空间，中心城区规划用地面积为652.57平方千米；城市发展目标为把大庆建设成为中国重要的石油、石化工业基地，多元产业并重的资源型城市转型示范区，宜居的中国北方园林城市，黑龙江省西部区域中心城市。在城市职能上，是我国重要的石油生产基地、现代石化产业基地、石油石化装备制造业发展基地、能源储备基地、石油化工产业研发基地，我国北方重要的高新技术产业基地，以及黑龙江省西部重要的区域中心城市、重要的综合交通枢纽、农副产品生产及加工基地、服务外包产业示范基地、旅游服务基地。

因此，在哈长城市群发展中，要立足大庆作为我国重要的石油生产基地、现代石化产业基地、石油石化装备制造业发展基地、能源储备基地、石油化工产业研发基地的基础优势，按照多元经济发展的导向，改造提升石油、石化等传统资源型产业，积极培育壮大石油石化装备制造、新型建材等接续替代产业，加快发展现代服务业，鼓励发展战略性新兴产业，构建以石油工业为基石，石化工业为主导，现代农业、装备制造、新材料和新能源、高端服务业为支柱的产业格局。在城市职能上，重点围绕发展石油化工、汽车制造、石油装备制造新材料和新能源、农产品加工等产业，将大庆建设成为以石油化工及其装备制造产业为主导的现代工业城市，兼顾建设重要的综合交通枢纽、农副产品生产及加工基地、服务外包产业基地和旅游服务基地。

6. 绥化：以绿色农牧产品加工为特色的食品制造城市

绥化市是国家重要的商品粮基地、草食畜牧业基地、绿色食品生产基地和农副加工基地，粮食总产量、绿色经济总量畜禽饲养量均占到黑龙江省1/4，先后被授予“中国寒地黑土特色农业物产之乡”、国家级生态建设示范区、中国绿色农业示范市和全市唯一的全国整市整建制农业高产创建示范市、全国粮食生产先进市和中国绿色蔬菜生产基地“北菜南运”核心区。

绥化全市域具有丰富的农业资源①，耕地面积占全省耕地总面积的15.7%。耕地土质肥沃，地势平坦，集中连片，其中黑土、黑钙土、草甸土等肥力较高的耕地约占80%，适宜种植多种粮食作物和经济作物。粮豆薯作物主要有玉米、大豆、水稻、小麦、高粱、谷子、马铃薯等，经济作物主要有甜菜、亚麻、烤烟、药材、瓜菜等。全市有草原773.6万亩，主要分布在松嫩平原。松嫩平原草场是我国三大天然草场之一，草质优良，草地连片，盛产优质羊草，适口性好，在国内外享有较高的盛誉。绥化市野生中药材、野菜菌类等也颇为丰富。野生药材主要有刺五加、五味子、元胡、龙胆草、苍耳、狼毒、蒲公英、防风、艾蒿、枸杞、车前子、益母草等。山野菜主要有黄花菜、蕨菜、婆婆丁、苣荬菜、小根蒜等。菌生植物主要有黑木耳、蘑菇、猴头等。

为此，可因地制宜发展精深加工农产品，重点培育以玉米、水稻、大豆、马铃薯、鲜奶、肉类加工为主导的绿色食品产业，提高食品制造业比重和产品附加值，引导城郊型生态农业和观光农业规模化、规范化发展，建设全国重要的绿色食品产业集聚区和农牧产品基地。在哈长城市群城市功能定位中，就是要把绥化建设成为以绿色农牧产品加工为特色的食品制造城市。

7. 辽源：特色轻工型绿色发展的现代化智慧城市

辽源位于吉林省中南部，地处长白山与松辽平原过渡带，面积为5140平方千米，辖东丰、东辽两县，龙山、西安两区和一个省级经济开发区，目前，重点发展有装备制造、农产品加工两个主导产业和高精铝加工、纺织袜业、医药等特色优势产业。培育生成的高精铝加工、冶金建材、纺织袜业、汽车零部件、医药健康、矿山装备、建筑机械、软件等产业也正在快速形成规模。根据辽源“十二五”时期和“十三五”时期持续推进的重点项目，辽源重点发展医药、新材料、纺织服务业、食品加工产业等产业，打造哈长城市群南部重要工业城市，将辽源打造成哈长城市群高度智能化智慧城市、高精铝产业加工基地、中国棉袜产业基地、农产品深加工基地及北方畜禽产品贸易产业园区、生物医药产业园区、面向渤海湾和丹东港的保税区等。为此，依托基础优势和条件，在哈长城市群中应把辽源打造成为以轻工业转型升级为特色的绿色产业基地和现代化智慧城市。

---

① 资料来源：绥化市人民政府网，http://www.suihua.gov.cn/pagehtml/2011/09/178693c5-9542-440b-9cd8-c8974e8cb210.html/。

8. 松原：石油天然气等能源化工基地及区域性交通枢纽城市

松原市位于吉林省中北部，松嫩平原南端，北靠大庆市，东邻长春市，东北方向为哈尔滨市，南与四平市接壤，有汉族、满族、蒙古族、回族、朝鲜族等30多个民族。全市幅员2.2万平方千米，下辖宁江区、扶余市、前郭县、长岭县和乾安县；以及国家级经济技术开发区和省级的石油化学工业循环经济园区、查干湖旅游经济开发区和农业高新技术开发区。在哈长城市群发展中，基于松原的资源优势、区位条件和产业基础，松原的城市职能定位应是围绕重点发展石油、天然气采掘业和现代物流业等产业，建设成为哈长城市群石油天然气等能源化工基地及区域性交通枢纽城市。

其中，在资源方面，矿产资源富集，已探明石油储量15.1亿吨、天然气2091亿立方米、油母页岩774.5亿吨、二氧化碳1000亿立方米（纯度99.99%），全国陆上第六大油田——吉林油田坐落于松原，油气产量已突破700万吨。除此以外还拥有储量可观的硅砂、高岭土、陶土、膨润土、玛瑙、泥炭、耐火土、天然碱、芒硝、盐等矿产资源。

在交通区位方面，松原地处黑龙江、内蒙古、吉林三省结合部，交通区位优势明显，具有发展商贸物流业的天然优势。通过构建公路、铁路、水运、航空立体化、现代化综合交通网络，西入内蒙古，东连吉林延边，北上哈尔滨大庆，南通沈阳、大连，可形成国际国内双向流动的现代物流网络，充分发挥松原在哈长城市群中的交通枢纽作用和物流集散优势。

在产业发展方面，依托资源优势和产业基础，可打造石油天然气化工、农产品加工产业集群，重点发展油气开采、油气化工和农产品加工等支柱产业。对具有较好基础的装备制造、新型建材、能源、化肥、商贸物流等优势产业，可通过延伸拓展产业链、价值链，培育名、新、特、优产品，增强竞争实力，提升发展水平。此外，瞄准产业发展前沿和国家产业政策导向，可加快发展旅游、新材料、生物医药、电子信息、文化创意、金融保险等新兴产业。

9. 延边：以特色轻工和生态经济为特色的沿边开发开放的重要门户城市

在哈长城市群发展中，要把延边打造成为以特色轻工和生态旅游为特色的沿边开发开放的重要门户城市，主要是考虑延边州在面向东北亚对外开放中的特殊地理区位和生态资源特色条件等，具体如下：

从对外开放战略区位看，延边州地处中国、朝鲜、俄罗斯三国交界地带，被称为东北亚“金三角”，东与俄罗斯滨海边疆区接壤，南隔图们江与朝鲜咸镜北道、两江道相望，西邻吉林市，西南接白山市，北接黑龙江省牡丹江市，是哈长地区经济、人口、地理三个重心的交汇点，是哈长城市群沟通海内外的重要窗口，也是我国图们江区域国际合作开发的主要承载者，长吉图开发开放先导区建设的前沿和窗口。哈长城市群现有22个对外开放口岸中，延边州占12个，其中1个国际空港。借力延边开放门户支点，哈长城市群依托长吉图、哈大齐，可面向东北亚，建设我国与俄罗斯、朝鲜、韩国、日本、蒙古国等国开发开放重要平台，并向南发展推进哈长城市群与环渤海经济圈联系。为此，充分利用对朝鲜和俄罗斯口岸条件、东北亚开放的前沿及政策优势，立足图们江，完善提升面向东北亚地区的综合运输体系，优化产业结构，广泛参与国际经济技术合作，全面推进对外开放和经济社会发展，可推动建设成为哈长城市群面向东北亚合作与开发开放的重要门户。

从特色轻工业发展基础看，延边州已经形成了烟草、食品、人参、医药、林产、能源、冶金、化工、旅游等支柱优势产业，成为哈长城市群沿边、沿江、沿海经济带的重要节点城市。充分利用国家新一轮支持东北振兴的机遇和哈长城市群建设的整体优势，发挥区位独特、政策集成、环境容量大、资源承载力强的比较优势，可做大做强食品、烟草、医药、生态旅游等支柱产业，积极推动建设具有核心竞争力的新型工业和现代服务业、现代农业示范基地。

从生态条件看，延边州是我国北方地区降水量最多的地区，森林覆盖率达80%以上，境内的长白山拥有亚欧大陆东部最典型、最完好的垂直森林生态系统，被称为东北亚地区的“绿肺”，是松花江、鸭绿江和图们江三江源头，三江流域面积达61.2万平方千米，具有重要的生态涵养功能，是我国东北乃至东北亚地区重要的生态屏障，保障着我国东北乃至整个东北亚地区的生态系统平衡，生态功能的外部性尤为显著。同时，长白山具有重要的水源涵养功能，孕育着广袤的松辽平原和举世闻名的黑土带，是我国重要的碳汇区，在吸收二氧化碳、减缓气候变暖、调节我国北方地区气候等方面具有十分重要的作用。因此，延边州是哈长城市群乃至我国北方重要的生态安全屏障，可为全国生态文明建设提供先行示范，具有发展生态经济的先天基础和优越条件。

四、对策建议

以哈长城市群整体战略定位为导向，以优化提升和增强各城市功能定位为重要支撑，加快建立健全城市群区域治理机制，以产业错位发展带动城市功能优化互补，推动城际协同联动发展，切实提升哈长城市群的整体竞争力。

（一）持续优化提升哈长城市群整体战略功能

围绕国家全面推进“一带一路”建设和深入推动实施东北振兴、创新驱动、生态文明建设等重大战略，充分考虑哈长城市群的地理区位、发展基础、比较优势等，按照哈长城市群作为支撑带动东北全面振兴的国家级城市群的总体定位要求，围绕面向以东北亚为核心的对外开放、支撑带动东北转型发展、全面推进创新发展和生态文明建设等重点任务导向，既要持续加强顶层设计，争取中央层面给予更有力度的重大改革开放政策举措，激发和增强哈长城市群的发展活力，也要立足自身，持续改善发展环境，培育可持续发展的内生动能，从而助力优化提升哈长城市群的战略功能，切实凸显哈长城市群在国家改革开放全局中的战略地位。

（二）推进核心城市、重点城市协同发展

一般地，城市群区域的核心城市发挥着综合服务、支撑辐射和引导作用，哈长城市群是以哈尔滨和长春两个城市为核心的双核心城市群，按照功能导向，哈尔滨是哈长城市群的创新中心、长春是哈长城市群的外向型服务中心，应有序推进将部分非核心功能向重点城市转移，积极防治核心城市的“大城市病”，提升核心城市的主导功能，提高核心城市对外围城市的辐射带动作用。重点城市要积极发挥区域性的综合服务功能和在城市群中的专业化功能，发挥联系核心城市和带动辐射周边其他节点城市的重要枢纽作用。通过建立健全城际协同发展机制，积极搭建和夯实城际协同发展的载体平台，促进城市群内部城市协作发展，推动在合作共赢中实现共同高质量发展。

（三）以产业错位发展带动城市功能优化互补

城市功能需要通过产业功能来支撑和体现，构建一体化错位发展的产业发展分工格局是推动城市协同合作的基础条件和重要纽带。长期以来，哈长城市群在国有体制下各城市产业发展形成了大而全、小而全的成长模式，由此导致城市群内部各城市、各产业以及行业、企业之间不同程度上存在低效竞争现象，既造成了资源配置不同程度上的浪费，也影响了城市群区域发展整体竞争力的提升。因此，在积极培育哈长城市群的过程中，要围绕各城市功能定位，积极谋划主导产业及其产业业态，促进形成以城市专业化功能引导城市主导产业发展、以产业错位发展带动城市功能优化互补的发展格局。

（四）加快构建多层次协同合作的城市群区域治理机制

区域治理是基于一定的经济、政治、社会、文化和自然等因素而紧密联系在

一起的地理空间内，如城市群区域，依托政府、非政府组织、私人部门、公民及其他利益相关者等各种组织化的网络体系，通过整合各主体关系并充分发挥各主体的作用，有效协调区域内部不同行政主体关系，共同解决区域发展所面临的问题，对区域公共事务进行协调和自主治理的过程。区域治理包含多元化的行为主体，包括政府部门、企业及社会组织，并且这些主体共同形成一个相互合作与分工的网络，承担不同的区域治理任务。由于哈长城市群目前区域内各主体之间协作程度不高，加快构建黑龙江、吉林两省、各地方政府以及各类社会组织、企业等多主体角度构建区域合作治理机制非常必要。通过区域协同治理机制，共同研究解决城市群发展的重大问题，促进城市间、产业间、企业间合作共赢。

（五）深化改革创新优化城市群发展环境

按照老工业基地转型发展要求，围绕新型工业化、新型城镇化、信息化、农业现代化和绿色化融合发展导向，以国有企业改革为重要突破口，深化推进体制机制等制度环境改革，以产业技术创新推进全面创新发展，持续优化城市群的发展环境。一方面，要深化营商环境制度改革，创造良好的市场化环境，积极汇聚人才、资金和技术等优质要素，逐步扭转长期以来老工业基地发展积累下来的要素制约瓶颈，为哈长城市群发展注入新动能；另一方面，通过哈长城市群区域市场一体化建设，逐步打破行政区市场壁垒，促进城际深度合作，不断优化城镇体系结构和各城市功能，全面推动哈长城市群一体化发展。

参考文献

［1］陈玉光：《城市群形成的条件、特点和动力机制》，载于《城市问题》2009 年第 1 期。

［2］朱英明：《我国城市群地域结构特征及发展趋势研究》，载于《城市规划会刊》2001 年第 4 期。

［3］马海龙：《区域治理结构体系研究》，载于《理论月刊》2012 年第 6 期。

［4］李国平、杨洋：《分工演进与城市群形成的机理研究》，载于《商业研究》2009 年第 3 期。

［5］魏后凯：《大都市区新兴产业分工与冲突管理》，载于《中国工业经济》2007 年 2 月。

［6］王佃利：《城市管理转型与城市治理分析框架》，载于《中国行政管理》2006 年第 12 期。

［7］汪阳红：《区域治理理论与实践研究》，中国市场出版社 2014 年版。

［8］黑龙江省发展和改革委员会：《哈长城市群规划报告》（黑龙江省部

分)，2014 年 12 月。

[9] 吉林省发展和改革委员会：《哈长城市群发展规划》（吉林版初稿），2014 年 12 月。

[10] 长春市发改委：《长春市作为哈长城市群核心城市的功能定位研究》，2014 年 12 月。

[11] 延边州发展和改革委：《延边州在哈长城市群中的功能定位研究——建议将延边州纳入哈长城市群范围》，2014 年 12 月。

第四章

哈长城市群城市间的联系*

哈长城市群是黑龙江、吉林两省的城市密集发育区，已形成以哈尔滨、长春和吉林为中心，大庆、牡丹江、松原、四平、齐齐哈尔和辽源为紧密联系层的格局；城市沿交通干线分布，在空间上呈“井”字形分布；群内城市经济联系强，空间隶属度较高；中心城市具有枢纽功能，省内城市间经济联系度较高，省际联系偏弱。未来加大哈长城市群城市之间基础设施建设，能促进生产要素的流动和市场的融合，提高城市群内外不同级别的城市之间的联系合作，推动区域整体高质量协调发展。

城市群内城市间的资金、技术、信息、劳动力和资源等生产要素和商品的流动，推动城市加强联系，拓展发展空间，提高区域发展效率。哈长（哈尔滨—长春）城市群是国家重点建设的十个新型城市群之一。2013 年 6 月《国务院关于城镇化建设工作情况的报告》中提出，未来，我国的城镇化将以建设世界级城市群为目标，全面提升东部地区的京津冀、长三角和珠三角城市群的发展水平；同时，重点发展 10 个国家新型城市群，哈长城市群在此之列。2014 年 3 月《国家新型城镇化规划（2014～2020 年）》中提出，国家将加快培育成渝、中原、长江中游、哈长等城市群，使之成为推动国土空间均衡开发、引领区域经济发展的重要增长极。

一、城市群空间联系的相关理论

城市群的城市之间存在者多方面的联系。关于城市群的研究，学者们已提出许多相关理论和研究方法。城市群经济联系及层级研究相关的理论有中心地理

---

* 本章执笔人：陈梦筱，女，首都经济贸易大学经济学博士，现任郑州航空工业管理学院经济学副教授，研究方向为区域和城市经济。

论、“齐夫定律”（Zipf's Law）和城市群空间相互作用理论。研究方法有引力分析方法、要素实际流动量和城市流强度等。

（一）理论基础

1. 中心地理论

中心地理论是由德国城市地理学家克里斯泰勒（W. Christaller）和德国经济学家廖什（A. Losch）分别于1933年和1940年提出的，是研究城市空间组织和布局时，探索最优化城镇体系的一种城市区位理论。该理论假定某个区域的人口分布是均匀的，那么为了满足中心性需要，就会形成中心地商业区位的六边形网络。从中心地理论的角度看，不同的城市组成城市群，是因为城市与城市之间有相互交叉或互为补充的市场空间，为城市之间相对密切的经济社会联系提供了可能，在市场力量的作用下，群内城市之间互相分享对方的市场空间，互补竞争，组成联系相对密切的城市群。同时，城市群内的城市之间，要素流动比较频繁，促进了各城市进一步发挥各自的比较优势，深化分工，提高了专业化分工效率，从而实现了城市群整体效率的最大化。

2. 城市等级分布规律

城市呈现一定的等级结构，其中，一个国家的第二大城市及其以下的城市规模，应该与第一大城市的规模成比例，即第二大城市的人口大致是第一大城市的1/2，第三大城市人口应该是第一大城市的1/3，以此类推，这就是齐夫定律。城市的这种等级分布模式，也决定了不同层级的城市之间要有不同类型的经济社会联系，这种联系又促进了城市群的形成和发展。城市等级高的大城市，往往是城市群中的核心城市。大城市通过联系，可以适当向外分散部分功能；小城市通过联系，可以在享受大城市服务功能外溢的同时，承担部分适合发挥小城市比较优势的功能。

3. 空间相互作用理论

城市空间相互作用理论认为，由于城市之间的相互作用，把空间上彼此分离的城市结合成为具有一定结构和功能的城镇体系。具体而言，城市空间相互作用是指城市区域之间所发生的资金、资源、技术、信息、劳动力等各类生产要素和商品的相互交流过程，对区域经济关系的建立和变化影响很大。一方面，空间相互作用会使相关区域加强联系，互通有无，拓展发展的空间，获得更多的发展机会；另一方面，又会引起区域之间对资源、要素、发展机会等的竞争，并通过竞争提高资源利用效率，从而促进区域整体效率的提高。城市空间相互作用理论的重要内容之一是核心边缘理论。核心边缘理论认为核心区和边缘区共同组成一个相对完整的空间系统，核心区是区域组织各类高端要素高度集聚的区域，是最容易产生创新的区域；边缘区是核心区的影响区，与核心区相互依存，其发展方向主要取决于核心区。对于城市群而言，核心城市是城市群的核心区，其他的相关城市是边缘区，核心城市的发展对于城市群的整体发展起引领作用。

（二）城市群空间联系的基本类型

城市群的城市之间存在着多方面的联系，表现突出的有自然联系、经济联系、社会联系和行政联系等。这些形式的联系促进城市群形成一个有机联系的整体，协调联动发展。

1. 自然联系

城市群是由特定区域内的若干城市组成，城市与城市之间具有空间毗邻性。空间毗邻的城市之间具有各种自然的联系，或在同一个流域内，或在同一个生态系统内。一个流域往往是跨越不同层级的多个行政区，会涵盖或者涉及诸多城市。一个生态系统内也可能会有多个城市。自然生态系统范围内的城市之间产生着天然的自然联系。

2. 经济联系

城市是经济活动集聚的重要空间，城市群内的城市之间的资金、资源、信息、物流、劳动力、产业等方面具有密切的经济联系，经济联系促成其他相关生产要素在群内城市之间紧密联系，形成城市间经济联系网络。城市群是具有密切经济联系的若干城市发展到一定阶段的空间集聚现象。城市之间相互联系形成引力场，城市引力场使城市之间形成相互吸引而集聚并不断扩散的空间发展格局，从而形成网络化的空间结构。

3. 社会联系

城市作为人口和产业集聚的重要地方，是一个社会综合体，其主体之间具有比较复杂的社会联系。不同历史文化背景、区域文化、宗教信仰对当地的文化、习俗等也产生深远影响。社会文化的影响会跨越多个城市行政管理单元。同一个社会文化范围内的城市群，城市间的社会联系相对密切。

4. 行政管理联系

城市政府上级政府产生不同程度的密切联系。城市自我管理权限强的地方，与上级政府的行政管理联系相对较弱；城市自我管理权限弱的地方，与上级政府的行政管理联系相对较强。由于政府在基本公共服务资源配置方面有重要作用，并会对其他经济要素的配置产生重要影响，使我国城市间的行政管理联系会对城市间的经济联系产生重要影响。

（三）城市群经济空间联系的测算方法

城市群经济联系程度研究主要有以下几种传统方法：一是基于引力模型的城市间经济联系。引力模型已经广泛应用于经济体之间联系的研究中，特别是在新经济地理学和区域经济学领域，引力模型成为研究空间相互作用的核心工具。二是基于要素实际流动量的城市间联系研究。该方法日益成为研究城市群的主要手段。以人流、物流、信息流等流动要素为重点，通过对商务旅行和交流程度的测度，能够清晰地反映日益网络化的城市区域内部的功能结构和关系，为深入揭示城市区域内的互动演进过程提供有力支撑。三是基于城市流强度的城市间经济联系。城市流是指城市间人流、物流、信息流、资金流、技术流等空间流在城市群内所发生的频率、双向或多向的流动现象，是城市间相互作用的一种基本形式。城市流强度是指在城市群区域城市间的联系中城市外向功能（集聚与辐射）所产生的影响量。

1. 引力模型分析方法

城市群内城市间客流、物流、资金流、信息流和技术流频繁作用的基础。约翰·费里德曼（J. R. Friedman）认为随着工业化进程的推进，区域空间内会出现规模不等的经济中心，相互结合，与周边地区联系越来越紧密，它们之间经济发展水平的差异也将随之缩小，域内的界线会逐渐淡化，最终区域将实现空间一体化。空间经济联系强度可以反映一个区域内经济中心对周边地区的辐射程度及周边地区的接受能力。空间经济隶属度可以反映区域整体空间一体化水平。根据牛顿力学引力模型原理，确定区域内城市空间经济联系强度 R_{ij} 为两城市经济联系强度；其中 P_i、P_j 为两城市人口规模；G_i、G_j 为两城市经济规模；D_{ij} 为两城市距离。由于本书主要是考察城市群经济联系发展问题，所以主要采取时间距离代替空间距离。

$$R_{ij} = (\sqrt{P_iG_i} \times \sqrt{P_jG_j}) / D_{ij}^2 \tag{4-1}$$

随着城市之间经济联系度的加强，各种要素资源在城市之间流动，资源要素的流动会促进城市空间的扩展与融合，促进城市群区域空间一体化发展。用空间经济隶属度来考察城市群空间一体化程度。空间经济隶属度模型：

$$F_{ij} = R_{ij} / \sum_{j=1}^{n} R_{ij} \quad (4-2)$$

其中，F_{ij}为两城市空间经济隶属度，其值越大表示空间一体化程度越高。

2. 网络分析方法

基于网络的城市间联系研究。在全球化与地方化交织的背景下，世界城市体系已走向网络化研究的新趋势。城市网络分析的核心在于从“关系”的角度出发研究城市与城市之间的联系。在城市网络研究领域，任何一个城市都是城市网络中的成员，关系是网络分析理论的基础，成员间的关系类型可以多种多样。网络分析方法为研究城市群网络结构提供了精致的工具，配合使用相应的软件，可以把改善城市群网络结构的过程变得更加直观可控，量化测评效果也更加明显。有关学者结合统计物理中复杂网络分析工具，采用 GIS、Matlab 和数据库等技术手段，构建了城市联系网络，在一定程度上突破了传统的等级或位序城市关系研究，并结合中国的情况进行了实证研究。此外还有地缘经济联系分析、相关系数、相似系数等方法。也有学者利用网络分析的方法针对特定城市群进行网络结构分析。

二、影响城市群联系的主要因素

城市群的发展受自然和社会影响因素的影响。影响城市群经济空间联系的主要因素有基础设施、经济、制度、历史文化等。

（一）基础设施因素

基础设施是影响城市群空间联系的主要因素之一。当前，城市间的基础设施不断完善，在交通基础设施领域体现尤为明显。随着高速轨道交通基础设施的不断普及，为城市群内城市以及城市群之间的交通提供了很大便利。高速铁路、机场、电信等基础设施的不断完善，也大大缩减了城市之间的交通和通信时间，使得城市之间交通通信的时间成本和经济成本越来越低，越来越便捷。

（二）经济因素

经济因素也是影响城市群发展的重要因素之一。随着全球经济的不断发展，全球正逐步成为一个以不同国家和城市为节点，以资本、商品、科技、信息、服务为纽带，相互依赖，相互作用的网络，不同城市的功能更加细化，相互之间的联系更加紧密，范围更为广泛。从我国国内经济发展的情况来看，也是经济越发达地区的城市之间的联系越密切，城市群越发达，我国沿海地区城市群的数量和城市群的发展层次都明显高于内陆地区。

（三）制度因素

制度因素对城市群发展有着重要的影响。城市群是经济发展的自然产物，但也受到制度因素的影响。我国目前行政区经济间的冲突，市场配置资源的基础性作用等，仍然受到行政因素的干预。很多城市群内城市间通过规划编制、基础设施、生态环境、产业发展、社会服务等领域合作，形成联系紧密的综合体，逐步消除制度因素对城市群发展的不利影响，更好地发挥市场配置资源的基础性作用，提高市场竞争程度，提高经济效率，提升资源配置效率。

（四）历史文化因素

历史文化因素对城市群发展也有着重要影响。我国城市发展历史悠久，很多毗邻城市具有文化习俗相近的特点，在历史文化上具有密不可分的渊源，这也促进了城市群的形成和发展。

三、哈长城市群内城市间的空间联系

城市群内的城市之间经济空间联系受城市群所在区域的自然地理条件、历史发展基础影响，呈现不同的经济联系度和空间隶属关系。哈长城市群城市间的经济空间联系与其所在的东北地区的地理条件、资源分布状况、交通基础设施及社会经济发展的关系非常密切。

（一）哈长城市群所在黑龙江、吉林两省的城市格局与发展基础

1. 自然地理基础

黑龙江、吉林两省的城镇分布集中在松嫩平原和东北地区东部林、矿资源丰富的地区，松嫩平原地区，分布有齐齐哈尔、大庆、哈尔滨、长春、吉林、四平、松原等城市；东北东部经济带，分布有鹤岗、佳木斯、鸡西、双鸭山、七台

河、牡丹江、延吉、白山、通化等城市。

2. 历史发展基础

近代以来，哈长城市群所在的东北地区城镇体系经历了四个演变过程，从"三镇松散"起，发展到"四核三群"的空间结构序列演变过程。其中，吉林省城镇空间体系演变从"单核松散放射"发展到"双核向单核演变"四个空间演变过程；黑龙江省城镇空间体系演变从"单核松散"发展到"多核轴带集聚"四个空间演变过程。经过这四个阶段的发展，黑龙江、吉林两省目前的以"T"轴为主干，以哈大齐牡城市带和吉林中部城市群为核心的城镇分布格局。

（二）哈长城市群内城市间的经济联系度及层级关系

哈长城市群内城市之间，根据地理条件、交通状况、经济发展情况以及行政隶属关系的差别，存在着紧密和松散不同程度的联系。根据城市规模大小和层级水平不同，也存在着联系强弱的差别。

1. 哈长城市群所在的黑龙江、吉林两省城市间的经济联系度

根据引力模型测算城市经济联系度的原理，通过查阅哈长城市群内城市之间的主要交通道路和最短通行时间等数据，搜集黑龙江、吉林两省 21 个地级市（州）两两城市间的时间距离。然后，通过城市引力模型分析哈长城市群内各城市之间的联系强度如表 4－1 所示。

表 4－1　哈长城市群所在黑龙江、吉林两省的城市之间的经济联系强度

（Ⅰ）

单位：%

城市	哈尔滨	齐齐哈尔	鸡西	鹤岗	双鸭山	大庆	伊春	佳木斯	七台河	牡丹江	黑河
哈尔滨											
齐齐哈尔	10.43										
鸡西	1.78	0.17									
鹤岗	0.77	0.07	0.15								
双鸭山	1.64	0.15	0.33	0.40							
大庆	23.21	11.17	0.33	0.14	0.29						
伊春	1.50	0.11	0.07	0.13	0.10	0.26					

续表

城市	哈尔滨	齐齐哈尔	鸡西	鹤岗	双鸭山	大庆	伊春	佳木斯	七台河	牡丹江	黑河
佳木斯	4.03	0.32	1.00	2.59	4.87	0.72	0.30				
七台河	0.21	0.02	0.27	0.02	0.04	0.04	0.01	0.16			
牡丹江	4.87	0.37	1.72	0.13	0.27	0.80	0.06	0.68	0.09		
黑河	0.71	0.17	0.02	0.02	0.03	0.16	0.05	0.05	0.00	0.05	
绥化	63.67	1.48	0.28	0.17	0.34	5.05	0.68	0.63	0.04	0.79	0.22
长春	43.39	2.12	0.62	0.25	0.53	7.90	0.39	1.25	0.07	1.89	0.27
吉林	16.72	1.28	0.43	0.13	0.26	3.20	0.18	0.59	0.03	1.57	0.14
四平	5.43	0.49	0.12	0.05	0.10	1.18	0.07	0.22	0.01	0.32	0.05
辽源	1.57	0.13	0.03	0.01	0.03	0.32	0.02	0.06	0.00	0.09	0.02
通化	1.67	0.20	0.06	0.02	0.05	0.40	0.03	0.10	0.01	0.16	0.03
白山	0.95	0.11	0.04	0.01	0.03	0.23	0.02	0.05	0.00	0.10	0.02
松原	11.97	2.01	0.20	0.08	0.17	8.55	0.12	0.39	0.02	0.55	0.09
白城	1.43	0.77	0.04	0.02	0.03	0.75	0.02	0.07	0.00	0.10	0.03
延边州	1.39	0.17	0.16	0.03	0.07	0.34	0.03	0.14	0.01	0.63	0.02

（Ⅱ）

单位：%

城市	绥化	长春	吉林	四平	辽源	通化	白山	松原	白城	延边州
绥化										
长春	5.35									
吉林	2.20	100.00								
四平	0.78	30.05	6.41							
辽源	0.22	10.51	1.98	2.15						
通化	0.28	3.71	2.14	0.63	0.37					
白山	0.16	2.12	1.32	0.32	0.15	3.82				
松原	1.49	24.87	7.97	2.86	0.67	0.60	0.33			
白城	0.24	1.99	0.85	0.33	0.08	0.10	0.06	2.07		
延边州	0.23	2.36	2.12	0.39	0.10	0.18	0.11	0.47	0.08	

2. 哈长城市群所在的黑龙江、吉林两省城市间的经济联系度层级

根据上面测算的经济联系度，黑龙江、吉林两省城市间的经济联系度由高到低可分为五级，主要的第一、第二、第三和第四级的经济联系为：

第一级经济联系为：哈尔滨和绥化、长春、吉林、大庆、松原、齐齐哈尔之间的联系；长春和吉林、四平、松原、大庆、辽源之间的联系。其中哈尔滨和长春为两个中心城市。

第二级经济联系为：哈尔滨和牡丹江、四平的联系；大庆和绥化、松原的联系；长春和大庆、绥化的联系；吉林和松原、四平的联系；双鸭山和佳木斯之间的联系。

第三级经济联系为：齐齐哈尔和长春、松原的联系；吉林和大庆、绥化、通化、延边朝鲜族自治州的联系；四平和松原、辽源的联系；长春和通化、白山、延边朝鲜族自治州的联系；松原和白城、通化和白山、鹤岗和佳木斯的联系。

第四级经济联系为：哈尔滨和辽源、延边州朝鲜族自治州、鸡西、双鸭山、鹤岗、伊春、黑河、通化、白山、白城；齐齐哈尔和绥化、吉林、白城；牡丹江和大庆、绥化、长春、吉林、松原、延边朝鲜族自治州；松原和绥化、通化；四平和绥化、大庆、通化；辽源和吉林、松原；吉林和白城、白山；长春和白城；大庆和白城、佳木斯；双鸭山和长春；鸡西和牡丹江、佳木斯、长春；伊春和绥化；佳木斯和牡丹江、绥化、长春、吉林等之间的联系。

其余较弱的列为哈长城市群的第五级联系。

黑龙江、吉林两省城市相互作用能级较大的城市依次为：哈尔滨、长春、吉林、绥化、松原、大庆、四平、齐齐哈尔；黑龙江、吉林两省 21 个地级市（州）间相互作用的特征呈现为：以哈尔滨、长春和吉林为中心，并向外逐渐降低。其中，长春—吉林，哈尔滨—绥化和哈尔滨—长春的联系最为紧密，而长春与吉林，哈尔滨与绥化之间因均在同一省份，且在省内城市中距离最近，人力、资金、信息、技术等方面联系密切，因而经济联系强度高。从跨越省份界限看，哈尔滨—长春，哈尔滨—吉林的经济联系度高且均在一级，目前已形成以哈尔滨、长春和吉林为中心，大庆、牡丹江、松原、四平、齐齐哈尔和辽源紧紧围绕中心区的城市群格局。

（三）哈长城市群城市的联系走向

根据对黑龙江和吉林两省城市的分布、城镇体系的历史演变、主要城市的经济联系能级水平，判定哈长城市群区域在黑龙江、吉林两省的城镇密集区，城市之间的空间联系走向。

从以上分析可以看出，黑龙江、吉林两省城市群主要以哈尔滨和长春为核心，包含齐齐哈尔、大庆、绥化、牡丹江、吉林、松原、四平、辽源等区域。哈长城市群城市联系走向在区域空间上呈“井”字形，辐射向更宽广的区域。

（四）哈长城市群所在黑龙江、吉林两省的城市空间隶属度

根据经济联系度，计算出黑龙江和吉林两省城市空间隶属度（见表4－2）。从其中可以看出，黑龙江和吉林两省城市之间，哈长城市群之间的城市空间隶属度较高，相邻城市之间的隶属度较高，城市群之外的城市之间的空间隶属度较低。中小城市对于哈长城市群核心城市哈尔滨和长春的隶属度较高。

表4－2 哈长城市群所在黑龙江、吉林两省的城市空间隶属度

（Ⅰ） 单位：%

城市空间隶属度	哈尔滨	齐齐哈尔	鸡西	鹤岗	双鸭山	大庆	伊春	佳木斯	七台河	牡丹江	黑河
	F_{ij}	F_{ij}	F_{ij}	F_{ij}	F_{ij}	F_{ij}	F_{ij}	F_{ij}	F_{ij}	F_{ij}	F_{ij}
哈尔滨		32.85	22.80	14.75	16.92	35.70	36.09	22.11	19.91	31.93	33.05
齐齐哈尔	5.29		2.20	1.39	1.57	17.18	2.68	1.77	1.69	2.42	8.09
鸡西	0.90	0.54		2.97	3.39	0.51	1.59	5.48	25.16	11.31	1.03
鹤岗	0.39	0.23	1.97		4.08	0.21	3.19	14.24	1.97	0.85	0.80
双鸭山	0.83	0.48	4.21	7.63		0.44	2.46	26.74	4.13	1.78	1.17
大庆	11.76	35.17	4.25	2.62	2.95		6.18	3.97	3.76	5.25	7.34
伊春	0.76	0.35	0.85	2.54	1.05	0.39		1.66	0.75	0.38	2.34
佳木斯	2.04	1.02	12.78	49.95	50.13	1.11	7.29		14.93	4.43	2.48
七台河	0.11	0.06	3.43	0.40	0.45	0.06	0.19	0.87		0.60	0.09
牡丹江	2.47	1.16	22.06	2.50	2.79	1.23	1.40	3.71	8.55		2.38
黑河	0.36	0.55	0.28	0.33	0.26	0.24	1.21	0.29	0.19	0.34	
绥化	32.27	4.66	3.64	3.35	3.48	7.76	16.41	3.46	3.29	5.17	10.47
长春	21.99	6.68	7.92	4.87	5.47	12.15	9.51	6.87	6.76	12.41	12.67
吉林	8.47	4.04	5.45	2.43	2.72	4.92	4.44	3.22	3.10	10.31	6.50
四平	2.75	1.55	1.47	0.91	1.02	1.82	1.67	1.21	1.22	2.09	2.48
辽源	0.79	0.42	0.41	0.25	0.28	0.49	0.46	0.34	0.38	0.60	0.70

续表

城市空间隶属度	哈尔滨	齐齐哈尔	鸡西	鹤岗	双鸭山	大庆	伊春	佳木斯	七台河	牡丹江	黑河
	F_{ij}	F_{ij}	F_{ij}	F_{ij}	F_{ij}	F_{ij}	F_{ij}	F_{ij}	F_{ij}	F_{ij}	F_{ij}
通化	0.85	0.62	0.73	0.42	0.46	0.61	0.72	0.52	0.56	1.06	1.22
白山	0.48	0.35	0.46	0.23	0.26	0.35	0.41	0.30	0.28	0.68	0.70
松原	6.06	6.32	2.51	1.56	1.74	13.15	2.92	2.12	2.07	3.60	4.07
白城	0.72	2.41	0.49	0.31	0.33	1.15	0.56	0.38	0.38	0.63	1.31
延边州	0.70	0.55	2.09	0.60	0.67	0.52	0.63	0.74	1.13	4.16	1.12

（Ⅱ）

单位：%

城市空间隶属度	绥化	长春	吉林	四平	辽源	通化	白山	松原	白城	延边州
	F_{ij}	F_{ij}	F_{ij}	F_{ij}	F_{ij}	F_{ij}	F_{ij}	F_{ij}	F_{ij}	F_{ij}
哈尔滨	75.54	18.11	11.18	10.45	8.47	11.51	9.58	18.28	15.79	15.36
齐齐哈尔	1.76	0.89	0.86	0.95	0.71	1.35	1.12	3.06	8.47	1.93
鸡西	0.34	0.26	0.29	0.22	0.17	0.39	0.36	0.30	0.42	1.81
鹤岗	0.21	0.11	0.08	0.09	0.07	0.15	0.12	0.12	0.18	0.34
双鸭山	0.40	0.22	0.18	0.19	0.15	0.31	0.25	0.26	0.35	0.72
大庆	5.99	3.30	2.14	2.28	1.72	2.74	2.28	13.06	8.29	3.76
伊春	0.81	0.16	0.12	0.13	0.10	0.21	0.17	0.19	0.25	0.29
佳木斯	0.75	0.52	0.39	0.43	0.33	0.65	0.54	0.59	0.77	1.50
七台河	0.04	0.03	0.02	0.03	0.02	0.04	0.03	0.03	0.04	0.13
牡丹江	0.94	0.79	1.05	0.61	0.49	1.11	1.04	0.84	1.06	7.01
黑河	0.27	0.11	0.09	0.10	0.08	0.18	0.15	0.13	0.31	0.27
绥化		2.23	1.47	1.50	1.17	1.93	1.61	2.27	2.63	2.56
长春	6.35		66.88	57.85	56.82	25.53	21.38	37.99	21.96	26.15
吉林	2.61	41.73		12.35	10.73	14.73	13.24	12.18	9.42	23.44
四平	0.92	12.54	4.29		11.60	4.35	3.18	4.36	3.60	4.32
辽源	0.26	4.39	1.33	4.13		2.51	1.49	1.02	0.90	1.12
通化	0.33	1.55	1.43	1.22	1.97		38.42	0.92	1.13	1.96

续表

城市空间隶属度	绥化	长春	吉林	四平	辽源	通化	白山	松原	白城	延边州
	F_{ij}	F_{ij}	F_{ij}	F_{ij}	F_{ij}	F_{ij}	F_{ij}	F_{ij}	F_{ij}	F_{ij}
白山	0. 19	0. 89	0. 88	0. 61	0. 80	26. 27		0. 51	0. 63	1. 22
松原	1. 76	10. 38	5. 33	5. 50	3. 62	4. 12	3. 34		22. 87	5. 21
白城	0. 28	0. 83	0. 57	0. 63	0. 44	0. 70	0. 57	3. 16		0. 93
延边州	0. 27	0. 99	1. 41	0. 75	0. 55	1. 22	1. 11	0. 72	0. 93	

（五）哈长城市群内城市间腹地关系

根据空间隶属度，将哈长城市群内城市之间的腹地关系分为紧密腹地、次紧密腹地、竞争腹地和边缘腹地，具体如表 4 – 3 所示。

表 4 – 3　　哈长城市群空间隶属度与腹地关系

城市腹地关系	紧密腹地	次紧密腹地	竞争腹地	边缘腹地
	$F_{ij}>9\%$	$1.5\%<F_{ij}<9\%$	$0.5\%<F_{ij}<1.5\%$	$F_{ij}<0.5\%$
哈尔滨	大庆、绥化、长春	齐齐哈尔、佳木斯、牡丹江、吉林、四平、松原	鸡西、双鸭山、伊春、辽源、通化、白城、延边	其他
齐齐哈尔	哈尔滨、大庆	绥化、长春、吉林、松原、四平、白城	鸡西、佳木斯、牡丹江、黑河、通化、延边	其他
大庆	哈尔滨、齐齐哈尔、松原	绥化、吉林、四平	鸡西、佳木斯、牡丹江、通化、白城、延边	其他
绥化	哈尔滨	齐齐哈尔、大庆、长春、吉林、松原	伊春、佳木斯、牡丹江、四平	其他
牡丹江	哈尔滨、鸡西、长春、吉林	齐齐哈尔、大庆、佳木斯、双鸭山、绥化、四平、松原、延边	七台河、通化、白山	其他
长春	哈尔滨、吉林、四平、松原	大庆、绥化、辽源、通化	齐齐哈尔、佳木斯、牡丹江、白山、白城、延边	其他
吉林	哈尔滨、长春	大庆、四平、松原	齐齐哈尔、牡丹江、绥化、辽源、通化、白山、白城、延边	其他

续表

城市腹地关系	紧密腹地	次紧密腹地	竞争腹地	边缘腹地
	$F_{ij} > 9\%$	$1.5\% < F_{ij} < 9\%$	$0.5\% < F_{ij} < 1.5\%$	$F_{ij} < 0.5\%$
四平	哈尔滨、长春、吉林	大庆、松原、辽源	齐齐哈尔、牡丹江、绥化、通化、白山、白城、延边	其他
辽源	长春、吉林、四平	哈尔滨、大庆、通化、松原	齐齐哈尔、牡丹江、绥化、白山、延边	其他
松原	哈尔滨、大庆、长春、吉林	齐齐哈尔、绥化、四平、辽源、白城	通化、白山、延边	其他

由表4－3看出，哈长城市群内城市大多处在群内城市的紧密腹地和次紧密腹地范围内，具有密切的空间联系度；群外城市处在群内城市的竞争腹地和边缘腹地的居多，联系程度相对弱一些。

（六）哈长城市群内城市间的要素流动

城市群内城市间人口流动，可用城市间每天开通的汽车、火车和航空班次来衡量。

1. 汽车班次

黑龙江、吉林两省城市间的汽车交通联系较为频繁，尤其是与城市所在省的省会城市之间联系较紧密。吉林和长春之间的汽车联系最为紧密，每天有242个班次；其次是大庆和哈尔滨之间的汽车交通联系较紧密，每天有100个班次；再次是省内地级市之间有一定的联系。但是，省与省之间除了省会城市长春和哈尔滨每天有34个班次汽车，其他省际城市间没有太多联系。具体如表4－4所示。

表4－4　哈长城市群内城市间每天汽车班次　单位：个

城市	哈尔滨	齐齐哈尔	大庆	绥化	牡丹江	长春	吉林	松原	四平	辽源
哈尔滨										
齐齐哈尔	32									
大庆	100	15								
绥化	47	1	9							

续表

城市	哈尔滨	齐齐哈尔	大庆	绥化	牡丹江	长春	吉林	松原	四平	辽源
牡丹江	65	0	4	3						
长春	34	0	3	0	2					
吉林	23	0	1	0	1	242				
松原	16	0	0	0	0	40	1			
四平	0	0	0	0	0	84	0	1		
辽源	1	0	0	0	0	53	0	1	28	

资料来源：根据车次网（www. checi. cn）相关内容整理。

2. 火车班次

从火车班次看，黑龙江、吉林两省省内火车交通联系相对频繁，尤其是哈大齐沿线和哈尔滨—长春之间、长春—吉林、长春—四平之间，火车交通班次较多，绥化、牡丹江次之间有一定联系，其他城市间火车交通联系较少。具体如表 4 -5 所示。

表 4 -5　　哈长城市群内城市间每天火车班次　　单位：个

城市	哈尔滨	齐齐哈尔	大庆	绥化	牡丹江	长春	吉林	松原	四平	辽源
哈尔滨										
齐齐哈尔	47									
大庆	55	46								
绥化	33	3	2							
牡丹江	21	2	4	1						
长春	78	12	12	9	6					
吉林	7	1	1	0	1	66				
松原	2	2	2	0	0	9	0			
四平	45	11	8	6	4	68	14	2		
辽源	0	0	0	0	0	2	1	1	3	

资料来源：根据中国铁路 12306（www. 12306. cn）相关内容整理。

3. 航空客运班次

黑龙江、吉林两省距离近，航班交通联系相对较少（具体见表4-6），仅有哈尔滨—长春每天有两班，哈尔滨—牡丹江每天一班，齐齐哈尔—牡丹江、齐齐哈尔—长春每天分别6班和8班，大庆—牡丹江每天4班。哈长城市群其余城市之间没有航班。这也说明城市群之间火车和汽车替代了飞机运输，进一步说明城市群内城市间距离近，陆路交通能满足城市之间的经济与社会信息交流。

表4-6　哈长城市群内城市间每天航空班次　单位：个

城市	哈尔滨	齐齐哈尔	大庆	绥化	牡丹江	长春	吉林	松原	四平	辽源
哈尔滨										
齐齐哈尔	0									
大庆	0	0								
绥化	0	0	0							
牡丹江	1	6	4	0						
长春	2	8	0	0	0					
吉林	0	0	0	0	0	0				
松原	0	0	0	0	0	0	0			
四平	0	0	0	0	0	0	0	0		
辽源	0	0	0	0	0	0	0	0	0	

资料来源：根据携程旅行（www. ctrip. com）相关内容整理。

四、对哈长城市群城市间空间联系的基本判断

哈长城市群不同城市和群内及城市群外的城市间存在着不同级别的经济联系及空间隶属关系，群内城市总体上处于城市发展密集区和经济空间联系较高的层级。相对而言，两个省会城市哈尔滨和长春之间、行政联系较多的本省城市之间联系紧密，省际其他城市之间联系较弱，需进一步促进其市场融合，加强城市之间的联系。

（一）哈长城市群是黑龙江、吉林两省的城市密集发育区

哈长城市群内城市相互作用能级较大的城市依次为：长春、哈尔滨、吉林、绥化、松原、大庆、四平、齐齐哈尔；两省21个地级市（州）呈现为以哈尔滨、长春和吉林为中心，省内联系紧密，并向外逐渐降低。

（二）哈长城市群内城市间经济联系度较高

从黑龙江、吉林两省看，哈尔滨—绥化和长春—吉林的联系最为紧密。从跨越省份界限看，哈尔滨—长春，哈尔滨—吉林的经济联系度高且均在一级，现阶段已形成以哈尔滨、长春和吉林为中心，以大庆、牡丹江、松原、四平、齐齐哈尔和辽源为紧密联系的城市群。

（三）哈长城市群空间上呈“井”字形分布，城市空间隶属度较高

哈长城市群城市沿交通干线分布，在空间上呈“井”字形，辐射省内更宽广的区域。哈长城市群内城市之间的隶属度较高，群外城市与群内城市之间的空间隶属度较低。中小城市对于哈长城市群核心城市哈尔滨和长春的隶属度较高。哈长城市群内城市大多处在城市群内城市的紧密腹地和次紧密腹地，具有密切的空间隶属度；群外城市处在群内城市的竞争腹地和边缘腹地的居多，隶属程度相对弱一些。

（四）省内城市间联系紧密，省际城市间联系偏弱

哈长城市群内的汽车交通联系较为频繁，尤其是与城市所在省的省会城市之间联系较紧密。黑龙江、吉林两省省内火车交通联系相对频繁，陆路交通能满足城市之间的经济与社会信息交流。

（五）加强哈长城市群联系的着力点

哈长城市群今后需进一步发挥既有的优势，加大城市之间的基础设施建设，促进生产要素的流动和市场的融合，提高城市群内和省内核心城市联系的同时，需进一步促进黑龙江、吉林两省之间和相对较弱联系级别的城市之间加强联系和合作，推动区域整体高质量协调发展。

参考文献

[1] 国家发展和改革委员会国土开发和地区经济研究所课题研究报告《我国城市群发展研究》(2015)。

[2] 罗震东、何鹤鸣、耿磊:《基于客运交通流的长江三角洲功能多中心结构研究》,载于《城市规划学刊》2011 年第 2 期。

[3] 邓春玉:《珠三角与环珠三角城市群空间经济联系优化研究》,载于《城市问题》2009 年第 7 期。

[4] 吉林省发展和改革委员会和东北师范大学课题组研究报告《哈长城市群范围与空间格局优化研究》(2015)。

[5] 国务院《国家新型城镇化规划(2014~2020 年)》,2014 年 3 月。

[6] 黑龙江和吉林两省各市(县)国民经济和社会发展统计公报(2015)。

[7] 许学强、周一星、宁越敏:《城市地理学》,高等教育出版社 2003 年版。

[8]《中国城市统计年鉴》,中国统计出版社 2014 年版。

[9]《中国高速公路及城乡公路地图集》,人民交通出版社 2015 年版。

[10]《中国公路铁路地图册》,中国地图出版社 2015 年版。

第五章

哈长城市群的城市功能分工*

随着我国经济社会快速发展，城镇化进程加速推进，区域城市化和城市区域化现象日益明显，城市群逐渐成为我国城镇空间格局的主体形态，将是支撑全国经济增长、促进区域协调发展、参与国际竞争合作的重要平台。《国家新型城镇化规划（2014～2020年）》明确提出，要“加快培育成渝、中原、长江中游、哈长等城市群，使之成为推动国土空间均衡开发、引领区域经济发展的重要增长极”。魏后凯（2007）、齐讴歌和赵勇（2014）研究认为，城市间合理分工、功能互补是城市群走向成熟的主要标志，如何推动城市群形成合理的产业分工格局，成为促进城市群内部协调发展和提升国际竞争力的关键所在。

本章在已有研究成果的基础上，首先从新经济地理学理论的视角，对城市群城市功能分工进行理论分析，然后对城市群城市功能分工现有的测度方法进行了改进，最后对哈长城市群城市功能分工的空间特征和演进趋势进行了深入分析。从城市功能分工的角度判断，哈长城市群仍属于发育中或成长中的城市群群，亟待通过政策指导和规划约束优化哈长城市群城市功能分工格局。

一、引　言

国外的发展经验表明，近几十年来欧美和日本的城市间产业分工正在经历由产品分工向功能分工的转变，尤其在城市群内更为明显。城市群城市功能分工总体表现为：生产性服务业和企业总部及研发、设计、营销环节向核心城市集聚，生产制造业则向外围城市扩散；核心城市更多地发挥总部管理和生产性服务的功能，而外围城市更多地发挥生产制造功能。国内学者的研究也证实，中国的城市

---

* 本章执笔人：马燕坤，男，中国人民大学区域经济学博士，现任国家发展改革委经济体制与管理研究所副研究员，研究方向为区域经济。

功能专业化和城市群城市功能分工明显强化。目前来看，对我国城市群城市功能分工的研究成果仍然较少，也有待深化。因此，理论与实践相结合，进一步深入研究城市群城市功能分工问题，对于深化城市群产业分工理论，指导我国各城市群优化产业空间格局，加快走向成熟和提升综合实力，都具有重要的理论价值和现实意义。

二、文献述评

最早对城市间功能分工进行探讨的是日本著名经济学家藤田（Fujita）、藤田和田渊安一（Fujita and Tabuchi，1997）通过研究战后日本东京都市圈产业分工的时空演变发现，在20世纪70年代中期到20世纪末日本的产业结构由重工业向高技术和服务业转变的过程中，东京的生产制造部门逐渐向太平洋产业带转移，取而代之的是集聚了越来越多的生产性服务业和日本大企业总部，展现出越来越强的总部管理、研发设计、金融商务等功能。之后，柯尔克，杜兰顿和普加（Kolko，1999；Duranton and Puga，2005）对美国的研究都表明，美国的企业总部和生产性服务业在不断向城市群的核心城市集聚，而生产制造环节则逐渐转移到外围城市，核心城市主要发挥管理和服务功能，而外围城市则主要负责产品生产。杜兰顿和普加（Duranton and Puga，2005）开创性地构建了城市功能专业化的测度方法，并且对美国不同规模等级的城市进行了功能专业化定量测度，通过与各等级规模城市的部门专业化程度的比较，发现美国城市的部门专业化在逐渐降低，而功能专业化在不断提高，城市间产业分工正由部门分工向功能分工转变。为了探究城市间功能分工的演化机理，他们沿着新经济地理学的思路对部门到功能的城市专业化演化过程进行了规范的理论分析和模型推理。拜得等（Bade et al.，2004）对德国在互联网时代的城市专业化研究发现，德国城市的产业专业化也在经历由部门专业化向功能专业化的转变，与藤田和田渊安一（1997）、柯尔克（1999）、杜兰顿和普加（2005）的结论基本一致，且发现城市功能专业化特征在城市群内更为明显。

近年来，国内学者对城市间功能分工和城市功能专业化的理论探讨和实证分析开始出现。魏后凯（2007）认为，应该在大都市区内构建合理的产业链分工体系，使各城市强化在大都市内的功能专业化，从而治理大都市区内的产业冲突。苏红键和赵坚（2011）采用杜兰顿和普加（2005）、拜得等（2004）的方法，对我国城市的功能（职能）专业化程度进行了测度，并分析了其对城市经济的影响作用，发现我国城市的功能专业化程度较低，但显著促进城市经济增长，且呈非线性关系。贺灿飞等（2012）从跨国公司微观区位选择的视角入手，研究发现跨国公司的相同功能和互补功能向同一类型城市集聚，我国城市群的核心城市呈现出不断增强的功能专业化特征。赵勇和白永秀（2012）、齐讴歌和赵勇（2014）分别沿着杜兰顿和普加（2005）、拜得等（2004）的思路和方法，测度了我国城市群的城市功能分工程度，并对城市群城市功能分工的时序演变和空间特征进行了分析，发现我国城市群的城市功能分工和核心城市功能专业化程度都较低，且呈现出下降趋势，在空间上从沿海向内陆递减，这与杜兰顿和普加（2005）、拜得等（2004）及贺灿飞等（2012）的结论存在明显差异。就目前来看，对城市群城市功能分工的研究成果不仅较少，而且在测度方法、数据选取分析视角等方面都存在需要商榷的地方，对我国城市群城市功能分工的研究结论也不一致。可见，我国城市群城市功能分工究竟如何？演化趋势和空间特征是怎样的？这些问题都需要进行更为深入的理论探讨和测度方法改进，也需要更多的实践验证。

三、城市群城市功能分工的理论分析

城市内生于产业集聚活动，即城市的出现伴随于企业的生产区位选择（张亚斌等，2006）。在区域内，产业集聚活动的空间分布和优化重构形成的不同规模等级城市相互作用就构成了所谓的“城市群”。运用新经济地理学理论，首先对产业集聚催生城市及区域城市体系的内在机理进行一般性的逻辑分析，然后对城市群城市功能分工的形成进行理论探讨。

（一）产业集聚催生城市及区域城市体系的一般性逻辑

假设一个线型经济体，即全部经济活动分布在一条直线上。该经济体仅生产农产品和制造产品两种产品。农业为外生的，且均匀分布在地理空间上，而制造业企业在地理空间上可以自由选择区位。根据生产技术的不同，制造业企业分为两种类型：单部门企业（该企业的生产过程不可拆分）和多部门企业（该企业分为不同的部门，对应于不同的生产环节）。假设单部门企业内部的通信联系不产生费用，而多部门企业内部的通信联系则要支付成本，同时假设随着该经济体工业化水平的不断提高，产品的运输成本和多部门企业内部的通信成本会逐步降低。在产品的生产过程中，制造业企业具有显著的外部经济性，且在同等市场条件下，同一区位上不同行业的制造业企业所能获得的外部经济收益有差异。借鉴藤田和蒂斯（Fujita and Thisse，1996）、伊麦（Imai，1982），我们采用 Fujita - Ogawa - Imai 模型的基本假设，即外部经济收益对产业集聚起着主要作用。

1. 产业集聚中心的形成

在工业化初期，线型经济体的市场不完善，存在市场分割，制造产品在地区之间的运输成本也很高，制造业企业选择分散化的生产布局。在消费需求既定且空间分布均匀的条件下，每个制造业企业只能服务于其周边有限的市场区域，难以形成规模经济，外部经济效益不明显。

随着工业化进程的推进和交通技术的不断变革，该经济体的交通基础设施得到逐步改善，制造产品的运输成本会随之逐步下降。根据新经济地理学理论，产业集聚水平与运输成本之间呈逆向的倒 U 形关系。这就是说，当制造产品的运输成本降低到一定程度时，制造业企业将可能重新布局产品的生产环节，从而扩大生产以供应更广阔的市场区域，获取更多的利润。地处市场中心的区域，能够迅速感应市场需求的变化且有利于各种信息技术的汇聚交流，区位优势突出，便成为所有制造业企业重新布局生产的首选区位。从图 5－1 可以看到，在运输成本降低的条件下，初始以散点状均匀分布的制造业企业纷纷将工厂迁到中心区域 A，产业集聚现象出现。在循环累积因果效应的作用下，中心区域 A 的产业集聚水平不断提高，在整个经济体中形成绝对优势，向外围地区提供制造产品，形成强大的产业辐射力，推动该经济体逐渐演变为制造业中心与农业外围腹地的空间结构。

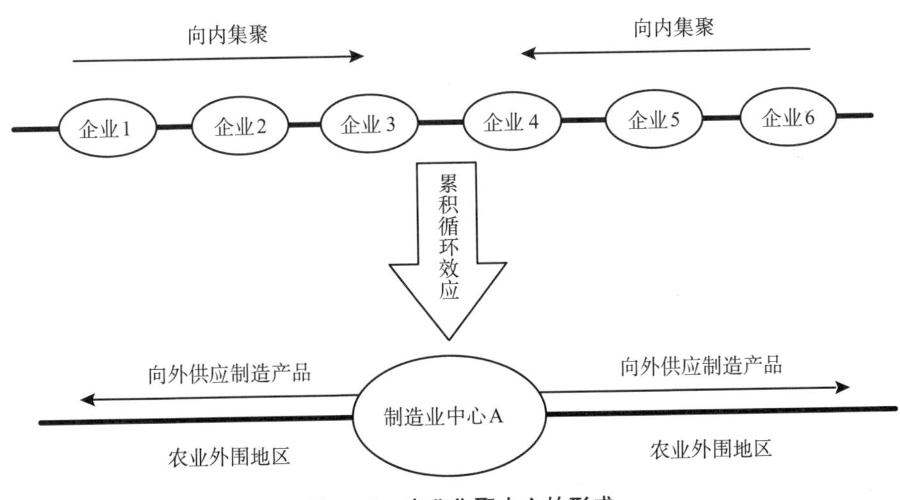

图 5－1　产业集聚中心的形成

资料来源：笔者参考张亚斌等（2006）研究结果绘制。

考虑产业集聚中心 A。假设居民分布的密度函数为 f(x)，则中心区域 A 的人口数为 $\int_A f(x)dx$；企业分布的密度函数为 f(y)，则中心区域 A 的企业数为

$\int_A f(y)dy$。设 g(i) 表示布局在中心区域 A 的企业 i 从其他企业获得的边际外部规模收益，G(i) 表示布局在中心区域 A 的企业 i 获得的全部外部规模收益，则企业 i 获得的外部规模收益函数为：

$$G(i) = g(i)\int_A f(y)dy \tag{5-1}$$

这里假定，在一定范围内，企业 i 获得的外部规模收益 G(i) 是随着企业集聚数量的增多而增加的，但是当企业集聚到一定程度后，外部规模收益 G(i) 会随着集聚水平的进一步提高反而减少。同时，记集聚在中心区域 A 的代表性企业 i，为了实现正常生产，需要使用土地量 S_i 和劳动力 L_i，且中心区域 A 的均衡地租率为 R_A 和均衡工资率为 W_A。由于中心区域 A 的土地供给量有限，因而企业生产用地与居民生活用地之间的竞争共同决定地租率 R_A 的大小，即：

$$R_A = F(\alpha\int_A f(x)dx,\ \beta\int_A f(y)dy) \tag{5-2}$$

其中，α 和 β 分别表示进入中心区域 A 的每一个居民和每一个企业所产生的边际地租率，地租率 R_A 会随着中心区域 A 的居民数量的增多和企业集聚水平的提高而提高。

中心区域 A 的均衡工资率 W_A 由劳动力的供求决定，即：

$$W_A = F(\gamma\int_A f(x)dx,\ \delta\int_A f(y)dy) \tag{5-3}$$

其中，γ 和 δ 分别表示中心区域 A 劳动力的边际供给和每个企业对劳动力的边际需求。当劳动力供给既定时，中心区域 A 的工资率 W_A 会随着企业集聚水平的提高而提高。记各种制造产品的单位平均运输成本为 T，短期内交通技术基本不发生变化，运输成本 T 主要决定于运输距离 d，即 $T = t(d)$；布局在中心区域 A 的企业 i 为农业外围地区提供的制造产品量为 Q_i。由此可知，代表性企业 i 将生产布局在中心区域 A 的利润为：

$$\pi_i = G(i) - R_A S_i - W_A L_i - TQ_i \tag{5-4}$$

2. 外围地区形成新的产业集聚

根据新经济地理学理论，一个区域形成产业集聚后，会产生三种市场效应，即本地市场效应、价格指数效应和市场拥挤效应。一个区域的产业集聚水平越高，销往本区域的产品所花费的运输成本越少，该区域的名义工资率也就越高，即为本地市场效应。一个区域的产业集聚水平越高，本区域不需要运输成本即可获得的中间投入品和最终产品的种类就越多，降低了价格指数水平，从而提高了实际工资率，即为价格指数效应。这两个效应使得产业集聚中心具备高于其他地区的工资水平，从而吸引周边地区劳动力集中，会进一步提高本区域的产业集聚水平。然而，随着产业集聚水平的不断提高，中心区域不可移动的生产要素如土地的价格上升，统称为市场拥挤效应。外部规模经济的收益构成了企业在中心区域进行生产布局的向心力，而地租上涨、平均工资水平高昂和运输成本则构成了企业把生产布局在外围地区的离心力。中心区域A初始形成的产业集聚，在累积循环效应的作用下，由外部规模经济所产生的向心力，将越来越多的制造业企业和居民吸引到中心区域A，不断提高中心区域A的产业集聚水平。在上述三种市场效应的作用，中心区域A的地租率 R_A 和工资率 W_A 将分别提高为 R'_A 和 W'_A。尽管运输成本T会随着交通技术的变革而下降为T′，但是地租率和工资率提高的速度要远快于运输成本的下降。在离心力超过向心力一定程度后，制造业企业会对生产布局进行空间重构。接下来，对集聚在中心区域A的两类制造业企业生产区位的再选择分别进行分析。

对单部门制造业企业的生产区位再选择分析。由于在中心区域A集聚的外部规模收益逐渐减少和各种生产要素成本逐渐上升，根据式（5－4），在某一时点后，单部门制造业企业i的利润变为：

$$\pi'_i = G(i) - R'_A S_i - W'_A L_i - T'Q_i < \exp(\pi_i) \tag{5-5}$$

其中，$\exp(\pi_i)$ 为单部门制造业企业i布局在中心区域A的预期利润。此时，从利润最大化出发，在企业市场需求既定和运输成本逐渐下降的条件下，企业会考虑把生产迁出中心区域A，在工资水平和地租率远低于中心区域A的外围地区选择生产区位再布局，降低生产成本，以保持市场竞争力。因此，当布局在中心区域A的利润低于预期利润后的某个时点时，单部门制造业企业i将会整体迁出中心区域A，而在外围地区形成新的产业集聚。

对多部门制造业企业的生产区位再选择分析。多部门制造业企业的生产过程可以拆分为不同环节，每一个环节对应一个部门，主要包括知识和技术密集型部门、资本密集型部门和劳动密集型部门三种。设知识和技术密集型部门a在制造产品的生产过程中需要使用土地量 S_a 和劳动力 L_a；资本密集型部门b需要使用土地量 S_b 和劳动力 L_b；劳动密集型环节c需要使用土地量 S_c 和劳动力 L_c。此外，不同部门间的通信和协调也产生成本，设为H(a, b, c)，且与企业部门数呈正向关系，即部门数越多，通信和协调成本就越高。根据式（5－4），多部门制造业企业i的利润为：

$$\pi_i = G(i) - R_A S_a - W_A L_a - R_A S_b - W_A L_b - R_A S_c - W_A L_c - TQ_i - H(a, b, c) \tag{5-6}$$

随着中心区域A的地租率 R_A 和工资率 W_A 上升为 R'_A 和 W'_A，且远快于运输成本的下降，则多部门制造业企业i的利润变为：

$$\pi'_i = G(i) - R'_A S_a - W'_A L_a - R'_A S_b - W'_A L_b - R'_A S_c - W'_A L_c - T'Q_i - H'(a, b, c) < \exp(\pi_i) \tag{5-7}$$

当利润低于预期利润后的某一时点时，多部门制造业企业一定会对生产环节进行空间重构。根据该类型制造业企业各部门的特点，土地使用量在知识和技术密集型、资本密集型和劳动密集型三个部门中依次增加，即 $S_a < S_b < S_c$。这是因为知识和技术密集型部门对应的生产环节处于价值链高端，只涉及产品的研发、设计、营销等环节，生产活动可在楼宇里进行，仅需要极少量的土地，而资本密集型和劳动密集型部门所对应的生产环节处在价值链中低端，涉及零部件加工与最终产品的组装，需要建立大型加工组装工厂，土地使用量要相对多得多。同样，劳动力使用量在知识和技术密集型、资本密集型和劳动密集型三个部门中也是依次增加的，即 $L_a < L_b < L_c$。因此，中心区域 A 地租和劳动力成本的大幅上升，对多部门制造业企业各部门生产成本会产生不同程度的影响，即：

$$\frac{S_a}{S_i}(R'_A - R_A) + \frac{L_a}{L_i}(W'_A - W_A) < \frac{S_b}{S_i}(R'_A - R_A) + \frac{L_b}{L_i}(W'_A - W_A) < \frac{S_c}{S_i}(R'_A - R_A) + \frac{L_c}{L_i}(W'_A - W_A) \tag{5-8}$$

因为生产要素的成本增加对知识和技术密集型部门的影响不大，而且该部门从产业集聚的知识和技术外溢中获益很高，所以多部门制造业企业会将知识和技术密集型部门保留在产业集聚水平高的中心区域 A。但是，当中心区域 A 的地租与劳动力成本大幅度提高以后，资本密集型和劳动密集型部门的生产成本会随之大幅度地提高，多部门制造业企业出于最小化生产成本的考虑，将会把资本密集型和劳动密集型部门迁移到地租和劳动力低得多的外围地区，从而保持甚至可以提高市场竞争力。

随着中心区域集聚的企业和居民增多，地租和劳动力成本将快速提高，中心区域的企业生产成本随之大幅度上涨，同时为了占有更大的市场份额，企业也会纷纷扩大生产规模，直至企业在中心区域的外部经济收益消失殆尽，甚至会产生外部不经济效应。此时，企业会发现把生产活动继续布局在中心区域将不利于保持市场竞争力。与此同时，随着交通通信技术的变革，产品运输和通信交流的成本普遍呈下降趋势，理性的企业必然会考虑生产区位的重新布局，以降低生产成本。其中，单部门制造业企业将会整体迁出中心区域，而多部门制造业企业会逐步将资本密集型和劳动密集型部门迁出中心区域，在外围地区选择生产成本较低的区位，以获取新的生产成本优势，而在中心区域继续保留知识和技术密集型部门，以充分获取中心区域“知识”“技术”外溢的收益。

当大量的单部门制造业企业和多部门制造业企业的资本密集型和劳动密集型部门逐步迁离中心区域，并在外围地区集中布局后，新的产业集聚中心在外围地区形成。从图 5-2 可以看到，根据产业集聚的形成时序，最初由于中心区域的区位优势大于外围地区，产业集聚最先在中心区域形成，到 t_1 时刻，中心区域的产业集聚达到最高水平；过 t_1 时刻后，某些外围地区的区位优势凸显并开始吸引部分企业和企业部门的生产集聚，中心区域的产业集聚程度随之下降，而次级区域的产业集聚水平提高，并在 t_2 时刻达到最高水平。同理，部分企业和企业部门又会迁出次级区域，把生产区位布局在边缘地区并形成新的产业集聚。在向心力和离心力的共同作用下，各区域的产业集聚在一定时期内会达到相对稳定的均衡水平，此时的中心区域产业集聚水平为 h_1，次级区域为 h_2，边缘地区则为 h_3。

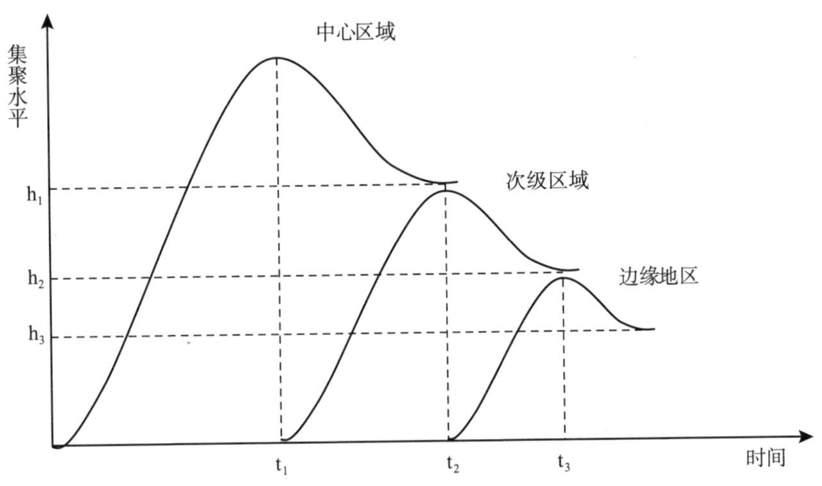

图 5－2　不同区域形成产业集聚的均衡水平

资料来源：笔者参考张亚斌等（2006）研究结果绘制。

3. 城市群的形成

根据上述的一般性逻辑分析，在假定的线型经济体中，制造业企业首先在中心区域集聚，其次在次级区域形成新的集聚，接下来又在边缘地区重新集聚。根据各区域产业集聚达到均衡水平的不同，通过循环累积因果效应作用，最先形成产业集聚的中心区域演变为中心城市，次级区域演变为一般城市，而边缘地区则演变为小城镇（如图 5－3 所示）。中心城市、一般城市及小城镇共同构成了线型的城市群，中心城市与一般城市及小城镇之间的企业间和企业部门间的生产联系和市场联系使得城市群城市间的经济联系变得更加紧密。在上述过程中，中心城市形成了强大的市场区位优势，将在城市群的经济发展中占据核心地位，对周边城市和地区起着强大的辐射带动作用。

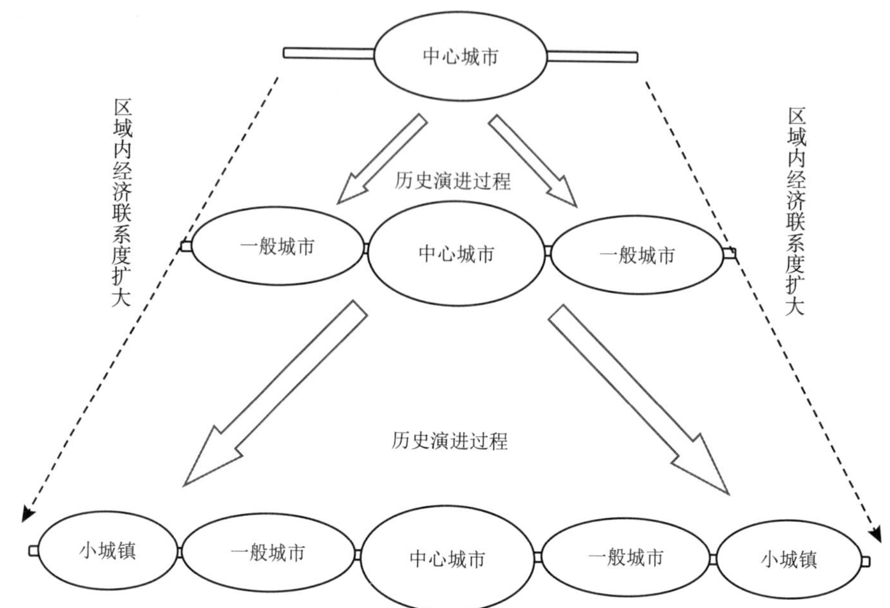

图 5－3　线型经济体的城市体系演变模式

资料来源：笔者参考张亚斌等（2006）研究结果绘制。

（二）城市群城市功能分工的理论探讨

根据上述分析，在企业自由选择生产区位的条件下，一个地区将会因为产业集聚活动的空间重构衍生出不同等级的城市，这些不同等级的城市不断发展、不断演化，共同组成了分工明确、功能互补、联系紧密的城市群，即城市群城市功能分工格局是由产业集聚活动在空间上的优化重构演化而来。

根据新经济地理学理论，集聚在城市群核心城市的企业会因为土地、劳动力等生产要素成本的不断上涨而选择（单部门制造业企业）整体或把（多部门制造业企业）资本密集型和劳动密集型部门转移到城市群内的一般城市甚至小城镇，从而形成不同类型产业在城市群不同等级城市集聚的分工网络。在城市群内，不但存在核心城市的企业和大企业部门因为生产成本大幅度上涨向一般城市和小城镇的转移，也存在一般城市和小城镇的企业随着发展壮大，为了获取中心城市“知识”“技术”外溢的外部规模收益，也会把知识和技术密集型企业整体或知识和技术密集型部门迁移到中心城市。此外，还存在城市群外部企业和企业部门在城市群不同城市和小城镇的生产区位选择和集聚。整体上可以看成，不同类型企业的不同部门在城市群不同城市和小城镇的集聚，从而形成城市群城市功能分工网络。

从图 5 - 4 可以看到，产业 i(i = 1，2，3）是城市群内不同类型的产业，且有对应的典型制造业企业 j(j = 1，2，3)；每个典型制造业企业的生产过程可以分解为不同环节，假设部门 1 处于价值链高端，部门 2 处于价值链中端，部门 3 处于价值链低端。在城市群内部，不同城市通过充分发挥各自的市场区位优势，吸引同一类型企业或企业同一类型的生产部门形成产业集聚，并由此形成较为合理且不断优化的城市功能分工网络。在现实经济中，这种分工表现为金融、商务、信息、技术服务、现代物流、研发设计、总部管理、市场营销、中介服务等高附加值服务业和管理部门主要集聚在中心城市，主要发挥强大的生产性服务功能，处于价值链高端；制造业和低附加值服务业主要在一般城市和小城镇集聚，主要发挥生产制造功能，也可能提供较弱的生产性服务。

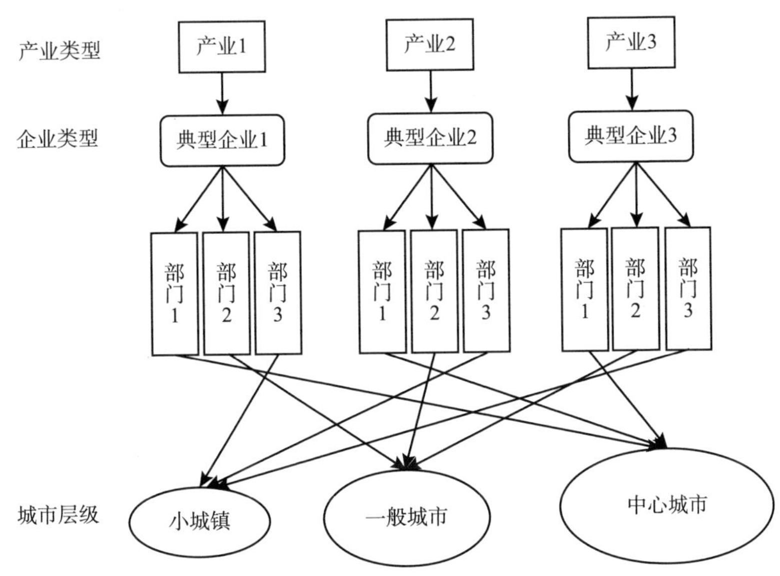

图 5 - 4　城市群城市功能分工网络

资料来源：笔者参考张亚斌等（2006）研究结果绘制。

四、哈长城市群城市功能分工的测度方法与数据说明

（一）测度方法

杜兰顿和普加（2005）不仅系统地研究了城市功能专业化问题，而且最早构造了城市功能专业化的测度方法，即用城市中管理人员与生产人员的比值相对于

全国平均水平的差值来度量城市功能专业化。之后，拜得等（2004）、赵勇和白永秀（2012）、齐讴歌和赵勇（2014）沿着杜兰顿和普加（2005）的思路，改进了城市功能专业化的测度方法，虽然在形式上没有变化，但是在内涵上有所不同。拜得等（2004）使用了“白领”和“蓝领”的概念，他们用城市中“白领”与“蓝领”的比值相对于全国或区域平均水平的差值来度量城市功能专业化的程度。赵勇和白永秀（2012）、齐讴歌和赵勇（2014）基于我国行业划分的现实，对城市中管理部门人员和生产部门人员的界定都有所不同。

城市群城市功能分工和城市功能专业化的程度反映的是城市群中不同城市所具备的功能地位。借鉴上述学者的方法，我们用可以为其他城市提供服务的生产性服务业从业人员来表示管理部门人员，用可以为其他城市提供产品的制造业、采矿业从业人员来表示生产部门人员，使用这两种基础数据来度量城市群城市功能分工和城市功能专业化的程度。其计算公式如下：

$$FS_{ij} = \frac{W_{ij}/B_i}{\sum_{i=1}^{m} W_{ij}/\sum_{i=1}^{m} B_i} - 1 \tag{5-9}$$

式（5-9）中，FS_{ij}表示城市 i 生产性服务功能 j 的专业化强度；W_{ij}表示城市 i 生产性服务业 j 的从业人员数；B_i 表示城市 i 采矿业和制造业的从业人员总数。i=1，2，…，m；j=1，2，…，n；其中 m 和 n 分别表示城市群的城市个数和生产性服务业种类数。如果FS_{ij}的值大于0，表示城市 i 具有 j 种生产性服务专业化功能，值越大，此种功能越强；如果FS_{ij}的值小于或等于0，表示城市 i 不具有 j 种生产性服务专业化功能，则设为0。

$$FS_i = \frac{\sum_{j=1}^{n} W_{ij}/B_i}{\sum_{i=1}^{m}\sum_{j=1}^{n} W_{ij}/\sum_{i=1}^{m} B_i} - 1 \tag{5-10}$$

式（5-10）中，FS_i 表示城市 i 生产性服务功能的专业化强度。如果FS_{ij}的值大于0，表示城市 i 具有生产性服务专业化功能，值越大，城市 i 生产性服务功能专业化程度越高；如果FS_{ij}的值小于或等于0，表示城市 i 在城市群中主要发挥生产制造功能，则设为0。

$$FD = \sum_{i=1}^{m} FS_i \tag{5-11}$$

式（5-11）中，FD 表示城市群功能分工强度。FD 的值越大，表示城市群城市功能分工程度越高。

（二）数据选择及说明

东北地区是我国产业基础最为雄厚、经济发展水平最高、城镇化水平最高的地区之一。但是近年来，受国际国内大环境影响，东北地区经济发展面临困境和挑战。地处东北地区中北部的哈长城市群是《国家新型城镇化规划（2014～2020年)》明确提出要加快培育的4个内陆城市群之一。深入分析哈长城市群城市功能分工的空间特征和时序演化，对于支撑东北经济加快发展和指导内陆城市群功能结构优化都具有重要的现实意义和典型意义。哈长城市群范围包括哈尔滨、齐齐哈尔、大庆、绥化、长春、吉林、四平、辽源、松原等9个地级及以上城市。

根据我国《行业分类国家标准》和《国务院关于加快发展生产性服务业促进产业结构调整升级的指导意见》的标准，以及考虑数据的可得性和代表性，本章把生产性服务业界定为交通运输、仓储和邮政业，信息传输、计算机服务和软件业，批发和零售业，金融业，租赁和商务服务业，科学研究、技术服务和地质勘查业等6个行业，生产部门包括制造业和采矿业。虽然电力、燃气及水的生产和供应业，建筑业也为生产部门，但他们一般不体现城市在城市群中的功能，几乎是只服务于本城市。基础数据来源于《中国城市统计年鉴》。此外，国家统计局于2004年对从业人员的行业划分进行了调整，行业从原来的15个调整为19个，因此，数据的时间跨度确定为2003～2013年。

五、哈长城市群城市功能分工的特征和演化分析

我们利用式（5－9）、式（5－10）和式（5－11）分别测算哈长城市群的城市功能分工强度和各城市功能专业化强度，然后对哈长城市群城市功能分工和城市功能专业化的程度进行由总体到分领域的逐步分析。

（一）哈长城市群城市功能分工程度总体较低，呈下降趋势

哈长城市群的城市功能分工程度明显较低，多数年份的城市功能分工强度都在1.5以下（如图5－5所示），这是与哈长城市群处于发育成长阶段相吻合的。根据方创琳（2011）的研究，哈长城市群发育水平的综合测度值仅为0.4036，在全国仅排到12位，要远远低于长江三角洲、珠江三角洲和京津冀三大城市群。从变化趋势来看，哈长城市群城市功能分工程度总体上呈现下降趋势。2003～2012年，哈长城市群的城市功能分工强度从2.2712下降到0.8531，下降幅度2/3以上。2013年，哈长城市群城市功能分工强度相比2012年提高了不少，达到1.4312。2003年，国家开始实施东北振兴等老工业基地战略，到2012年刚好10年，然而在这10年间，哈长城市群的城市功能分工程度不但没有提高，反而

呈现不断下降的趋势，值得我们对东北振兴战略的思路和政策进行深刻思考和深入研究。

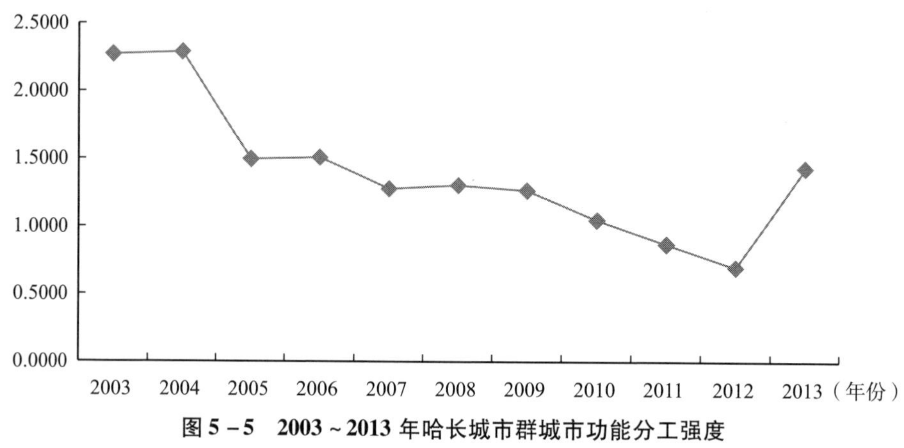

图 5-5　2003~2013 年哈长城市群城市功能分工强度

（二）哈长城市群核心城市生产性服务功能不突出，呈扩散趋势

城市群城市功能分工程度的变动是由城市群各城市功能专业化程度的变动引起的。城市群所有城市的功能专业化态势构成了城市群的城市功能分工格局。从城市功能专业化强度来看，哈长城市群核心城市的生产性服务功能并不突出。2013 年，哈长城市群核心城市哈尔滨的生产性服务功能专业化强度仅为 0.6858（如表 5-1 所示），并不突出；长春的生产性服务功能专业化强度为 0，表示其在哈长城市群中不发挥生产性服务功能。从时序演变来看，哈长城市群的生产性服务功能并不完全表现为向核心城市集聚的过程。2003~2013 年，哈尔滨的生产性服务功能专业化程度逐步提高，城市功能专业化强度由 0 逐步增加到 0.6858；然而，长春的生产性服务功能专业化强度却表现出先上升后下降的过程，直至在哈长城市群中不再发挥生产性服务功能，说明长春的生产制造功能在强化。2013 年，长春市制造业就业人口增加了将近 1 倍。

表 5-1　哈长城市群核心城市生产性服务功能专业化强度的变动趋势

城市	2003 年	2005 年	2007 年	2009 年	2011 年	2013 年
哈尔滨	0	0	0.1269	0.1739	0.5700	0.6858
长春	0.0597	0.3124	0.1389	0.1101	0	0

（三）哈尔滨和长春之间存在分领域的生产性服务功能分工

分领域来看，哈尔滨在哈长城市群中同时发挥5种生产性服务功能，按功能专业化程度由大到小依次为信息传输、计算机服务和软件业，租赁和商务服务业，交通运输、仓储及邮政业，金融业，科学研究、技术服务和地质勘探业，尤其是信息传输、计算机服务和软件业，其功能专业化强度高达1.7322（如表5－2所示）。长春在租赁和商务服务业、批发和零售业两个行业表现出较弱的生产性服务功能，功能专业化强度都在0.5以下。哈尔滨在哈长城市群中占据名副其实的核心地位，但仍需进一步强化生产性服务功能。长春作为中心城市之一，在发展制造业的同时，要加快生产性服务业发展，强化生产性服务功能，提高对周边地区的辐射带动作用。

表5－2　2013年哈尔滨和长春生产性服务分领域的功能专业化强度

行业	哈尔滨	长春
交通运输、仓储及邮政业	0.8394	0
信息传输、计算机服务和软件业	1.7322	0
批发和零售业	0	0.2098
金融业	0.4279	0
租赁和商务服务业	0.9723	0.2931
科学研究、技术服务和地质勘查业	0.1390	0

（四）分领域生产性服务功能随经济发展在核心城市间发生分异

随着区域经济发展水平的提高和区域一体化进程的推进，通过竞合机制，城市群核心城市具有发展优势的生产性服务功能将会不断增强，不具有发展优势的生产性服务功能将会减弱。就是说，随着区域经济发展，城市群的生产性服务功能会在核心城市间产生分异。2013年，哈尔滨本来不具有专业化功能的信息传输、计算机服务和软件业，租赁和商务服务业，交通运输、仓储及邮政业，金融业，科学研究、技术服务和地质勘探业5个生产性服务行业具有了较高的专业化功能，即5个行业的功能专业化强度都超过了0，而本来发挥专业化功能的批发和零售业，其功能专业化强度却变为0；长春本来不具有专业化功能的批发和零售业具有了专业化功能，而本来具有专业化功能的其他5个生产性服务行业，其功能专业化强度都发生了降低，甚至信息传输、计算机服务和软件业，交通运输、仓储及邮政业，金融业，科学研究、技术服务和地质勘探业4个行业不再具有专业化功能，如表5-3所示。

表5-3 哈尔滨和长春的分领域生产性服务功能专业化强度变化

行业	哈尔滨		长春	
	2003年	2013年	2003年	2013年
交通运输、仓储及邮政业	0	0.7720	0.0029	0
信息传输、计算机服务和软件业	0	1.7322	0.2335	0
批发和零售业	0.2490	0	0	0.2098
金融业	0	0.4279	0.1919	0
租赁和商务服务业	0	0.9723	0.3823	0.2931
科学研究、技术服务和地质勘查业	0	0.1390	0.5113	0

六、结　论

城市群是区域城市化和城市区域化形势下城市空间格局的主体形态，是在具备特定地理条件的区域内出现的城市空间再组织现象。随着经济全球化和区域经济一体化，以大都市为核心的城市群已经成为经济最为活跃的区域，并开始主导国家经济乃至全球经济。而城市群空间组织格局的变迁则是以产业在不同规模等级的城市进行重组为主要内容的，城市群城市功能分工是决定城市群综合实力的重要因素。理论联系实际，深入研究城市群城市功能分工问题，对于深化城市群产业分工理论，指导我国城市群产业空间格局优化，加快走向成熟和提升综合实力，都具有重要的理论价值和现实意义。

通过分析发现，我们得出以下四点结论：一是哈长城市群城市功能分工水平较低，总体上呈现下降趋势；二是哈长城市群核心城市哈尔滨和长春的生产性服务功能并不突出，且没有表现出明显向核心城市集聚的趋势；三是在哈长城市群内，核心城市哈尔滨和长春发挥不同类型和不同程度的生产性服务功能；四是随着经济发展水平的提高，哈长城市群生产性服务功能在核心城市哈尔滨和长春之间会发生分异。

参考文献

[1] 魏后凯:《大都市区新型产业分工与冲突管理——基于产业链分工的视角》，载于《中国工业经济》2007年第2期。

[2] 齐讴歌、赵勇:《城市群功能分工的时序演变与区域差异》，载于《财经科学》2014年第7期。

[3] 张若雪:《从产品分工走向功能分工：经济圈分工形式演变与长期增长》，载于《南方经济》2009年第9期。

[4] 苏红键、赵坚:《产业专业化、职能专业化与城市经济增长——基于中国地级单位面板数据的研究》，载于《中国工业经济》2011年第4期。

[5] 陈建军:《长江三角洲地区产业结构与空间结构的演变》，载于《浙江大学学报》(人文社会科学版) 2007年第2期。

[6] 魏后凯:《构建面向城市群的新型产业分工格局》，载于《区域经济评论》2013年第2期。

[7] 赵勇、白永秀:《中国城市群功能分工测度与分析》，载于《中国工业经济》2012年第11期。

[8] 贺灿飞，等:《中国城市正在向功能专业化转型吗？——基于跨国公司区位战略的透视》，载于《城市发展研究》2012年第3期。

[9] 张亚斌，等:《城市群、“圈层”经济与产业结构升级》，载于《中国工业经济》2006年第12期。

[10] 方创琳:《中国城市群形成发育的新格局及新趋向》，载于《地理科学》2011年第9期。

[11] 肖金成、袁朱，等著:《中国十大城市群》，经济科学出版社2009年版。

[12] 肖金成、欧阳慧，等著:《优化国土空间开发格局研究》，中国计划出版社2015年版。

[13] 汪阳红:《促进城市群城市间合理分工与发展》，载于《宏观经济管理》2014年第3期。

[14] Fujita M., Tabuchi T. Regional Growth in Postwar Japan. Regional Science and Urban Economics, 1997 (27).

[15] Bade F. -J., Laaser C. -F., Soltwedel R. Urban Specialization in the Internet Age - Empirical Findings for Germany. Kiel Working Paper 1215, 2004.

[16] Duranton G., Puga D. From Sectoral to Functional Urban Specialization. Journal of Urban Economics, 2005 (57).

[17] Kolko J. Can I Get Some Service Here? Information Technologies, Service

Industries and the Future of Cities. Processed, Harvard University, 1999. Electronic copy available at: http: //ssrn. com/abstract =985712.

[18] Fujita M. , Thisse J – F. Economics of Agglomeration. Journal of the Japanese and International Economics, 1996, 10 (4).

[19] Imai, H. CBD Hypothesis and Economies of Agglomeration. Econ. Theory, 1982 (28).

第六章

哈长城市群空间布局的优化*

城市群的出现是区域城镇空间发展演化的结果，因此，空间布局既是城市群发展的重要载体，也是城市群发展的内在动力。哈长城市群地处全国“两横三纵”城市化战略格局中京哈、京广通道纵轴北端，是国家重点进行工业化城镇化开发的城市化地区，在推进新型城镇化、促进区域协调发展中具有重要地位。哈尔滨和长春作为哈长城市群两大核心城市，是全国重要的老工业基地，形成了以汽车、装备、石化、能源、食品、医药等为主体的工业体系，具有较强的经济实力。

一、现状与问题

（一）城镇相对密集、大城市实力较强

哈长城市群所在的松嫩平原耕作条件得天独厚，是我国重要的农业和商品粮基地，依托农业条件和早期的工业布局，形成了在东北地区较为密集的城镇分布。哈尔滨和长春作为哈长城市群两大核心城市，是全国重要的老工业基地，形成了以汽车、装备、石化、能源、食品、医药等为主体的工业体系，具有较强的经济实力。中心城市的地区生产总值和经济增长情况如图6－1和图6－2所示。

---

* 本章执笔人：刘保奎，男，北京大学城市与区域规划系博士，现任国家发展改革委国土开发与地区经济研究所室主任、副研究员，研究方向为新型城镇化、地区振兴转型、长江经济带。

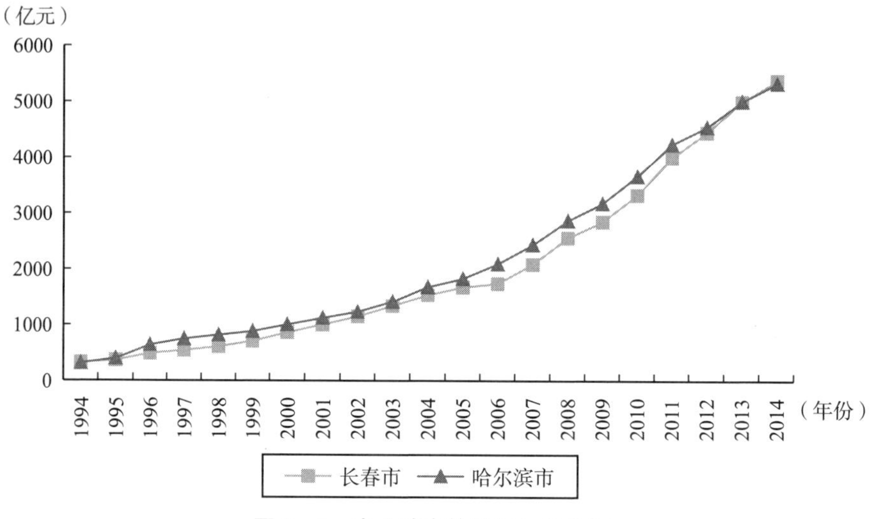

图 6－1　中心城市的地区生产总值

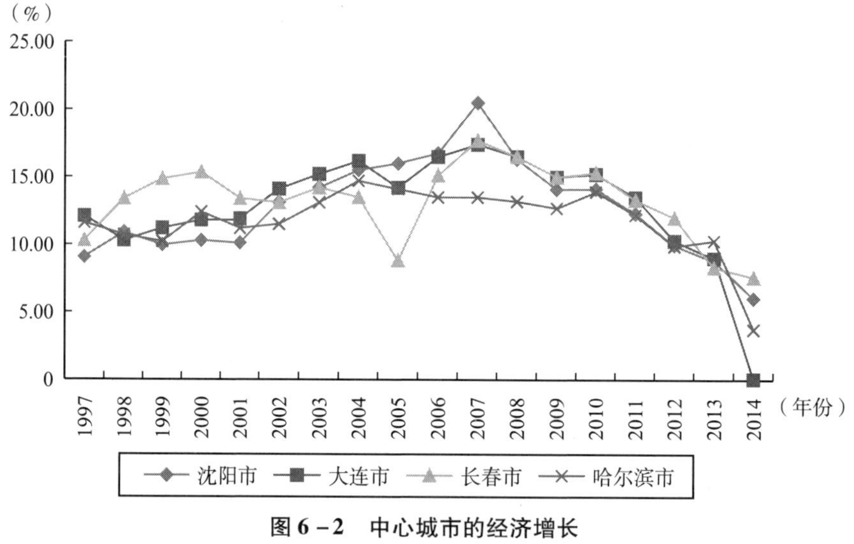

图 6－2　中心城市的经济增长

（二）中小城市发育不足，缺少 50 万～100 万人的城市

区域内拥有 1 座特大型城市（哈尔滨），1 座 Ⅰ 类大型城市（长春），4 座 Ⅱ 类大型城市（大庆、齐齐哈尔、吉林、延吉），4 座中型城市（绥化、牡丹江、松原、四平），32 座小城市（肇州、五常、榆树、德惠等），各具特色的中小城

镇星罗棋布，城镇化率达到56.5%，中等城市数量相对较少，具体如图6－3～图6－5所示。

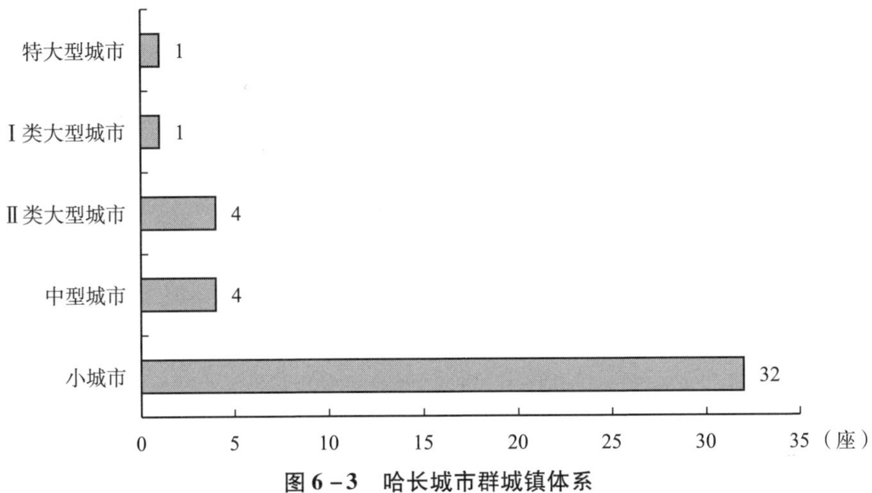

图6－3　哈长城市群城镇体系

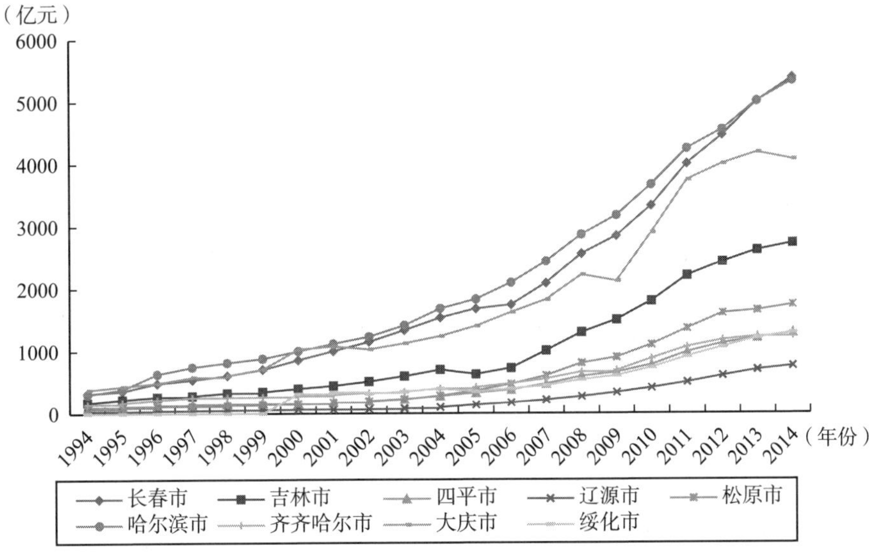

图6－4　哈长城市群各城市的经济总量变动

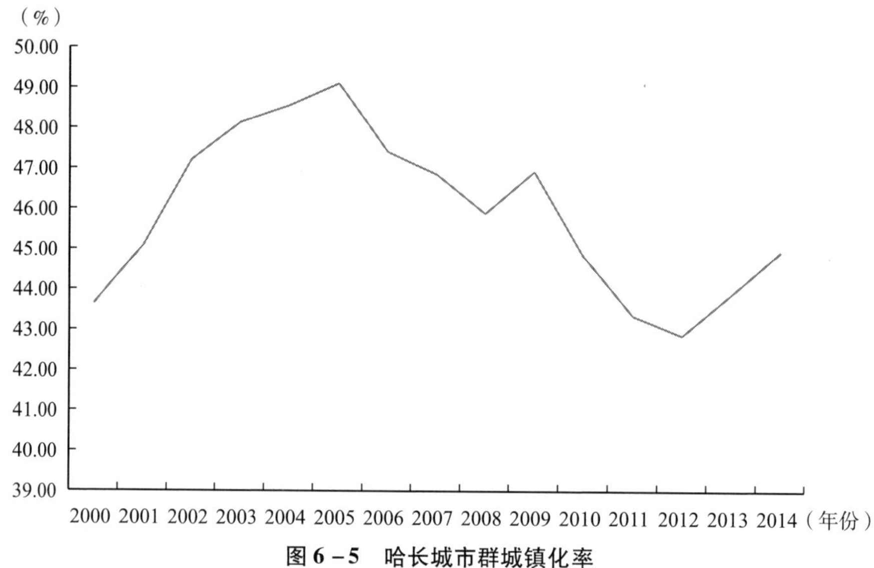

图 6－5 哈长城市群城镇化率

(三) 产业结构偏重，配套协作程度较低

城市群产业结构偏“重”，传统支柱产业增长乏力，发展速度日渐下滑，经济下行压力较大。城市功能定位不突出，低水平同质化竞争严重。哈长城市群重点城市人均 GDP、地均 GDP 与国内其他城市群相比差距明显。国家提出稳步建设哈长城市群将有助于打破行政区划限制，进行资源上的整合和再分配。城市群将过去分散的中小城市紧密联系起来，使得中小城市获得发展机遇。黑龙江、吉林两省装备制造业销售产值如表 6－1 所示。

表 6－1 黑龙江、吉林两省装备制造业销售产值

制造业	年份	销售产值				
		吉林（亿元）	黑龙江（亿元）	两省合计（亿元）	全国（亿元）	占比（%）
金属制品业	2003	8.25	20.72	28.97	3772.84	0.77
	2012	275.16	124.64	399.80	28970.62	1.38
通用设备制造业	2003	18.66	65.30	83.96	5539.64	1.52
	2012	353.56	352.45	706.01	37813.12	1.87
专业设备制造业	2003	21.45	58.05	79.50	3724.79	2.13
	2012	489.53	340.36	829.89	28421.16	2.92

续表

制造业	年份	销售产值				
		吉林（亿元）	黑龙江（亿元）	两省合计（亿元）	全国（亿元）	占比（%）
交通设备制造业	2003	1256.71	174.64	1431.35	11013.81	13.00
	2012	5636.52	317.16	5953.68	66172.62	9.00
电气机械及器材制造业	2003	14.16	44.19	58.35	7659.06	0.76
	2012	289.66	218.52	508.18	54195.48	0.94
通信计算机及电子设备制造业	2003	16.35	18.77	35.12	15522.13	0.23
	2012	63.07	15.54	78.61	69480.88	0.11
仪器仪表及文化办公用机械制造业	2003	5.89	4.07	9.96	1607.59	0.62
	2012	299.35	299.35	598.70	6620.71	9.04

资料来源：《中国工业统计年鉴》（2013 年）、（2004 年）。

（四）人口增长趋缓，城镇化进程较慢

过去10 年，东北地区城镇化率由55.15%提高到60.83%，增长了5.69 个百分点，增幅低于全国6.09 个百分点。东北地区是我国的老工业基地，历史上曾经是我国除直辖市外城镇化水平最高的地区，直到2000 年辽宁、黑龙江、吉林城镇化率仍分别排在全国第5、第6、第7 位，仅次于上海、北京、天津、广东，而到了2010 年则分别排在第4、第9、第11 位。由于黑龙江、吉林两省城镇化速度较慢，2014 年吉林省城镇化率已低于全国，预计黑龙江省也将在2018 年前后低于全国，如图6－6 所示。

（五）中心城市能级下降，新兴城市实力尚弱

新中国成立以后至改革开放前，东北地区的主要城市在全国地位突出，沈阳、大连、长春、哈尔滨的经济体量长期排在全国第4～8 位。改革开放以后，沈阳、大连、长春、哈尔滨的位次不断被其他城市超越，也被苏州等地级城市超越，1978 年，长春、哈尔滨、沈阳、大连的GDP 在我国地级以上城市分列第5、第6、第7、第9 位，四市GDP 加总超过了北京和天津之和，而1990 年分别为第25、第18、第12、第13 位，整体下滑了10 位左右。与此同时，新兴城市实力尚未形成，人口增长较为缓慢甚至负增长，区域城市人口呈极化加强态势，人口

的向心集聚仍将是城市规模演化的主要趋势。中心城市经济总量占城市群比重如图6－7所示。

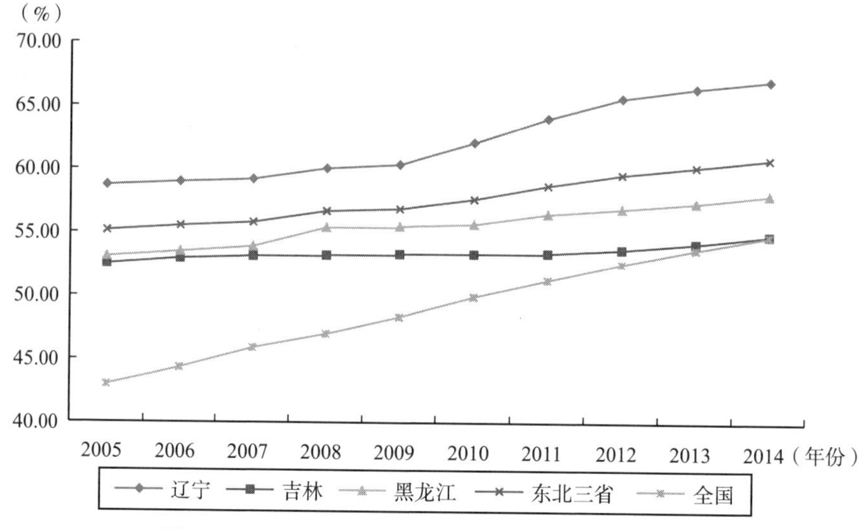

图6－6　2005～2014年东北三省城镇化率与全国对比

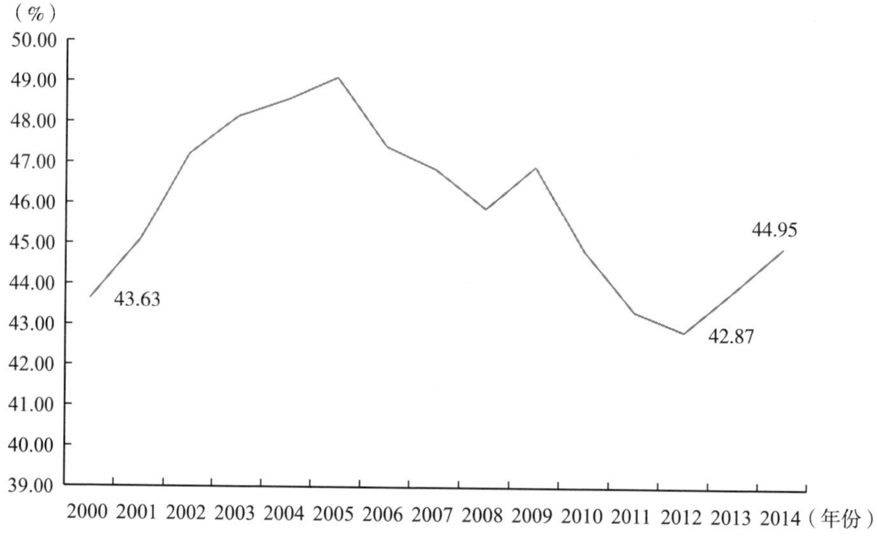

图6－7　中心城市经济总量占城市群比重

二、空间布局的主要思路

（一）空间上的层次性

哈长城市群城市密度相对较低，且地域范围较大，城市之间距离较远，特别是牡丹江、延边两个地级单元面积大、人口少，距离中心城市远，这在先天上增加了城市群培育发展的难度。但考虑到哈长城市群在我国东北亚开放中的特殊角色，牡丹江、延边纳入规划范围有利于承担和发挥东北亚开放的功能。基于此，对哈长城市群在空间尺度的认识上，要有层次性的视角，可以分为核心区和拓展区两个层次。核心区主要是工业化和城镇化水平较高、城镇相对密集的地区，也是规划重点关注的地区，核心区包括：哈尔滨、大庆、齐齐哈尔、绥化、长春、吉林、四平、松原、辽源。拓展区主要是与核心区空间距离较远，受到中心城市辐射，经济联系相对紧密、但强度不大，在未来哈长城市群发展中具有独特作用的地区，拓展区主要包括：牡丹江、延边两个地级单元。

（二）都市圈的同城化

哈长城市群是经济实力相对较强、功能较为完善、曾经在全国具有重要地位的中心城市，但由于中心城市在发展模式、动力机制、结构特征等多方面原因，对周边的辐射带动效应较为有限，没能形成既承担特定功能、又与中心城市联系紧密的副中心城市或城市组团，中心城市与其他城市间较大的功能差距，使得两者集聚能力差距扩大，城市群的城镇体系结构优化进展不快。未来应抓住哈长城市群中心城市的带动效应这个关键，从小到大、由近及远地充分释放带动效应。首先，要加强中心城市与郊区区县的经济联系，促进都市圈的形成，以此为平台，促进中心城市在更大范围上配置功能，形成比较优势对接，市县同城化发展，提升都市圈空间效率。其次，在哈尔滨、长春两个都市圈辐射的交汇地区，则需要进一步优化空间布局，创新空间组织模式，促进五常、双城、榆树、扶余、五棵树等同城化发展。

专栏6－1　两大都市圈

长春都市圈。以长吉大都市区为中心，以四平市、辽源市、松原市为支撑，打造长春都市圈。强化长春市核心交通枢纽和经济、金融、科教等综合服务功能，构建组团式大城市，引导城市功能和产业向卡伦、奢岭、合隆、范家屯、米沙子、大岭等周边卫星镇转移，提升农安、九台、德惠、伊通、公主岭等卫星镇服务水平。扎实推进长吉一体化，着力做强北线制造业合作和南线休闲旅游合作，做大做强九台节点城市，加快发展双阳、岔路河、口前等节点区（镇）。

哈尔滨都市圈。以哈尔滨为中心，以大庆、齐齐哈尔、绥化为支撑，打造哈尔滨都市圈。强化哈大、哈大齐“T”字形交通通道支撑能力，促进哈大齐联动发展。大力发展外向型产业，打造全国对俄合作服务中心和国际物流枢纽，加快劳动密集型加工业向外转移。加快科技研发和人才教育基地建设，促进生产性服务业专业化、市场化、规模化发展。依托高端装备制造产业园区、科技创新城等，打造制造业价值链的高端产业集聚区。建设东北亚具有重要影响的现代化都市圈、高端制造业、现代服务业集聚区，国家对俄及东北亚开放桥头堡和枢纽站。

（三）核心区的网络化

与其他几个国家层面重点打造的城市群相比，哈长城市群的城镇人口规模，城市密度等存在很大的差距，空间组织上主要呈现出以中心—外围结构为主的点轴结构，由于人口和城镇密度相对较低，城市群网络化程度不高，城市间空间组织松散，区域间联动性差，城市群的集聚效应不足，由于集聚和密度提高而带来的创新能力提升相对较弱。对于哈长城市群来说，未来应着力提升空间上的网络化水平，但考虑到其发展水平和空间尺度，近期应着力以核心区的网络化为突破口，通过完善快速高效的交通系统，提升城市间联系的便捷性，形成中心城市辐射带动广阔腹地的网络型通道。发挥综合交通的先导作用，促进交通条件和综合区位较好的节点地区加快发展，培育一批新型城镇，提升城镇数量、规模和密度，实现城镇密度提升为基础的发展效率提升。

三、空间布局：双核、一轴、两带

以哈尔滨、长春两市为核心，即哈长发展轴、哈大齐牡、长吉图发展带，构建“双核一轴两带”的城市群空间格局。强化哈尔滨、长春“双核”对哈长城市群的辐射带动能力，提升“一轴两带”空间支撑功能，加快培育区域性中心城市和重要节点城市，构筑城市群发展的连接点、集聚点和传导点，推进沿线大中小城市和小城镇合理分工、联动发展。同时，积极培育东部沿边城镇带，扩大开放，协同发展，构建核心带动、节点支撑、多点呼应的网络化格局。

（一）提升“双核”

强化哈尔滨、长春核心带动作用，培育壮大哈长之间的榆树、五常、扶余等县（市），促进哈长两市融合发展。引导哈长两市分工协作、互动发展，进一步增强集聚和辐射能力，提升服务和开放功能，引领带动周边地区产业转移和要素流动，促进城市群区域联动发展。

（二）拓展“一轴”

依托哈大交通轴线，发挥贯通南北主通道作用，围绕哈尔滨、长春双核，拓展哈长发展轴，向北延伸至绥化，向南延伸至四平、辽源，推动沿线城镇、产业和人口集聚，建成面向东北亚具有国际竞争力的城市发展轴和产业集聚带。

（三）壮大“两带”

哈大齐牡发展带，以绥满高速、哈齐客专、哈牡客专、牡绥铁路等为纽带，连接哈尔滨、大庆、齐齐哈尔、牡丹江、绥芬河等节点城市，强化西北向、东南向辐射作用以及对俄开放枢纽功能，推动口岸与中心城市双向互动，形成东北地区陆路对外开放型城市发展带。长吉图发展带，依托图乌交通轴线，贯通吉林省东西，连接长春、吉林、松原、敦化、珲春等节点城市，强化向西腹地支撑作用和向东沿边开放功能，推进长吉一体化和延龙图一体化发展，构建与俄罗斯远东的贸易通道，加强对韩朝的交流合作，形成面向东北亚的沿边开放型城市发展带。

四、城镇体系

（一）提升核心城市

1. 哈尔滨市

适应建设国家对俄及东北亚开放桥头堡和枢纽站要求，发挥地缘优势，传承历史文化，构筑对俄贸易交易中心、合作企业总部中心和文化、教育、科技合作交流中心，打造东北亚具有重要影响的现代化城市和哈长城市群核心城市。加快地铁、综合交通枢纽等工程建设，形成地上地下连接、江南江北贯通的便捷高效综合立体的交通体系。加强地下管廊、大型集中供热等基础设施建设，形成先进可靠、环境保护标准较高的供电、供热、供气、供水系统和稳定安全的污水、垃圾处理系统。着力提升医疗、教育、养老等公共服务保障能力，使重点医疗机构的部分专科达到国内领先水平，哈尔滨工业大学、哈尔滨工程大学、东北农业大学、东北林业大学等骨干院校在国内外的影响力大幅提升，打造一批知名的养生养老基地。坚持城市建设的历史感与时代性相结合、建筑风貌的独特性和时尚性相结合，深入刻画漂亮、洋气的城市历史文化风格，彰显城市历史文化底蕴；依托松花江贯穿中心城区、拥有全国最大城市湿地和冬季冰雪风光的自然条件，坚持生态化与现代化的统一，统筹湿地保护和城市园林、绿地建设，构筑冰城夏都，提升城市品位、现代化水准和宜居性，增强对国内外高端人才的吸引力。

2. 长春市

充分发挥长春东北亚几何中心区位优势、丰富的科教文化资源优势和坚实的产业基础优势，强化在城市群内创新引领、产业支撑和要素集散等综合功能，全面提升城市引领、带动和辐射能力，规划建设长春新区。延伸长春对外辐射半径，打造榆树、农安、德惠、九台一级城镇带，促进长吉一体化发展，加快长春与四平、松原、辽源等周边城市联动发展，提升核心城市的集聚力和辐射力。推动汽车、轨道客车、农产品加工及战略性新兴产业、现代服务业集群布局，打造城市群区域内人口和要素集聚的核心平台，将长春建设为国家创新型城市、国家高端制造业集聚区、东北亚区域性服务业中心城市和国家绿色宜居森林城。

（二）建好两个国家级新区

1. 哈尔滨新区

哈尔滨新区包括哈尔滨市松北区、呼兰区、平房区的部分区域，规划面积493平方千米。要发挥区位条件好、科技和产业基础强、生态环境优良、对俄合作历史悠久、战略地位重要的综合优势，作为推进“一带一路”建设、加快新一轮东北地区等老工业基地振兴的重要举措，积极扩大面向东北亚开放合作，探索老工业基地转型发展的新路径，为促进黑龙江经济发展和东北地区全面振兴发挥重要支撑作用。哈尔滨新区按照“一江居中、两岸繁荣”的总体布局，以哈尔滨松花江北部地区为核心区，以哈尔滨哈南工业新城平房区部分为产业支撑区，以综合保税区、内陆港为联动发展区。哈尔滨新区要充分发挥对俄罗斯、蒙古国、日本、韩国等东北亚国家的地缘优势——加快构建以对俄合作为重点、联通欧亚的国际物流大通道。打造科技、信息、金融、国际贸易、文化旅游等高端服务和要素集聚平台，形成推进“一带一路”和中蒙俄经济走廊建设的重要支撑。

2. 吉林长春新区

吉林长春新区地处长春市东北部，是吉林省主动融入国家“一带一路”倡议的新平台，是深入实施长吉图开发开放先导区建设的新引擎，是加快产业结构调整和转型升级、构建现代产业体系的新载体，是推动新一轮吉林老工业基地振兴发展的新举措。特别是在适应经济发展新常态、应对当前经济下行压力的背景下，加快建设吉林长春新区，对于稳增长调结构、保持经济社会平稳健康发展具有重要意义。长春新区要突出规划引领，做好交通、能源、信息等基础设施一体化规划和建设，打造新型城镇化样板，形成产城融合、城乡互动、经济社会一体化发展的新格局。要突出改革推动作用，用好用足先行先试政策，在产业组织形式、园区管理模式、区域合作机制等方面积极创新，为全省区域创新发展提供示范。要突出开放带动，用好用活开放政策，搞好开放合作平台建设，加强区域经济合作，面向东北亚、发达国家扩大开放合作，实现高水平开放发展。要突出创新驱动，加强科研成果转化能力和环境建设，大力提升企业自主创新能力，着力构建以先进制造业、现代服务业为重点的现代产业体系。要突出市场主导，大力简政放权，充分发挥市场配置资源的决定性作用，促进各类要素资源有序流动、集聚，促进各方面创业创新的动力和活力竞相迸发，建成哈长城市群的重要新兴增长极。

（三）做强重点城市

结合自身特点和发展条件，提升区域服务能力，分担核心城市功能，强化区域辐射带动作用，联合推动区域一体化发展。将大庆、齐齐哈尔打造为哈大齐牡发展带区域性中心城市和辐射西北的重要门户城市；将绥化打造为哈长发展轴北部重要节点城市；将牡丹江及绥芬河地区打造为东北地区重要的商贸物流中心和对俄合作示范城市；将吉林打造为城市群中部和长吉图发展带区域性中心城市；将松原打造为哈长城市群西部门户城市；将四平、辽源打造为哈长城市群向南开放的桥头堡和南部的重要节点城市；将延边打造为哈长城市群和图们江区域合作开发桥头堡。

专栏6－2 重点城市的功能定位

大庆：重点发展石油化工、汽车制造、石油装备制造新材料和新能源、农产品加工等，打造全国重要的石油化工产业基地、汽车制造基地、装备制造基地。

齐齐哈尔：重点发展绿色食品加工、煤油化工、精品钢材等，打造全国重要的重型装备制造基地和以外向型产业为主的特色工业城。

绥化：重点发展农牧良种繁育推广、硅基新材料、现代物流等，打造全国重要的绿色农产品加工基地。

牡丹江：重点发展进出口商贸物流、进出口产品精深加工等，打造国家重要的对俄经贸产品加工基地、国际著名旅游度假城市、商品物流中心。

绥芬河：重点发展商贸旅游、进出口加工、物流仓储等，打造国家重要的边境经济合作区、中俄互市贸易区、沿边重点开发开放试验区。

吉林：积极发展石油化工、碳纤维、生态产业等，打造全国重要的先进制造业基地和面向东北亚的休闲型旅游目的地。

松原：重点发展石油、天然气采掘业和现代物流等，打造哈长城市群西南部的门户城市和国家重要的石油化工基地。

四平：重点发展绿色农产品加工、机械加工制造配套、能源化工等产业，打造哈长城市群向南开放的桥头堡和内蒙古、吉林、辽宁区域合作示范区。

辽源：重点发展新材料、纺织服务业、食品加工产业等产业，打造哈长城市群南部重要工业城市。

延边：重点发展商贸物流、生态旅游、食品烟草等产业，建设哈长城市群和图们江区域合作开发桥头堡、全国沿边开放开发重要示范区，国家级生态文明先行示范区。

1. 齐齐哈尔市

齐齐哈尔市是辐射黑龙江西部及内蒙古东部的区域中心城市。国家重要重型装备制造基地、绿色食品产业基地和新兴电子信息产业基地，全省西部物流枢纽，生态旅游城市，历史文化名城。

2. 大庆市

大庆市，全省新兴区域中心城市。国家重要石油生产基地、石化产品及精深加工基地、石油石化装备制造基地，新材料和新能源基地、农副产品生产及加工基地，国家服务外包示范基地，著名自然生态和旅游城市。

3. 绥化市

以产城融合为牵动，推动老城区与产业园区延伸发展，培育新城区，完善综合服务和产业承载能力。重点发展绿色食品、生物医药、硅基新材料、林木加工、商贸、物流等产业。重点建设昊天玉米深加工、欧亚国际光电产业园、对俄服装产业园。

4. 吉林市

按照省域副中心城市发展定位，推进形成沿江布局多中心、内外连接多组团的城市空间格局，加快建设南部新城和高新南区、高新北区、经济技术开发区等重点产业功能区。充分发挥制造业中心和旅游资源优势，着力打造石化、新材料两大国家级产业基地，做大做强化工、汽车、冶金、旅游等支柱产业，大力培育碳纤维、先进装备制造、新一代信息技术、生物技术等战略性新兴产业，加快发展物流、金融和创意文化等现代服务业。充分发挥综合型特大城市辐射带动作用，加快完善金珠、口前、桦皮厂等卫星镇功能，推进形成吉林市半小时经济圈。强化在长吉图经济区和中蒙俄经济走廊的支点作用，大力提升对外开放功能，建设全国重要的先进制造业基地和面向东北亚的休闲型旅游目的地及国内知名的生态宜居城市。到 2020 年，预期吉林市中心城区人口达到 205 万人，到 2030 年，吉林市中心城区人口达到 300 万人左右。

5. 辽源市

加快老城区拓展和改造提升，构建南部新城，推进城市产业整体跃升，延伸装备制造、冶金建材、轻工纺织产业链条，加快发展新材料、新能源、新医药产业，建设高精铝加工、冶金铸造、纺织袜业、汽车零部件、医药健康、矿山装备、建筑机械、软件等产业基地。

6. 松原市

实施松（原）前（郭）同城化，加快提升中心城区功能，构建江南新区，加快油气开采、化工、农产品加工、食品、商贸等重点产业发展，推进油页岩资源开发利用，建设民俗、冰雪、生态旅游产业基地。

7. 四平市

实施四（平）梨（树）同城化，推进长春、四平相向延伸发展，培育长平经济走廊。调整优化老城区功能空间，构建东南生态新城，大力发展绿色农产品加工和机械加工制造配套产业，提升能源、化工、冶金等优势产业，做大做强食品产业和装备制造产业两个国家级新型工业化示范基地。通过四平崛起有效避免哈大发展轴中部塌陷，将四平建设成为东北地区重要的交通枢纽城市、哈长城市群向南开放的桥头堡和内蒙古、辽宁、吉林（蒙辽吉）区域合作示范区。

8. 牡丹江

以发展开放型经济、建设开放型城市为主攻方向，加快发展加工、物流、商贸、旅游、会展等，建设辐射黑龙江省东南部及俄罗斯远东地区的区域中心城市。“中蒙俄经济走廊”黑龙江陆海丝绸之路经济带重要枢纽，对俄沿边开放的服务基地和进出口产品加工基地，装备、食品、医药生产基地，全省东南部物流枢纽，国际著名旅游度假城市。

9. 延吉

发挥环抱群山、水碧天蓝、景色秀美的生态优势，加快延龙图一体化，构建组合城市，加快延吉空港经济区和城际公路建设，发展壮大加工制造、健康食品、现代物流、高新技术、特色旅游等产业。支持朝鲜族聚居城镇保持特色风貌，构建以休闲养生为主的森林城镇、民族城镇。打造国家生态文明示范区、沿边开发开放先行示范区、图们江区域国际化中心城市和吉林省东部地区核心城市。

（四）建设其他重要节点城市

加快建设重要节点城市，支持双城、五常、舒兰、珲春、榆树、扶余、德惠等加快发展，完善基础设施，着力增强产业就业支撑能力，提升公共服务功能。强化节点城市空间连接、功能传导的作用，引导产业项目转移承接和优化布局，夯实产业基础。提升吸纳农业转移人口就近就地城镇化能力。依托优势资源发展特色产业，强化基础设施建设，促进产城融合发展，培育打造文化旅游、商贸物流、资源加工、交通枢纽等专业特色节点城镇，提升产业与人口承载能力，形成网络化城镇发展格局。

1. 双城

哈尔滨市南部的区域性中心城市，以加工工业、商贸物流为主导的中等城市。2030 年中心城区面积 50 平方千米，城市人口 45 万人。

2. 五常

重点把五常镇打造成为中等规模城市，形成以优质、高效、生态为标志的现代示范型农业，形成以绿色产业、新兴产业快速崛起为标志的新型工业，初步形成以旅游业为引导、三产互动为标志的现代服务业。建设黑龙江省绿色有机稻米基地；哈大齐工业走廊的重要组成部分和区域性的商贸物流中心；哈南工业新城重要的制药、食品产业基地，充满活力的生态园林城市。

3. 舒兰

充分发挥地处吉林、黑龙江两省交汇处，长春、吉林、哈尔滨三市的中间连接点的区位优势，把舒兰发展成为由以农业生产为主导型转向以工业生产为主导型、以资源枯竭型转向接替产业发展型的生态园林型城市。重点发展壮大四大主导产业，即矿产资源开发业、农副产品深加工业、汽车零部件生产业和医药化工业。积极培育两大新兴产业，即林特产品深加工业和电力能源开发业。

4. 扶余

推进城市扩容升级，加快发展农产品加工、文化旅游、汽车零部件配套，培育发展建材、商贸物流、化工产业，打造中部城市群支点城市和哈长城市群重要节点城市。

5. 榆树

国家重要的粮食基地；吉林省北部区域性中心城市；吉林省重要的农副产品加工及集散基地。充分利用当地丰富的农业资源，将资源优势转化为产业优势，构筑农副产品及绿色食品的加工基地；以工业集中区建设为龙头，快速发展轻工产业，提升产业结构，促进产业升级，拉动地方经济快速增长。

6. 德惠

立足地处哈尔滨、长春两个中心城市之间的区位优势，依托德惠经济开发区、米沙子工业集中区等产业园区，重点发展农产品加工、生物质能源、汽车零部件、机械制造等主导产业，加速构建优势产业集群。加快提升城市综合服务功能，继续推进东西部新城建设，加强与长春中心城区一体化发展，打造成为哈长城市群新兴工业城市、长春重要的卫星城。

7. 重点镇

哈长城市群发展，既要发挥中心城市的引领作用、区域重点城市和重要节点城市的支撑作用，还要发挥重点镇的支点作用。要明确重点镇的地位、职能、分工及与周边小城镇的协调发展关系，解决好重点镇和周边村镇基础设施共建、共享问题。充分挖掘重点镇的自然环境、历史文脉、民俗民风特点，加大历史文化名镇名村、古村落、古民居和名人故居等历史文化遗产保护。围绕集聚人口、扩大就业、拉动内需，充分利用要素成本优势，积极发展现代、特色产业和劳动密集型产业，增强产业就业支撑，强化服务周边的能力。

专栏6－3 重点城镇

哈尔滨市：道里区新发镇、新农镇，南岗区王岗镇，道外区团结镇，香坊区朝阳镇、成高子镇，阿城区平山镇、料甸镇、小岭镇、玉泉镇，双城区周家镇、五家镇，方正县会发镇、得莫利镇，依兰县达连河镇，宾县宾西镇、居仁镇，巴彦县兴隆镇、西集镇、洼兴镇，木兰县东兴镇，通河县浓河镇，延寿县中和镇，尚志市一面坡镇、亚布力镇、帽儿山镇，五常市拉林满族镇、山河镇、牛家满族镇。

齐齐哈尔市：梅里斯区雅尔塞镇，龙江县景星镇，泰来县江桥镇，甘南县兴十四镇，克山县北联镇，克东县宝泉镇，拜泉县三道镇，讷河市拉哈镇。

牡丹江市：牡丹江市阳明区铁岭镇、磨刀石镇，西安区温春镇，东宁市绥阳镇，林口县刁翎镇、柳树镇，绥芬河市绥芬河镇、阜宁镇，海林市长汀镇、横道镇、柴河镇，宁安市东京城镇、渤海镇，穆棱市下城子镇、马桥河镇、兴源镇。

大庆市：大同区大同镇，肇州县兴城镇，肇源县三站镇、新站镇，杜尔伯特蒙古族自治县泰康镇。

绥化市：北林区宝山镇、西长发镇、四方台镇、张维镇，望奎县卫星镇、火箭镇，兰西县榆林镇、临江镇，青冈县祯祥镇、民政镇，庆安县民乐镇、平安镇，明水县永兴镇、通达镇，绥棱县四海店镇、双岔河镇，安达市任民镇、升平镇、卧里屯，肇东市昌五镇、宋站镇、五站镇，海伦市海北镇、伦河镇、共合镇。

长春市：宽城区兴隆山镇，朝阳区乐山镇，绿园区合心镇，双阳区鹿乡镇，农安县合隆镇，九台区龙嘉镇、卡伦湖镇、其塔木镇，榆树市五棵树镇、于家镇，德惠市朱城子镇、天台镇、米沙子镇。

吉林市：龙潭区乌拉街满族镇，船营区搜登站镇，蛟河市天岗镇、白石山镇，桦甸市夹皮沟镇、红石砬子镇，舒兰市平安镇，磐石市烟筒山镇、明城镇、红旗岭镇。

四平市：铁东区叶赫满族镇，梨树县郭家店镇、十家堡镇，伊通满族自治县伊丹镇、大孤山镇、营城子镇，公主岭市范家屯镇、大岭镇、怀德镇，双辽市茂林镇、双山镇、王奔镇。

辽源市：东丰县横道河镇，东辽县渭津镇、建安镇。

松原市：前郭尔罗斯蒙古族自治县长山镇、王府站镇，长岭县太平川镇、太平山镇，扶余市三井子镇。

延边州：延吉市朝阳川镇，图们市石岘镇，敦化市大石头镇、官地镇、江南镇，珲春市敬信镇，龙井市东盛涌镇，汪清县百草沟镇、汪清镇，安图县明月镇、松江镇、二道白河镇。

五、优化空间布局的着力点

（一）推动空间布局优化

落实主体功能区战略，发挥市场在城市群资源配置中的决定性作用，引导发展要素在哈长城市群空间优先集聚，推动哈长城市群形成更合理的人口、城市与经济布局体系。

1. 强化大城市集聚效应

提升哈尔滨、长春城市群核心城市的综合服务功能，推动以产业升级调整人口存量，以功能疏解调控人口增量，引导人口向新区、开发区合理布局，重点建设一批基础设施和公共服务项目，推进城区、开发区、县域“三大板块”协调发展，增强城市人口承载能力。提升吉林、四平、齐齐哈尔、大庆等城市区域辐射能力，推进城区扩容，促进产城融合，有序推进棚户区改造、农民工融入城市等城镇化进程，提高城镇人口规模量级，增强城市人口承载集聚能力。

2. 提升中等城市规模

牡丹江、绥化、公主岭、延吉、榆树、肇东等城市，依托哈长城市群轴带区位优势，全面放开落户限制，利用本地特色资源，合理拓展产业空间，有效承接产业转移，提高人口吸引集聚能力，形成若干城区人口规模在50万人以上，具有较强空间承载能力的中等城市。

3. 培育一批小城市

依托哈尔滨、长春、吉林等城市中心城区，打造五常、安达、农安、德惠等卫星城，发展一批远离中心城市，基础较好、承载能力较强的中小城市，完善公共服务资源配置，扩大对外围城市人口的服务和吸纳半径。立足发挥“接城带乡”功能，积极承接大中城市产业转移，推进农业转移人口就近城镇化，形成一批城区人口10万～50万人的小城市。

（二）推进核心城市与周边城市同城化发展

1. 推进哈尔滨都市圈建设

主要包括哈尔滨市区及周边的五常、双城、阿城、尚志、宾县、肇东等，形成产业分工明确、职能结构合理、专业特色突出的现代化城镇职能结构，逐步构筑“一主三副三核、六轴”的空间组织结构。“一主”指哈尔滨都市圈的中心城市哈尔滨市。“三副”指目前哈尔滨都市圈中实力较强的三个县市：阿城、双城、肇东。“三核”指位于哈尔滨都市圈东部和南部、经济发展缓慢的三个县市：宾县、尚志、五常。“六轴”指贯通都市圈东南西北的“城镇—产业”共生轴线，包括：“哈大齐牡”沿线“城镇—产业”共生轴，“京哈—哈绥”沿线“城镇—产业”共生轴，“哈五”公路、铁路沿线“城镇—产业”共生轴，“同三”“哈萝”公路及松花江沿线“城镇—产业”共生轴。加快建设哈尔滨新区，拓展哈尔滨都市圈发展新空间，加强中心城区与空港、卫星城等外围组团的轨道交通设施建设，拓展城市通勤区范围，形成都市圈特征的生产生活空间地域结构。

2. 扎实推进长吉同城化

依托区位优势、资源禀赋和产业基础，构建长吉北线城市经济产业带、长吉南线绿色休闲和现代农业产业带、长吉南部生态旅游产业带，着力做大做强九台节点城市，加快发展双阳、岔路河、口前等节点区（镇），提升龙嘉机场功能和等级，发挥长春兴隆综合保税区的带动作用，建设长春空港经济区、中新吉林食品区等十大功能区，加快构建互惠共赢的城市发展合作机制，推进基础设施共建共享、产业发展融合互动、生产要素无障碍转移、生态环保同防共治，构建特色鲜明的田园式现代化长吉大都市区。

3. 建设若干卫星城

哈尔滨市依托外环高速，重点打造双城、阿城、宾县、呼兰老城区四个卫星城。双城，加快发展奶牛、生猪等规模化养殖业，突出发展绿色有机食品加工业，与阿里巴巴合作加快发展绿色农产品电商产业，大力发展现代物流业，建成全省对接内陆发展的物流门户。阿城，积极发展金源文化游、冰雪游和山水风光游，承接主城区医疗、养老服务功能，打造全国知名的生态旅游、健康养生胜地。依托阿城经开区，大力发展新型建材、食品节能环保产业，力争晋升国家级开发区。宾县，依托国家级宾西开发区，加快发展肉制品深加工业、现代包装产业、光电产业和对俄贸易加工出口基地。适时推进宾县撤县划区，全面融入主城区整体发展。呼兰老城区，优化城区功能，重点培育和发展都市农业、休闲旅游产业。

长春市依托放射形高速路网，重点建设九台、德惠、农安、公主岭、伊通、双阳等卫星城。九台，推进九台老城、空港新城和卡伦新城发展，建设山水生态城市。德惠，依托米沙子、朱城子两镇，加快产业园区发展，做大做强农产品加工业，建设具有一定影响力的产业新城。农安，依托毗邻长春的合隆镇、开安镇，加快产业城镇发展，增强人口集聚能力，积极承接长春功能转移。公主岭，依托范家屯镇等乡镇，谋划建设对接长春的新载体，建设成为长春重要的卫星城。伊通，要做好与汽车产业园区、高新区、经开区的企业对接合作及产业转移，加快发展农产品加工、生态旅游等，建成长春最美卫星城。双阳，推进双阳老城、奢岭新城、经开组团和山河组团发展，建设组团式城区。

吉林市重点打造岔路河、口前等卫星城镇，完善都市圈空间格局。岔路河，依托中新吉林食品区，建设国际一流的安全健康食品城和区域中心城市；口前，推进与吉林市对接式差异化发展，建设吉林都市区副核心。

（三）谋划经济增长新空间

1. 临空经济区

采取有效措施，提高航空规模效应，培育发展临空经济，支持哈尔滨、长春建设空港经济区，以发展临空经济为主导，以总部经济、空港物流、旅游综合体等产业为支撑，拓展国际国内航空线路，积极发展支线航空，促进休闲旅游度假、高端商住、现代服务业发展，打造东北亚航运新枢纽和现代服务业新高地。

2. 特色旅游区

依托哈尔滨太阳岛景区、牡丹江镜泊湖景区、长春净月潭景区、吉林市北大壶冰雪旅游区、松花湖风景旅游区等知名景区，把加快发展旅游产业作为推动经济加速崛起振兴的重要引擎和重要推动力量，整合旅游资源、推动旅游与文化产业深度融合，着力打造旅游精品，突出冬季特色，构建国际一流，以冰雪、户外运动旅游为主的中国北方国际旅居休闲度假目的地。

3. 大数据中心

以哈尔滨为重点，加快建设发展大数据中心，促进大数据社会生产要素的网络化共享、集约化整合、协作化开发和高效化利用，加强大数据关键技术研发、产业发展和人才培养力度，推动政府数据和公共数据资源开放共享。建设绿色环保、低成本、高效率、基于云计算的大数据基础设施和区域性、行业性数据汇聚平台，在城乡建设、人居环境、健康医疗、社会救助、养老服务、劳动就业、社会保障、质量安全、文化教育、交通旅游、消费维权、城乡服务等领域开展大数据应用示范。推动大数据与云计算、物联网、移动互联网、可穿戴设备等新一代信息技术数据汇聚整合、融合发展，提升相关产业大数据资源的采集获取和分析利用能力。推动大数据在工业研发设计、生产制造、经营管理、市场营销、售后服务等产品全生命周期、产业链全流程各环节的应用，大力培育互联网金融、数据服务、数据探矿、数据化学、数据材料、数据制药等新业态，让大数据成为推动经济转型发展的新动力，加快形成经济增长新空间。

4. 智能制造基地

以国家级经开区、高新区为重点，促进互联网思维和技术与制造业深度融合，大力发展智能制造产业，促进智能制造产业链整合、配套分工和价值提升，利用智能技术改造提升传统产业，培育建设一批引领智能制造产业发展的示范基地，打造高端企业集聚、产业链条健全、服务功能完善的智能制造产业集群，成为区域经济发展的重要引擎和产业转型升级的新载体。

（四）建设次区域合作区

1. 哈长次区域合作

从空间距离上看，长春和哈尔滨两个中心城市辖区相邻，但中心城区距离较远，之间主要城镇双城、扶余、德惠等均为县级市或县城，长期以来没能发挥好哈尔滨、长春之间的支点作用，形成了经济上的断裂带，如扶余市，靠近两个特大城市，但发展水平还相对落后，也是哈长两个中心城市合作不紧密的原因之一。未来应加强哈尔滨、长春两个中心城市交界地区的合作，构建以双城、五常、榆树、扶余、舒兰、德惠为主要节点的次区域合作区。依托哈大发展主轴，加强双城—扶余—德惠合作，引导人口向主轴城镇集聚，规划共建产业园区，承接哈长两市功能疏解，在哈长逐步培育形成具有一定经济规模和发展能力的反磁力中心，构筑哈长之间的重要支点，形成哈长城市群的重要节点。加快改善哈尔滨—吉林市的交通条件，以此为依托，加强五常—榆树—舒兰合作，拓展在特色农业、农产品加工等领域的合作空间，逐步培育成为哈长城市群潜在的副轴带。通过哈长交界地区合作，逐步实现哈尔滨和长春、吉林两个大都市区的网络化结构，最终形成哈尔滨—长春—吉林的“金三角”结构。

2. 吉林—辽源—沈阳次区域合作

进一步推动完善吉林经辽源至沈阳高速公路建设，拓展形成吉林省与辽宁省合作的又一通道，增加沿线城市发展机会，建设次区域合作区。加强旅游、农产品加工、能矿资源等重点领域合作，完善吉林市、辽源、四平及下辖城镇的基础设施，加快资源型城市和独立工矿区转型步伐，培育接续产业，增强人口集聚能力，形成哈长城市群与沈阳经济区合作的重要载体之一。

3. 齐齐哈尔—大庆—松原次区域合作

依托齐齐哈尔—大庆、大庆—松原综合运输通道，以肇源、肇州、肇东、安达、大同区等为支点，加强三市及毗邻的绥化辖县合作，形成哈长城市群北部重要的城镇组团。重点加强机械制造、农产品加工、生态旅游等方面的合作，构筑次区域合作区，形成次区域的网络化结构。

4. 牡丹江—延边次区域合作

进一步完善东边道通行能力，以旅游和沿边开放为重点，加强牡丹江、延边合作，构筑次区域合作区，加强珲春、绥芬河等边境口岸城市在外贸、通关、人员往来等方面的合作，携手提升开放水平，加强牡丹江、延吉两城市合作，共同完善城市功能，共同举办重大节事活动，共同打造哈长城市群面向东北亚的重要开放门户、中蒙俄经济走廊的重要节点。

（五）促进各类型区城市转型发展

1. 增强老工业城市综合承载能力

优化老工业城市功能，合理布局产业、生活和公共服务功能区。统筹地上地下市政公用设施建设，加大给排水、供气、供热、雨水收集管网和道路等的更新改造力度，完善污水垃圾处理设施。鼓励利用特许经营、投资补助、政府购买服务等方式，改善城市基础设施的薄弱环节。加强城市综合管理，提高信息化和精细化管理水平，建设智慧城市。引导全国特大型、综合性老工业城市加快转变发展方式，提升综合服务功能，增强中心城市辐射带动作用。支持其他大中型老工业城市加快调整改造，完善城市功能，提高综合经济实力，构建区域协调发展的重要支点，扶持其中发展潜力大、地理位置重要的老工业城市建设省域副中心。支持沈阳等地打造成为老工业基地调整改造示范城市。

2. 推进老工业区搬迁改造

加强指导和支持，积极稳妥推进城区老工业区搬迁改造。统筹考虑城区老工业区发展定位和区内企业清洁安全生产水平、经营状况，对企业分别实施异地迁建、就地改造和依法关停。老工业区搬迁改造要与加快棚户区改造和加强城市基础设施建设相结合，企业搬迁要与技术改造和改制重组相结合、与老工业区更新改造和产业承接地建设相结合，促进城区老工业区调整产业结构、完善功能布局、修复生态环境和改善民生。落实好城区老工业区搬迁改造指导意见，通过相关投资专项和财政资金予以倾斜支持，积极拓宽筹资渠道，加大土地政策支持。

3. 促进资源型城市可持续发展

加快完善资源型城市可持续发展长效机制，促进资源产业与非资源产业、城区与矿区、经济与社会协调发展。深入推进资源枯竭城市转型，大力发展接续替代产业，加快解决民生和生态环境方面的历史遗留问题，鼓励富余生产能力和人员向资源环境综合承载能力较强的新兴资源开发地区转移。完善资源枯竭城市转型绩效年度考核评价制度，完善分类指导、滚动推进的转型政策支持机制，支持转型成效显著的城市创建可持续发展示范市。促进资源富集地区可持续发展，选择典型资源富集地区开展可持续发展试点。研究建立资源开发与城市可持续发展协调评价制度，重大矿产资源开发要与城市空间布局、民生改善、生态环境保护、接续替代产业发展、地质灾害防治等进行协调性评价。加快资源型城市可持续发展立法工作。

4. 大力支持独立工矿区改造转型

统筹规划，积极稳妥地推进独立工矿区改造搬迁工程，切实改善矿区基本发展条件和居民基本生活条件。对发展基础和承载力相对较好的地区，实施就地改造，重点加强基础设施和接续替代产业发展平台建设，带动居民生活条件改善和收入增加。对地处偏远、资源枯竭、不适人居的地区，有序实施异地搬迁安置，配套建设基础设施和公共服务设施，从根本上改善生产生活条件。支持独立工矿区开展转型试点，积极探索格局特色的转型模式。建立和完善中央、省、市三级改造搬迁投入机制，引导和带动社会资本参与独立工矿区转型。力争用 10 年左右的时间基本完成独立工矿区改造搬迁任务，大幅增强自我发展能力，显著改善公共服务水平和居民生活水平。

（六）推进农民工市民化

明确各级政府职责，充分调动社会力量，逐步建立起政府主导、多方参与、成本共担、协同推进的农业转移人口市民化机制。

1. 探索建立农业转移人口市民化成本分担机制

科学测算农业转移人口成本，合理确定政府、企业和社会承担的责任。政府承担农业转移人口在义务教育、就业服务、基本养老、基本医疗卫生、保障性住房以及市政设施等方面的成本支出。企业要落实农业转移人口与城镇职工同工同酬制度，依法为农业转移人口缴纳职工养老保险、医疗、工伤、失业、生育等社会保险费用。农业转移人口要按照规定承担相关费用，积极参加城镇社会保险、职业教育和技能培训，提升融入城市社会的能力。

2. 完善农业转移人口社会参与机制

建立城市包容机制，推进农民工融入企业、子女融入学校、家庭融入社区、群体融入社会。提高各级党代会代表、人大代表、政协委员中农业转移人口比例，积极引导农民工参加党组织、工会和社团组织，引导农业转移人口有序参政议政和参加社会管理。加快农业转移人口对城市生活理念和生活方式的融入，改变传统习惯，适应城市节奏。大力发展社区文化生活，在社区内形成农业转移人口与当地居民相互理解、尊重、包容的生活氛围。

3. 加强城市规划建设管理

实施“一融双新”工程，推进农民工融入城镇，培育新兴中小城市，建设新型城市。探索建立农业转移人口市民化成本分担机制，深化户籍制度改革，促进有能力在城镇稳定就业和生活的农业转移人口举家定居落户，完善居住证制度，努力实现基本公共服务常住人口全覆盖，着力解决好已转移人口、林矿垦区人口、新转移人口三类人的城镇化问题。强化支点城市建设。加快建设东、西部城镇组团，推进区域中心城市和节点城市提质扩容升级，提升县城和重点小城镇产业功能、服务功能和居住功能，促进大中小城市和小城镇协调发展。统筹城市规划、地上地下、建设与管理，科学划定城市“三区四线”，优化城市功能空间。建立规范城镇化投融资机制，完善城市基础设施，建立以公共交通为主的城市综合交通体系，推进地下综合管廊和海绵城市建设，有效治理城市黑臭水体，加强城市沿江沿河景观带建设，实施城市园林绿化提升工程。创新城市管理方式，推进创新城市、智慧城市、绿色城市和人文城市建设，提升城市内在品质。扎实推进哈达湾等城区老工业区搬迁改造和资源型城市转型发展，改善城市面貌，提高城市可持续发展能力。

（七）加强对内对外开放合作

1. 深入推进长吉图开发开放

强化长吉腹地支撑，提升重点产业园区和开放平台功能，增强集聚要素和创新发展能力。构建以延龙图组合城市为核心，以珲春市为窗口，以敦化、和龙、安图、汪清为支点的图们江区域国际化城镇组团。提升珲春窗口城市功能，加快建设国际合作示范区，进一步畅通对外通道。完善敦化、和龙、安图、汪清城镇功能，因地制宜地发展边境贸易、长白山旅游、新能源开发等特色产业。完善图们江区域开放条件，提升延龙图前沿带动功能，支持珲春窗口加快发展，努力推进腹地、前沿、窗口联动发展和开放。加快推进连接松原、白城直达蒙古国的国际运输通道建设，加强哈长城市群边境口岸城市间密切合作，扩大与东北亚各国、欧美国家开放合作，将我省打造成为中蒙俄经济走廊陆海联运和面向东北亚开放的核心区。

2. 积极参与龙江丝路带建设

推动绥芬河跨境经济合作区建设，积极争取国家重点开发开放试验区，不断提升沿边口岸城市开放功能，吸引外向型企业集聚，形成面向全国的对俄罗斯及东北亚开放服务平台。打造以装备制造、能源、采矿、化工、农业、林业为重点的跨境产业链，构建以跨境通道为依托和以通道沿线重点境内境外园区为载体的产业聚集带，推进国际产能和装备制造合作，加强营销和售后服务网络建设，推动装备、技术、服务“走出去”。建设境外大宗商品产业基地和中俄产业配套的合作基地。完善对俄跨境电子商务综合服务体系。

3. 加快推进面向环渤海开放

依托京哈立体交通网络，对接辽宁沿海经济带和京津冀经济圈，谋划建设四平等无水港区，逐步构建集保税加工、现代物流、产业合作、科技创新于一体的开放合作区，打造哈长城市群对接京津冀、融入环渤海的开放窗口。推动白通丹经济带建设，引领提升东部地区整体开放水平。加快推进四平、辽源向南开放，提升物流枢纽功能，加强与毗邻地区产业协同创新，打造四平、辽源、铁岭、通辽经济协作区。延伸与长三角、珠三角、长江经济带的经济技术合作，有序承接产业转移。

4. 进一步畅通对外合作通道

全面提高哈长城市群内外联通水平，建设东北亚大通道枢纽，推动“借港出海”。积极开辟连接欧美的北冰洋航线，稳定运营连接日韩的国际陆海联运航线，进一步拓展连接我国东南沿海的内贸外运航线，扎实推进长满欧国际货运专列运营。加快实施与大连、丹东、营口、满洲里等港口和口岸通关一体化。积极争取提升东北亚国际合作机制，建立取费合理、高效便捷的通关机制。进一步完善连接辽宁、内蒙古及京津冀的交通基础设施。

参考文献

[1]《黑龙江省新型城镇化规划》。

[2]《吉林省新型城镇化规划》。

[3]《哈尔滨市城市总体规划（2011～2020）》（2013年修改稿）。

[4]《长春市城市总体规划（2011～2020年）》。

[5]《绥化市城市总体规划（2012～2030年）》。

[6]《牡丹江市城市总体规划（2006～2020年）》。

[7]《大庆市城市总体规划（2010～2020年）》。

[8]《齐齐哈尔市城市总体规划（2010～2020年）》。

[9]《吉林市城市总体规划（2009～2020年）》。

[10]《辽源市城市总体规划（2010～2020年）》。

[11]《四平市城市总体规划（2011～2030年）》。

[12]《松原市城市总体规划（2011～2030年）》。

[13]《延边朝鲜族自治州城镇体系规划（2011～2030）》。

[14]《中共黑龙江省委关于制定黑龙江省国民经济和社会发展第十三个五年规划的建议》。

[15]《中共吉林省委关于制定吉林省国民经济和社会发展第十三个五年规划的建议》。

第七章

哈长城市群产业发展*

哈长地区历史文化悠久，民族文化交融，产业基础雄厚，是近代以来我国重要的重化工业基地，也是我国面向东北亚交流合作的重要战略支点。作为哈长地区的核心地带，哈长城市群的建设和发展，有利于支撑全国国土空间均衡开发、东北地区经济加快转型发展和国家推进新型城镇化。哈长城市群规划范围包括黑龙江省的哈尔滨市、大庆市、齐齐哈尔市、绥化市、牡丹江市和吉林省的长春市、吉林市、松原市、四平市、辽源市、延边州等11个地区，规划面积为33.61万平方公里，2014年末常住人口4808.6万人，地区生产总值26053.4亿元，分别占到全国的3.51%和4.09%。本章在分析哈长城市群产业发展现状的基础上，梳理了哈长城市群产业发展的优势和劣势，进而提出了哈长城市群产业发展的思路和重点。

一、哈长城市群产业发展的现状分析

进入“十二五”时期，哈长城市群产业平稳发展，但前景不容乐观，旅游资源有待深度开发。

（一）三次产业稳步增长，但产业结构优化升级进程较为缓慢

“十二五”时期以来，哈长城市群三次产业稳步增长，共同支撑着区域经济快速发展。2010～2013年，哈长城市群第一产业增加值由2034.40亿元增加到3009.30亿元，年均增速高达13.9%；第二产业增加值由8610.78亿元增加到12486.20亿元，突破万亿元大关，年均增速高达13.2%；第三产业增加值由6254.93亿元增加到9384.20亿元，年均增速高达14.5%（如图7－1所示）。但

---

* 本章执笔人：马燕坤。

是，哈长城市群产业结构并没有表现出明显的优化升级过程，且三次产业比重都在波动徘徊，没有表现出连续的提高或下降的过程。2010～2013年，哈长城市群产业结构由12.1∶50.2∶37.7调整为12.0∶51.0∶37.0，第一产业比重仅下降了0.1个百分点，第二产业比重仅提高了0.8个百分点，第三产业比重反而下降了0.7个百分点（如图7－2所示）。总体上判断，哈长城市群经济发展仍处于工业化中期阶段。

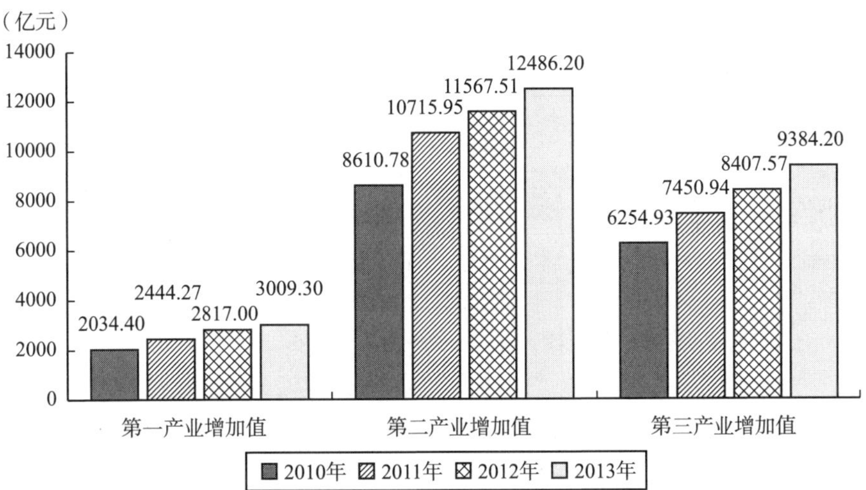

图7－1　2010～2013年哈长城市群三次产业增加值增长情况

资料来源：根据《中国区域经济统计年鉴》（2011～2014）整理。

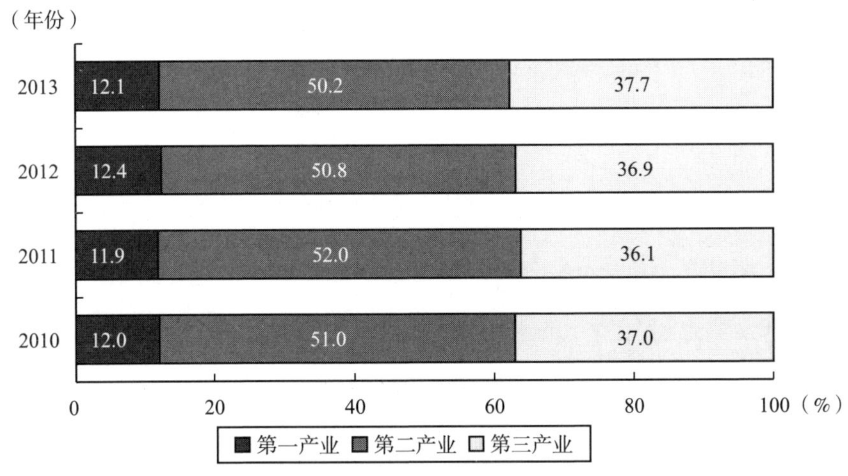

图7－2　2010～2013年哈长城市群产业结构变化情况

资料来源：根据《中国区域经济统计年鉴》（2011～2014）整理。

（二）工业经济快速增长，但工业企业盈利能力前景堪忧

进入“十二五”时期以后，哈长城市群工业经济呈现出快速增长态势，劳动生产率实现连年提高。2010～2013 年，哈长城市群工业总产值由 18310.08 亿元增加到 28730.72 亿元，年均增速高达 16.2%（如图 7－3 所示）；工业的劳动生产率由 89.50 万元/人连年提升到 139.08 万元/人，提升幅度超过 50%，年均增速高达 15.8%（如图 7－4 所示）。但是，哈长城市群工业企业的盈利

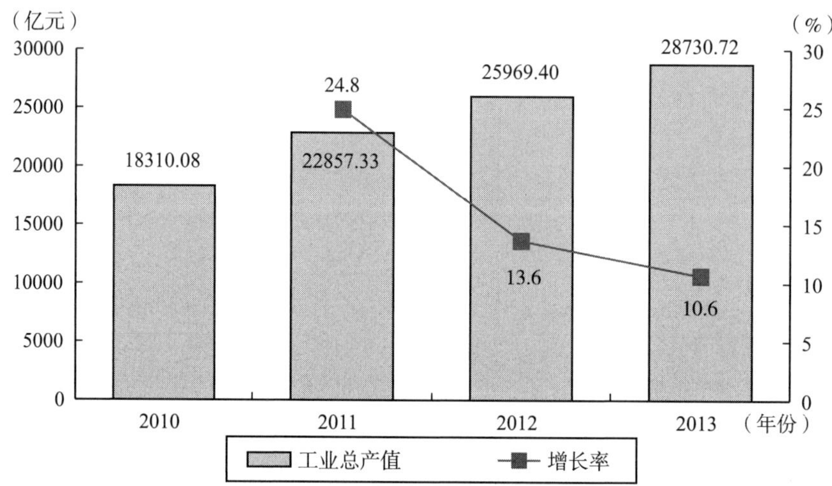

图 7－3　2010～2013 年哈长城市群工业总产值增长情况

资料来源：根据《黑龙江统计年鉴》（2011～2014）和《吉林统计年鉴》（2011～2014）整理。

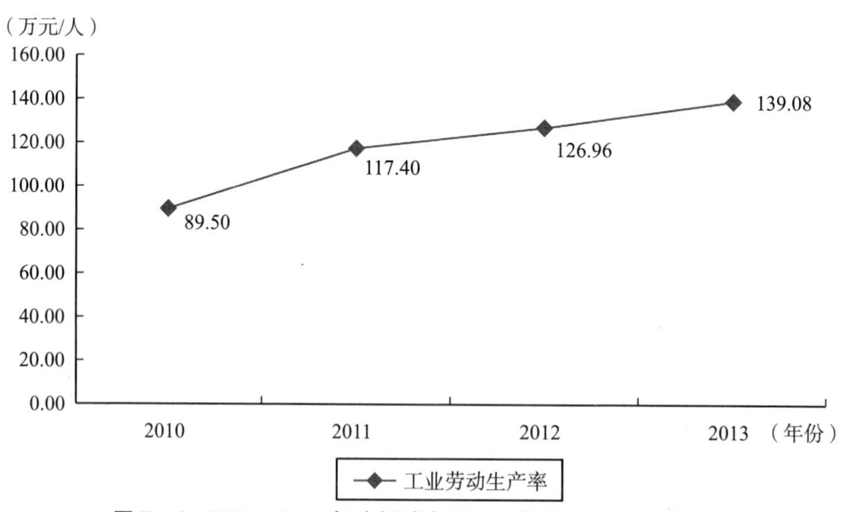

图 7－4　2010～2013 年哈长城市群工业劳动生产率增长情况

资料来源：根据《黑龙江统计年鉴》（2011～2014）和《吉林统计年鉴》（2011～2014）整理。

能力却不容乐观，无论是产值利润率还是资产利润率，都呈现出明显的下降趋势。2010~2013年，哈长城市群工业企业的产值利润率由10.1%降低到7.8%，下降2.3个百分点；资产利润率由11.2%降低到9.5%，下降1.7个百分点（如图7-5所示）。尽管哈长城市群工业企业的产值利润率和资产利润率在2011年有所上升，但是接下来两年发生了连续降低，这可能与当前国际国内经济大环境的不景气有关。

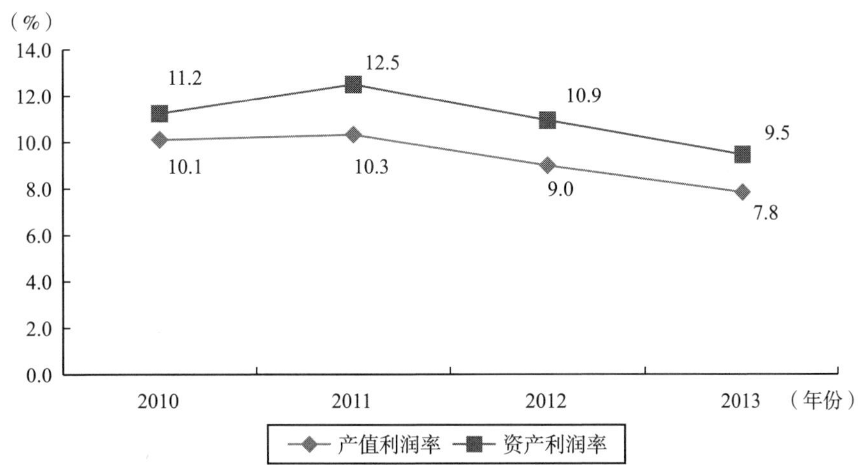

图7-5　2010~2013年哈长城市群工业效益变化情况

资料来源：根据《黑龙江统计年鉴》（2011~2014）和《吉林统计年鉴》（2011~2014）整理。

（三）生产性服务业有所增长，但产业位势并没有明显的提升

随着区域经济快速增长，哈长城市群生产性服务业有所发展。2010~2013年，哈长城市群生产性服务业就业人数由92.59万人增加到105.73万人，年均增加4.38万人；生产性服务业就业人数占全行业就业人数的比重由36.2%提高到38.0%，增加了1.8个百分点（如图7-6所示，下同）。但是，生产性服务业在第三产业中的位势并没有呈现出明显的提升过程。哈长城市群生产性服务业就业人数占第三产业就业人数的比重由2010年的20.3%变化为2013年的20.2%，反而下降了0.1个百分点。无论是在全部产业中，还是在第三产业中，哈长城市群生产性服务业的就业比重在2010~2012年都经历了连续下降的过程，2013年才反转提高。即使从绝对值来看，哈长城市群2012年的生产性服务业就业人数也出现了减少。比较来看，2013年哈长城市群生产性服务业就业人数占全行业就业人数的比重比其占第三产业就业人数的比重提高得快，揭示出哈长城

市群的制造业发展相对于整个产业经济在萎缩。此外，我们观察到，作为核心城市，哈尔滨和长春的生产性服务业就业在全行业就业中的位势也都没有表现出明显的提升过程，都处于波动徘徊态势（如图7－7所示）。

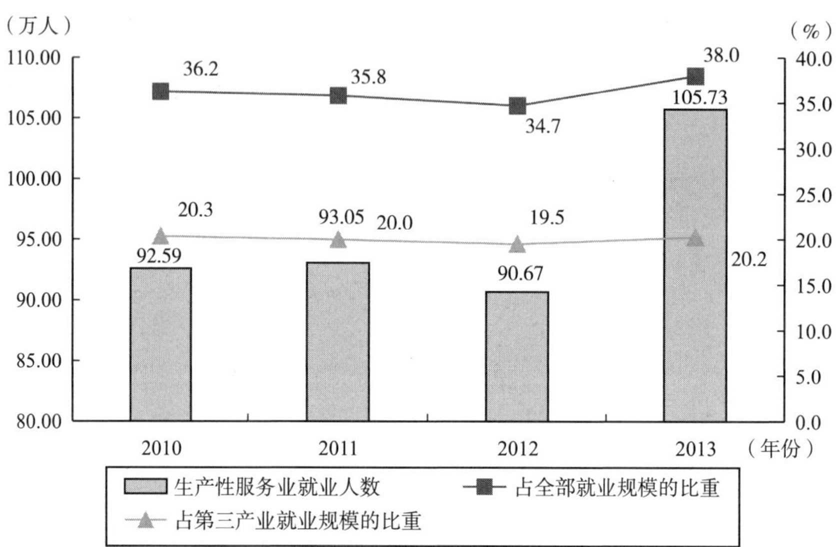

图7－6 2010～2013年哈长城市群生产性服务业发展情况

注：此处所有数据的统计区域包括吉林省的延边自治州。

资料来源：根据《中国城市统计年鉴》（2011～2014）整理。

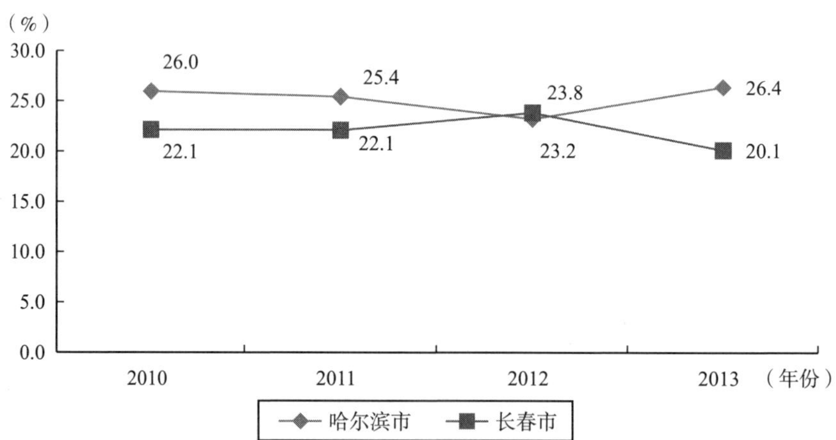

图7－7 2010～2013年哈尔滨和长春生产性服务业就业的全行业占比

资料来源：根据《中国城市统计年鉴》（2011～2014）整理。

（四）旅游业快速发展，但旅游资源有待深度开发

哈长城市群旅游资源丰富，不仅有宜玩宜赏的冰雪资源，而且有俄罗斯、朝鲜等少数民族风情的文化资源。近年来，哈长城市群旅游业发展快速，经济效益也在不断提高。2010～2013 年，哈长城市群境内外旅游人数由 1.32 亿人次增加到 1.92 亿人次，年均增速达到 13.2%；旅游收入由 1.19 千亿元增加到 2.14 千亿元，年均增速高达 21.4%（如图 7－8 所示，下同）。与此同时，哈长城市群旅游业的经济效益也在稳步提高，客均旅游收入由 2010 年的 0.90 千元/人次提高到 2013 年的 1.11 千元/人次，提升幅度超过 20%。但是，由于交通、旅游及配套服务基础设施尚不尽完善，哈长城市群旅游资源优势仍然没有充分转化为经济发展优势。

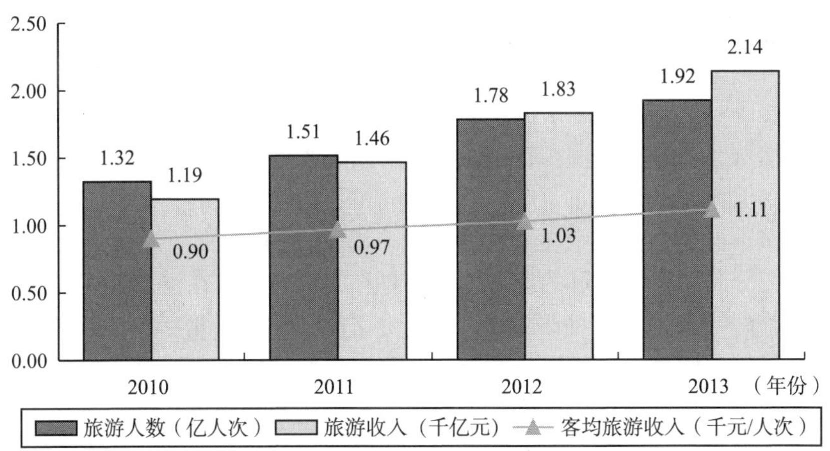

图 7－8　2010～2013 年哈长城市群旅游业发展情况

资料来源：根据《黑龙江统计年鉴》（2011～2014）和《吉林统计年鉴》（2011～2014）整理。

二、哈长城市群产业发展的优势与劣势

哈长城市群在文化、区位、资源能源、产业基础、合作交流等诸多方面具有促进产业发展的优势条件，但在成本、产业层次、增长活力等方面也存在制约产业发展的劣势。

（一）哈长城市群产业发展的优势

1. 文化交融深厚

哈长地区有着悠久的历史，距今两千多年前是北方肃慎族生活区域，汉唐以来进入中央政府的管辖之下，得到较大程度开发。新中国成立后，哈尔滨、齐齐哈尔、长春和吉林成为新中国重要的工业基地，苏联援建的156项重点建设工程，有20项落在该区域。该区域文化相近，同为满族文化发源地，是东北文化的缩影。东北地区孕育了包括满族、朝鲜族、蒙古族、鄂伦春族、赫哲族等12个民族，具有深厚的民族文化性。清朝时期，中原地区百姓闯关东来到东北，促进了汉族与当地少数民族的融合。

2. 区位优势独特

哈长城市群地处中国、日本、韩国、朝鲜、俄罗斯、蒙古国六国组成的东北亚腹心地带，是东北亚国际次区域的重要组成部分。哈长城市群东与俄罗斯、韩国、朝鲜接壤，与日本隔海相望；北与俄罗斯远东地区通过黑龙江和乌苏里江相望；西与中蒙大通道连接，通向中亚、欧洲。作为第一欧亚大陆桥的重要组成部分，哈长城市群是沟通东北亚、中亚和欧洲货物流通的重要通道和交通节点枢纽，可以充分利用得天独厚的地理区位优势和与周边国家在资源禀赋及产业结构等方面互补的特点，扩大对外开放，强化协作联系，在东北亚经济圈经贸合作中发挥积极作用。此外，哈长城市群位于东北交通大动脉哈大主轴线北端，属于东北松嫩平原，南接辽中南城市群，与环渤海经济区相呼应，是国家振兴东北老工业基地的重要支点，也是中国面向东北亚地区合作的前沿阵地。

3. 资源能源优越

哈长城市群大部分城市位于松嫩平原，河流众多，主要有松花江流域、嫩江流域等水系，属于温带大陆性季风气候，水土和光热条件良好，不仅有着丰富的土地资源和森林资源，而且有着丰裕的石油资源和矿产资源。区域内石油、天然气、油页岩、煤炭、铜、铁等矿产资源丰富，生态游、冰雪游、边境游、金源文化等自然文化旅游资源享誉国内外。长白山风景独特，具有独特的野生中药材和滋补类动植物资源。区域内不仅有中国第一大油田——大庆油田，而且有中国最大、世界闻名的湿地保护区之一——扎龙国家级自然保护区、被列入国家级非物质遗产保护名录的查干湖冬捕和被誉为“中国四大自然奇观”之一的吉林雾凇，还有“冰城”哈尔滨、“汽车城”长春等闻名中外的城市。

4. 产业基础雄厚

哈长城市群土壤肥沃、土层深厚，且集中连片、土质均匀，是我国重要的粮食生产基地；工业初步形成了以装备制造、运输设备制造、石油化工、食品加工等为主体的产业体系，电子信息、边境贸易、国际物流和生态、冰雪、边境旅游等现代制造业和服务业快速发展。每个地级城市都有自身的产业强项：食品工业、装备制造、石化和医药是哈尔滨的四大工业；长春是著名的汽车城、电影城，制造出中国第一辆解放牌卡车的中国第一汽车集团公司就坐落于此，新中国第一家电影制片厂——长春电影制片厂也位于此；大庆是以石油和石化为支柱产业的工业城市；吉林是著名的化工城市，松花江流经吉林市，水量充沛，为吉林发展化工企业提供足够用水；四平和绥化是全国重要的粮食基地；松原是新兴的工业城市，主导产业为石油化工和农畜产品深加工；齐齐哈尔是以装备制造业为主的重工业基地。哈长城市群主要城市主导产业各异，产业配置比较合理，相互竞争小，城市功能互补性较强。

5. 合作交流便利

哈长城市群交通设施互联互通，文化习俗相近，民俗民情相通，对内合作交流便利，特别是东北等老工业基地振兴战略实施后，两省省际、省会城市间政治、经济、文化、教育、科技交流更加频繁。哈长城市群边境线总长 968.25 千米，具有突出的国际交流优势。2013 年黑龙江省有 15 个口岸，吉林省有 11 个口岸，其中 18 个为国家一类口岸，边境地区有绥芬河、东宁、珲春、图们等 10 多个互市贸易区，具有优良的开展边贸合作的优势条件。依托近边条件和各类开放平台，与德国、日本、美国、匈牙利、俄罗斯、澳大利亚、韩国等国的贸易往来密切。

（二）哈长城市群产业发展的劣势

1. 生产生活成本较高

哈长城市群位于中国东北，属于温带大陆性季风气候，冬季长而寒冷，夏季短而凉爽。在此气候下，此地区的农业耕作方式为“耕作半年，休养半年”。在气候寒冷的冬季，居民的生活成本较高，企业的生产成本也较高，导致投资者和人才到此投资创业的积极性不高，招商引资的成果不明显。

2. 产业结构层次较低

哈长城市群产业结构不尽合理，产业技术水平较低，竞争力较弱。一是产业结构层次低，传统产业在产业结构中所占的比重偏大。二是高新技术产业比重较低，且现有高技术产业基本处于自我循环状态，不仅缺乏对传统产业的带动机制，而且极大地限制了自身市场的拓展。三是轻重工业产业关联度低，轻工业产品85%来自对自然资源及农副产品资源的初级加工，缺乏深加工产品。四是产业技术水平低，长期采用高投入、高消耗、低收益的粗放式生产模式，缺乏科技创新机制，发展前景不容乐观。

3. 产业增长缺乏活力

哈长城市群的国有经济比重过高在很大程度上是计划经济体制的遗留问题。多年来，哈长城市群所在的东北地区市场经济体制改革虽然在不断深化，但其国有经济比重过高的问题并没有得到很好的解决。国有经济比重过高，非公经济比重增长缓慢，使得非公有制经济、中小企业发展不充分，产业增长缺乏活力，经济发展过度依赖于活力不强的国有企业。

三、哈长城市群产业发展的基本思路和重点领域

在认识哈长城市群产业发展基础和条件的前提下，提出哈长城市群产业发展的基本思路，进而在发展思路的引领下提出哈长城市群产业发展的重点领域。

（一）基本思路

集群化是现代产业发展的规律，融合化是现代产业发展的新趋势，生态化是我国产业发展的新要求。哈长城市群产业发展要走集群化、融合化、生态化的路子。

1. 集群化发展

集群用来定义在某一特定产业中，大量产业联系密切的企业以及相关支撑机构在空间上集聚，并形成强劲、持续竞争优势的现象。集群化是产业呈现区域集聚发展的态势。特定产业的众多具有分工合作关系的不同规模等级的企业和与其发展有关的各种机构、组织等行为主体通过纵横交错的网络关系紧密联系在一起的空间集聚体就是产业集群。产业集群是一种为创造竞争优势而形成的，介于市场和等级制之间的新的空间经济组织形式，具有的群体竞争优势和集聚发展的规模效益是其他形式无法比拟的。

走产业集群化发展的路子，利用好经济技术开发区、高新技术产业开发区、

新区等产业发展平台，打造具有独特优势的产业集群，强化制造业产业链上下游之间、制造业与服务业及相关支撑机构之间的互动合作和联系，创造和不断提升群体竞争优势。优化重点产业布局，理清产业链，明确龙头企业、骨干企业和支撑企业，把握产业链中的关键环节和产业集群中的核心方面，明确支持重点。鼓励和支持大型龙头企业对其上下游企业、配套企业进行重组改造，通过产业环节的分解将一些配套件及特定的生产工艺分离，发展具有紧密分工和协作关系的关联企业，提高产业竞争力。新建企业要以产业集聚为导向，强化与现有企业的分工协作，提高集群专业化水平。

2. 融合化发展

顺应产业之间相互融合、互动发展的趋势，通过强化研发、设计、营销、品牌等关键环节，加快关键环节的社会化、专门化，促进生产性服务业的发展。通过金融、技术、设计、信息、法律、会计等生产性服务业的强力支撑，促进传统制造业的转型升级和高新技术产业的快速发展，推动制造业由以加工组装为主向自主研发制造延伸，促进服务业与制造业的融合、互动发展。加强与跨国公司和国内优势企业的合资合作，大力引进产业关联度大、技术层次高、市场覆盖广的基地型、龙头型大项目和具有高增长性的科技型企业，促进企业集群、产业集聚和服务配套发展。

推动大中小城市及小城镇之间的融合化发展，强化中心城市与一般城市及小城镇之间的功能分工。核心城市要依托自身的制造业基础，大力发展服务业，尤其要壮大生产性服务业，进而辐射带动外围城市的制造业加快发展，集聚人口，集聚人气，进一步集聚产业，做大做强城市规模。

提升城市综合服务水平，发挥和增强城市商务服务中心功能，吸引技术、产业、资金、人才集聚，促进产业升级。以产业园区为依托，强化园区功能布局与城市功能布局及空间拓展之间的协调互动。空间布局要考虑各功能板块之间的互动联系，依托城市（城镇）原有的产业基础和配套服务，产业用地、生活用地要就近和均衡布局，提供多元化的居住社区和完善的社会公共服务，推进产城融合发展。

3. 生态化发展

城市发展的前景取决于城市生态支持系统的承载能力。发挥自身独特的自然生态优势，处理好产业发展与环境保护的关系，严格执行“在保护中开发、在开发中保护”的方针，优化国土空间开发格局，严格实施环境功能区划，继续实行生态控制，尤其要严格划定各类自然生态资源保护区，保障城市生态的可持续发展。加强生态建设，高标准高水平建设好城市森林公园体系、园林绿地体系、洁净水脉体系、田园景观体系和生态旅游体系。促进产业发展与生态环境相协调，以不破坏现有的生态系统和城市环境为前提，建设生态型城市群。

（二）重点领域

巩固提升优势制造业地位，促进现代服务业加快发展，壮大现代农业发展规模和品牌，是哈长城市群产业发展的重点。

1. 大力推进优势制造业集群化发展

汽车产业。以哈尔滨、长春的汽车产业为重点，依托长春一汽、哈尔滨哈飞、大庆沃尔沃等企业的整车生产优势，整合吉林、辽源、四平、牡丹江等城市的汽车零部件配套生产优势，推动地区间有序竞争与合作，大力发展自主品牌汽车产业集群，突出“专、精、特、新”，做大做强底盘、变速箱、发动机、汽车电子系统等重点汽车零部件企业，提高汽车零部件产业整体技术水平与配套能力，建成我国重要的汽车和发动机生产基地及汽车零部件产业集群。以长春为核心，重点支持插电式混合动力自主品牌汽车产业化，加快纯电动轿车研发制造，支持研制新能源动力总成系统、驱动电机、动力电池，提高混合动力汽车、纯电动汽车和燃料电池汽车产能，支持一汽奔腾 B70 混合动力、B50 插电式混合动力和纯电动轿车、纯电动大中型客车的市场推广，联手打造全国新能源汽车研发中心与生产中心，建设全国性新能源汽车研发制造产业集群。

石油化工。统筹协调大庆、绥化、吉林、松原的石油化工产业发展，突出产品差异化和生产规模化优势，延伸石化产业链，大力推进精细化工产业园建设，积极向下游产品延伸，重点发展乙烯、丙烯深加工、重油催化热裂解等产业链，联合建设全国重要的合成树脂、合成橡胶、合成纤维、有机化工材料生产基地，联手打造世界知名的特大型石油化工产业集群和全国重要的石化装备制造与科研集群。加大油田勘探开发力度，增加后备储量。通过科技创新，加快产能建设，巩固大庆、松原等地的原油产能，提高采收率。积极争取利用俄罗斯的石油和天然气资源，扩大大庆石油在蒙古国开采原油的规模，扩大境外原油补给，谋划建设原油战略储备基地。鼓励油田加大技术研发力度，实施老油田二次开发工程和三次采油工程。在大庆、松原之间建设国家级石化工业循环产业园，重点发展石油化工、天然气化工、煤化工、生物化工、石油机械，打造千万吨级炼化基地。

装备制造。依托哈尔滨、大庆、齐齐哈尔、长春等城市的装备制造业优势，用信息技术提升装备制造水平，重点发展以数字化、柔性化及系统集成技术为核心的智能装备制造。努力培育一批集工程设计、产品开发、设备制造、工程成套设备和技术服务为一体的具有较强竞争力的大型企业集团，联手建设世界级装备制造业集群。支持有自主品牌的龙头企业继续做大做强，加强“走出去”步伐，更广泛开拓国内外市场。以哈飞为龙头，依托哈南工业新城飞机配套产业园区，重点建设哈飞集团全直升机产业体系项目，推进研制 AC312C 军民两用的轻型高原型直升机、Z15 型发动机、3 吨级直升机传动系统和发动机研制等项目建设，延伸飞机产业链，建成国家重要的飞机科研与生产基地。以齐齐哈尔一重为龙头，发展核电主设备、大型铸锻件、大型热壁加氢反应器、新一代短流程大型薄板连铸连轧成套设备等大型冶金设备产业链，推进本地化配套，建成具有较强国际竞争力的重型装备制造基地。以齐重数控、齐二机床等企业为龙头，发展大型数控重型立卧车和铣镗床、大型数控并联及混联机床、工业 CT 检测系统、重型机械压力机、自动锻压机等主机及配套产品，建成具有国际先进水平的重型数控机床生产基地。

生物医药。面向重大发展需求，加强共性关键技术和工艺装备开发，推进规模化发展，打造在全国具有影响力的生物产业集群。巩固发展长春、哈尔滨、吉林、辽源等城市的生物制药产业优势，加强共性关键技术和工艺装备开发，推进规模化发展。加快实现基因工程药物、抗体药物、新型疫苗关键技术和重大新产品研制及产业化，支持利用现代生物技术改造传统制药工艺和流程，重点建设以长春国家生物产业园、哈尔滨利民生物医药产业园区、大庆生物产业园区为代表的生物疫苗、基因工程药物产业集群。依托哈尔滨、大庆国家级高新技术产业开发区和经济技术开发区，重点发展基因工程药物、酶工程药物、人用和动物用疫苗等高端生物医药产品。依托哈尔滨利民生物医药产业园、大庆生物产业园和牡丹江生物医药产业园，生产化学原料药、化学制品药剂，重点发展基因工程药物、雷帕霉素等生物技术药物。加强化学新药研发及产业化，建设吉林和辽源的化学原料药与合成药生产基地。以抗感染类抗生素品种为主导方向，加快现代中药、北药、诊断试剂等新产品开发力度。发展疗效确切、质量稳定可控的现代中药，联合发展集种植、生产、流通、研发、医疗、金融、保险、销售于一体的现代中药产业集群，建设敦化—延吉现代中药产业带和中国北药（国际）中药高科技产业园区。

电子信息。巩固发展长春、吉林、哈尔滨等城市的电子信息产业优势，加快实施电信网、广电网、互联网“三网”融合，重点发展汽车电子、新型电子元器件、智能控制设备、光电子、软件、动漫、云计算等产业。以云计算、物联网和下一代通信网络为重点，统筹推进长春和哈尔滨的新一代信息技术及产业发展，积极与国内外知名企业合资合作，联手打造我国重要的电子信息产业集群。重点建设长春（国家）汽车电子产业园，支持汽车电控燃油喷射系统、ATM 电控开关、汽车车载多媒体 AV 系统等项目建设，打造汽车电子产业集群，建设成为东北最大的汽车电子生产基地。加快建设长春（国家）光电子产业基地，以半导体发光器件、激光产品、光电仪器与设备和国防光电子等产业为重点，加快 LED 高端显示和专用照明产品的研发和产业化。加快长春（国家）动漫产业基地、吉林软件园的发展，提升产业集聚度，不断提高软件企业生产经营的管理水平和市场竞争力。以哈尔滨、吉林为重点，大力发展半导体电子元器件产品生产，以新型电力电子器件、智能电网监控设备、电机节能装备等为重点，拓宽应用领域，形成器件—模块—装备较为完整的产业链，推动电力电子产品规模化、系统化、高端化发展。

优势农产品加工业。在哈尔滨、牡丹江重点发展食用专用米、发芽糙米、留胚米等营养健康型大米，米糠油、米糠蛋白、谷维素、维生素 E 等米糠类产品，白炭黑、活性炭等稻壳灰提取的高附加值产品等。在齐齐哈尔、绥化重点发展玉米油系列产品、玉米浆饮料、方便型营养玉米食品、玉米饲料和调整玉米结构的高附加值玉米深加工产品等。在大庆、齐齐哈尔、绥化重点发展食用大豆、非转基因油脂，豆奶、豆粉等市场容量大的速食系列产品，大豆组织蛋白、大豆磷脂、大豆异黄酮、低聚糖、维生素 E 等深加工系列产品等。依托哈肉联、哈尔滨正大、宾西牛业、对青鹅业、大庆金锣、绥化大众、肇东大庄园肉业、望奎双汇等骨干企业，打造全国冷鲜肉、各类熟肉精制品品牌，深入开发血液、皮、毛、骨等综合利用产品。

2. 加快现代服务业发展

高技术服务业。以哈尔滨“中国云谷”、大庆云计算产业基地为重点，大力发展云数据中心运营服务产业，建立云数据中心，搭建基础设施服务（IaaS）、平台服务（PaaS）和软件服务（SaaS）运营平台。建设实施云集成服务产业，提供云计算技术架构、测试和部署等方面的整体解决方案并实施建设。依托哈尔滨和大庆的国家服务外包示范园区，大力发展软件开发与服务外包产业，积极开发拥有自主知识产权的核心技术。

现代物流业。沿主要交通干线和节点城镇，布局建设现代物流业重大项目，整合现有物流园区布局。推进现有物流资源整合利用，培育一批大型物流集团和专业物流企业，建成现代物流服务体系。推广现代物流管理，提高物流智能化和标准化管理水平，大力发展第三方物流。围绕地区优势产业，重点发展汽车、农产品、冷链等专项物流，实现产业行业互动发展。建立区域性物流公共信息平台，以信息化推动物流业发展，通过资源整合、功能拓展和服务提升，提高物流服务的质量与精细化水平，培育形成一批高水平的第三方物流龙头企业和知名品牌。加大中国长春东北亚投资贸易博览会、中国哈尔滨国际经济贸易洽谈会等国际会展品牌的引领作用，发挥珲春、绥芬河等沿边口岸优势，积极发展东北亚地区跨境物流业。加强物流基础设施建设，推广现代物流管理模式，提高物流智能化和标准化管理水平，建成面向俄罗斯及东北亚的专业化、标准化、信息化的现代物流服务体系。

现代旅游业。推动旅游业特色化发展和旅游产品多样化发展，推进旅游与文化、生态等相关产业的融合发展，坚持保护和开发并重。全面推动生态旅游，突出冰雪旅游、生态旅游、边境游的特点特色，深度开发文化旅游，形成以长白山为龙头的大文化、大旅游，推动东北城市风情、民族民俗、温泉度假、商务会展等专项旅游发展。整合开发黑龙江和吉林的旅游资源，加强旅游基础设施建设，推进重点旅游区、旅游线路建设，组建旅游景区联盟，打造旅游精品，建设国内外知名的旅游胜地。加快旅游景区基础设施和服务设施建设，推进规范化管理，完善旅游服务体系，建立区域性旅游信息网络平台，提高旅游服务质量。

金融服务业。优化金融发展环境，推动金融资源整合，加快长春、哈尔滨区域性金融中心建设，积极构建多层次资本市场体系和多样化的金融服务体系。创新金融服务产品，大力发展跨境金融，引导大型金融机构强化对外开放的综合服务功能。引导大型金融机构强化对外开放服务功能。鼓励创立与发展股权投资基金、私募基金、风险投资基金。大力发展地方金融机构，推进黑龙江银行、吉林银行跨区域发展和上市经营，支持一汽金融等新兴金融机构发展，支持东北证券加快发展，支持符合条件的重点企业上市融资和发行企业债券。探索建立政府引导、社会参与的城市群产业合作投融资平台，引导社会资本进入金融服务领域。

文化创意产业。深入挖掘传统文化内涵，大力发展新型文化业态，推进新型文化业态与传统文化形式的协调发展，构建优势互补、资源共享、开放合作的现代文化产业体系。发挥民族文化和地域性特色文化底蕴深厚的优势，积极改造升级广播影视、新闻出版、演艺娱乐、工艺美术等传统文化产业，大力发展网络传媒、动漫游戏、创意设计等新兴文化产业，突出地域特色，打造知名品牌。扶持发展拥有自主知识产权和文化创新能力的文化企业集团，支持文化产业集聚式发展，建设哈尔滨绿色印刷和数字出版产业基地、长吉图文化产业带，打造东北亚国际文化交流平台。推动吉林出版集团、长影集团等重点文化企业上市，构建文化产业投融资、技术支撑、人才培养引进、展示交易等公共服务平台。加强与俄罗斯的文化交流合作，鼓励文化企业采取多种形式在境外兴办文化实体，吸引俄罗斯企业在境内依法开展各类文化活动，促进境内外文化产业融合互动，打造在国内外具有重要影响的文化产业基地。

3. 推动现代农业规模化、品牌化发展

增强保障国家粮食安全能力。深化农村改革，严格执行基本农田保护制度，

大力发展农业科技，加快转变农业发展方式，优化农业产品结构，形成规模化、机械化、集约化的现代农业发展模式。推进增产百亿斤商品粮能力建设，在松嫩平原重点建设全国重要的粳稻、非转基因大豆、优质专用玉米和马铃薯生产基地，打造公主岭市“中国玉米硅谷”，建设保障国家粮食安全的战略基地。

提升农业产业化经营水平。推动农村综合改革，创新农业生产经营体制，鼓励承包经营权在公开市场上向农民合作社、家庭农场、专业大户、农业企业流转，鼓励农民以土地承包经营权入股发展农业产业化经营。大力发展农产品精深加工，实现规模化与品牌化发展。支持长春大成、皓月等国家级特色农业龙头企业的发展，支持大庆、齐齐哈尔、绥化的大豆深加工、非转基因油脂生产、乳品加工基地建设。将重点绿色食品产业园区纳入全国承接产业转移示范工程。

完善农产品流通体系。加强区域性农产品批发市场建设，推动建立电子交易市场，构建主要农产品、重要生产资料市场监测和成本价格等综合性信息系统和服务平台。支持和鼓励发展散粮运输、集装箱或集装袋运输等物流方式。规划建设散粮和集装箱中转集散基地。加强农产品储备、商品化处理和冷藏储存设施建设，打造具有集中采购、跨区域配送能力的现代化物流配送网络。创新农产品交易方式，力争在哈尔滨建立农产品期货交易所。

四、哈长城市群产业发展的对策建议

哈长城市群各级政府部门要从协同发展机制、扩大对外开放、加强区域合作、拓展融资渠道、加大农业投入等方面为产业发展提供切实保障。

（一）建立产业协同发展机制

加强产业政策对接。建立健全产业转移推进机制和利益协调机制，逐步统一城市群土地、资本、金融、人才、环保等政策。充分发挥行业协会、商会的桥梁和纽带作用，搭建城市群产业合作平台。鼓励哈尔滨和长春共建产业合作园，推进区域产业合作。

完善统一市场机制。实行统一的市场准入制度，促进城市群市场主体登记注册一体化。探索建立城市群企业信用信息互通共享机制，实现组织机构代码、企业登记、信贷、纳税、合同履约、产品质量监管等信用信息共享，支持资本市场诚信数据库建设。推进城市群“12315”“12365”等平台联网运行，建立消费维权联席会议制度。加强知识产权协同保护。规范发展多功能、多层次的综合性产权交易市场。

加强技术研发和成果转化。加快完善创新体系，提高自主创新能力，促进主导产业与战略性新兴产业的科技投入与创新发展。加强汽车、飞机、石化、生物医药、新能源、新材料等产业的重大关键性核心技术与共性技术研发，发展“产、学、研”相结合的城市群技术创新联盟。引导和促进城市群创新要素的集聚和整合。突出强化企业在技术创新中的主体地位，建设一批研发中心和工程（技术）研究中心。依托长春、哈尔滨的科研优势，建立高科技企业孵化中心。推动大学和科研机构技术成果的转化应用，建设科技成果转化平台和多层次的科研成果交易市场，完善科技成果产业化的政策法律体系，落实知识产权保护制度，提升在重大技术领域的研发与成果转化能力。大力发展创业风险投资基金，构建多层次、多渠道的高科技成果研发与转化投融资平台。

加强就业服务保障。完善就业服务网络，免费为各类人员提供就业综合服务。成立哈长城市群高校毕业生就业合作组织，形成高层次人才统一市场，建立跨省及地区交流合作的工作机制。实施农民工职业技能提升计划，建立青年创业联盟，完善创业扶持政策，探索联合建立青年创业扶持基金、青年创业风险池基金、农业转移人口创业扶持基金。

（二）拓展产业发展的融资渠道

加大招商引资力度。搞好招商引资队伍建设，制定重点产业的招商引资计划。围绕主导产业，实施“靶向招商”、“敲门招商”、产业链招商。瞄准国内央企、知名企业和行业龙头企业重点招商，注重引进产业上游的研发环节，推动制造业与生产性服务业联动招商。从“政策招商”向“环境招商”转变，在提供优惠政策的基础上，依靠优化发展环境、搭建良好平台推动招商引资。

积极争取各方资金。积极策划打包项目，积极争取对先进技术产业化项目给予支持。对争取到的国家专项资金支持的重点项目，按照地方政府配套要求给予资金支持。激励境内外大型担保公司为区域内企业提供贷款担保。每年择优推荐一批产业发展项目，积极争取国家发改委、科技部、工信部等部门有关专项资金的支持。积极支持符合条件的城市群内企业在国内外上市融资，发行企业债券和企业融资券。

（三）加大对现代农业发展的支持力度

创新土地流转方式，激活农村土地市场。积极创新土地流转方式，推行土地承包经营权入股分红等新型流转方式。立足于土地所有权、承包权、经营权的分离，在自主自愿、市场契约和政府监督的基础上，成立农村土地流转交易中心。

在严格保证土地集体所有的前提下，实行土地经营权的流转，促进农业生产要素流动，盘活农村存量土地。

加强支农资金投入，扶持农业经营主体。积极争取国家涉农资金，争取税收、土地等各种优惠政策，强化政府的引导作用，吸引各方资源、资金投入到现代农业生产中。动员全社会的力量，多方筹集农业发展资金，带动社会资本特别是民间资金、港澳台和外国资金投资现代农业。积极探索新机制，加快引进和培育龙头企业、家庭农场、农民专业合作社等产业化经营主体，发展“公司 + 基地 + 农户”“农业专业合作社 + 基地 + 农户”“家庭农场 + 农户”等多种产业化经营模式。

参考文献

[1] 李靖：《新型产业分工、功能专业化与区域治理——基于京津冀地区的实证研究》，载于《中国软科学》2015 年第 3 期。

[2] 陈雯等：《上海周边二级大城市的产业分工和职能转型——以苏锡常中心城市为例的分析》，载于《江海学刊》2002 年第 5 期。

[3] 汪阳红：《促进城市群城市间合理分工与发展》，载于《宏观经济管理》2014 年第 3 期。

[4] 魏后凯：《构建面向城市群的新型产业分工格局》，载于《区域经济评论》2013 年第 2 期。

[5] 张若雪：《从产品分工走向功能分工：经济圈分工形式演变与长期增长》，载于《南方经济》2009 年第 9 期。

[6] 赵勇、白永秀：《中国城市群功能分工测度与分析》，载于《中国工业经济》2012 年第 11 期。

[7]《黑龙江省新型城镇化规划》。

[8]《吉林省新型城镇化规划》。

[9]《中共黑龙江省委关于制定黑龙江省国民经济和社会发展第十三个五年规划的建议》。

[10]《中共吉林省委关于制定吉林省国民经济和社会发展第十三个五年规划的建议》。

第八章

哈长城市群的开放合作*

本章从城市群开放合作的基本特征出发，研究提出了影响城市群开发合作的因素和城市群开放合作的策略，以其为理论支撑，对东北地区开放合作存在的问题、面临的机遇和挑战进行了深入分析，提出了哈长城市群积极培育国际合作新优势、构建多向对外开放新格局、提升“引进来”“走出去”水平、积极开发国内及本地市场的基本思路，以及打造多层次合作平台、拓展合作领域、积极对接“一带一路”倡议、加强与东北其他区域的协调发展等重点任务，最后提出了五条对策措施。

城市群是汇集人口、资金、技术、信息、文化等各种可见与不可见要素的中心，是参与和影响全球或区域经济、社会、文化、政治等各种活动的重要力量，承担着国家或区域对内对外联系的重要功能，具有较强的吸引力、辐射力和开放性。本章所涉及的哈长城市群的研究范围包括黑龙江省的哈尔滨市、大庆市、齐齐哈尔市、绥化市和牡丹江市，吉林省的长春市、吉林市、松原市、四平市、辽源市和延边州，合计 11 个地级市（州）。

一、城市群开放合作的基本思路

城市群是对内对外不断开放的系统，城市群的发育水平决定了其开放合作的程度，区位、经济发展水平、基础设施条件、合作的体制机制等因素影响着城市群开放合作的深度和广度，制定城市群开放战略对城市群的发展至关重要。

---

* 本章执笔人：汪阳红，女，现任国家发展改革委国土开发与地区经济研究所研究员，研究方向为区域经济和城市经济。

（一）城市群开放合作的基本特征

1. 城市群是边界不断发展变化的开放系统

城市群是由众多城市在特定区域范围共同组成的具有紧密联系的城市集合体，具有开放性，由区域内不同城市构成的网络特征使其具有近似俱乐部的会员制，会员制的性质不属于“免费午餐”，每个城市都应对城市群做出积极的贡献，通过分工合作，实现利益分享。城市群网络效应的多少，决定于参与者如何利用城市群网络，并不断扩大与其他城市群的连接。城市群的边界不是固定的，如长三角城市群城市成员不断增加的现象正是城市网络效应带来的结果。开放性的城市网络关系可以在更大空间尺度上促进城市间的合作发展，使城市群的影响力不断提升。随着城市群对外辐射力的不断增强，城市群主体与其周边地区的要素交流日益增多，当城市群周边的城市在产业及功能上逐渐与城市群交融，城市群的地理范围就会进一步扩大延伸到周边地区。对于以一定边界划定的城市群规划，应重视城市群与周边地区的协调发展，避免产生由规划带来的新的区域分割，这样更有利于在更大空间尺度上促进区域协调发展。

2. 城市群的发育水平决定了其开放合作的程度

城市群的形成是一个遵循从低级到高级演化的循序渐进过程。从承载人口的角度看，城市群形成过程实质是人口聚集区空间结构的高级化演变过程，人口在空间的集聚过程大体经历乡村、集镇、一般性城市（含大中小等级）、大都市区（都市圈）和城市群五个发展阶段。在城镇化过程中这五种空间形态都会同时存在，在发展条件好的地区，大城市发展到一定阶段随着辐射扩散能力不断增强，与周边地区包括卫星城市、郊区、新城连片发展，就形成了大都市区，大都市区进一步发展演变为城市群。在《中共中央关于制定国民经济和社会发展第十三个五年规划的建议》中提出优化发展京津冀、长三角、珠三角三大城市群，形成东北地区、中原地区、长江中游、成渝地区、关中平原等城市群。这些城市群中由于经济发展阶段和人口产业集聚空间演化特征不同，所表现出的区域内部与外部的开放性特征也不相同。东部地区的城市群已经初步形成城市间紧密的经济联系，城市间合作诉求多，区域对外开放合作的深度和广度都在加强；中西部地区的城市群正处在由大都市区向城市群演化的发展阶段，核心城市的聚集功能仍很突出，城市间联系还较弱，受自身发展水平的制约，对外开放的深度和广度还有待增强。

3. 积极的开放合作战略有利于城市群的加快发展

在编制城市群规划中，把开放合作的理念贯彻到城市群发展中的各个领域，既有利于成熟型城市群的优化提升，也有利于培育型城市群的加快形成。目前，我国还处于市场经济不断完善的阶段，全国统一大市场尚未形成，地区间的行政壁垒依然存在，城市间产业恶性竞争严重，城市增长粗放，知识积累的步伐还比较缓慢，城市群的发展还主要表现为地理空间上的集聚特征，真正的功能整合远没有形成，使得城市群应有的规模经济、集聚效应和节约集约利用资源的优势没有得到很好地发挥。2013 年 11 月党的十八届三中全会《关于全面深化改革若干重大问题的决定》提出，要构建开放型经济新体制，“适应经济全球化新形势，必须推动对内对外开放相互促进、‘引进来’和‘走出去’更好结合，促进国际国内要素有序自由流动、资源高效配置、市场深度融合，加快培育参与和引领国际经济合作竞争新优势，以开放促改革。”2015 年 10 月 29 日《中共中央关于制定国民经济和社会发展第十三个五年规划的建议》提出：“坚持开放发展，着力实现合作共赢。开创对外开放新局面，必须丰富对外开放内涵，提高对外开放水平，协同推进战略互信、经贸合作、人文交流，努力形成深度融合的互利合作格局。”城市群作为支撑我国未来经济发展的核心动力，必须深入实施对内与对外全方位的开放合作战略，才能为全国经济的持续健康发展发挥积极作用。

（二）影响城市群开放合作的因素

1. 地理区位条件影响城市群对外开放的重点

城市群在全国乃至全球的地理区位条件，对城市群的开放合作具有重要的影响。东部地区的城市群具有直接出海、与欧美发达国家开展贸易的便利条件，最早地参与了与全球各个国家的贸易和合作，以及与全球若干重要城市群的联系，其开放重点首先是环太平洋的国家和地区，也包括通过海上通道面向欧洲及其他国家和地区；中西部地区的城市群地处内陆，受交通条件、运输成本等因素影响，对外合作条件次于东部地区的城市群，但随着交通条件的改善，以及我国“一带一路”倡议的实施，这些城市群具有通过陆路口岸开展对外开放合作的条件，其开放重点将主要是亚洲及欧洲的国家和地区。

2. 经济发展水平决定了城市群开放合作的层次

开放合作的实质依赖于不同城市、国家和地区间有可开展交易的贸易活动，经济发展水平越高的城市群，城市间及城市群与其他区域的经济贸易活动也越频繁。东部地区的城市群城市间的经济联系紧密，发展水平较高，以往的对外开放中重点依赖加工贸易，在形成对自身经济发展支撑的同时，也积累了较强的国际竞争力，为未来开展更高水平的经济贸易打下了基础。中西部的城市群城市间联系还较松散，自身发展水平有待增强，大部分区域进口大于出口，总体对外贸易水平不高。随着中西部城市群发展水平的提高，其对外开放和合作的需求和层次也将得到进一步提高。

3. 基础设施条件是城市群对外开放合作的基础

依赖各类基础设施的硬件及软件条件，城市间及城市群与周边区域才有条件开展紧密的经济联系，促进形成人力、物资、资本、技术在不同地区间的顺畅流通，因此，基础设施条件如何直接影响城市群的开放合作状况。一方面，城市群内部各城市间的经济联系和产业分工协作，必须依赖畅通的基础设施条件，路网密度越高，城市群越发达；另一方面，城市群与周边区域以及全球其他区域的经济联系也有赖于城市群对外通道的畅通和便利。我国中西部的城市群既存在内部城市间交通网络不畅的问题，更存在与周边区域和国家对外大通道不畅的问题，自然对城市群的对外开放产生制约。

4. 开放合作的体制机制及政策影响城市群的开放合作进程

促进城市群开放合作，必须要有健全的体制机制及相应的政策保障。构建城市群内部相互开放的市场体系有利于加快推进全国统一市场的构建，同时，由于城市群内部存在不同的行政利益主体，也要相应建立完善多元主体参与的区域治理机制，以协调不同城市在城市群发展中的利益关系，促进形成城市群整体利益的最大化。在对外开放合作中，要积极应对经济全球化对我国带来的挑战，完善法治化、国际化、便利化的营商环境，健全有利于合作共赢并与国际贸易投资规则相适应的体制机制，完善双边和多边合作机制，推进同有关国家和地区开展多领域互利共赢的务实合作。

（三）城市群开放合作的策略

1. 充分发挥城市群的比较优势

城市群的开放合作要通过充分发挥城市群内各城市及城市群的整体比较优势，积极形成先发优势，增强城市群的整体发展水平，提升城市群开放合作的实力。在城市群内部，应加快形成城市功能有机整合、产业分工合理、经济联系紧密的相互依赖的网络关系；增强核心城市的流量集聚与扩散能力，进一步提升现代服务业水平，发展具有影响力的高端产业，承担起有序分工组织者的角色，增强参与全球城市网络联系的能力，提升在世界城市网络中的地位；走多途径城市化道路，发展各具特色的功能城市，形成不同的对外开放优势。发挥不同城市群的地理区位优势，打造成为我国全方位对外开放格局中的若干增长极，形成面向世界不同国家、海陆多向开放的对外开放格局，如东北地区的城市群重点向东北亚地区开放，西部地区的城市群重点向中亚、西亚和南亚地区开放，并延伸至欧洲大陆，东部地区的城市群则具有多向开放特征。

2. 积极开展多层次的开放合作

结合不同城市群内部空间演化的特征和总体经济发展水平，城市群可以分层开展合作，如处于形成发育阶段的城市群，核心城市仍处于要素集聚阶段，其在整个区域发展中的功能突出，是引领城市群扩大开放的领头羊，这类城市群要重点加强核心城市的功能提升和对外开放水平的提高；随着核心城市功能的不断完善，群内城市间将围绕核心城市形成紧密的分工协作，城市间的合作领域主要为重大基础设施的共建共享、区域能源资源的开发利用和生态环境的保护。对于城市群内部已经形成比较紧密联系的城市群，城市间的竞争与合作态势明显，需要进一步明确各城市的功能分工，加强城市间合作，合作领域向区域共同市场构建、区域信息一体化、区域基本公共服务一体化、区域品牌共创等方向演变，城市间的合作层次和领域不断深化；为了提高城市群的整体竞争力，也需要加强与周边区域的合作，在更大空间尺度上调动资源，并对周边区域的发展发挥辐射带动作用，形成与周边区域协调发展的态势。同时，城市群必须进一步加强与世界上不同类型经济体的合作，形成城市群内部、城市群与周边区域、城市群与世界上其他国家和地区广泛合作的多层次开放体系。

3. 努力拓展优势领域的开放和合作

城市群在新的国际竞争环境中，要积极加快培育竞争新优势，创新外贸发展模式，以创新驱动为导向，不断增强开放能力，全面提升在全球价值链中的地位，推动外贸向优质优价、优进优出转变，壮大装备制造和高新技术产品等新的出口主导产业，积极发展服务贸易；加强营销和售后服务网络建设，不断巩固和拓展传统优势产品出口，提高传统优势产品竞争力，巩固出口市场份额；实行积极的进口政策，向全球扩大市场开放。扩大开放领域，放宽准入限制，积极有效引进境外资金和先进技术；“引进来”和“走出去”并重，引资和引技引智并举。支持企业扩大对外投资，推动装备、技术、标准、服务“走出去”，深度融入全球产业链、价值链、创新链，建设一批大宗商品境外生产基地，培育一批跨国企业。积极搭建国际产能和装备制造合作金融服务平台。发挥城市群在实施

“一带一路”倡议中的引领作用，推进在沿线国家开展对外工程承包、投资办厂，建设境外经贸合作区，推动海外资源开发合作。

4. 推进对外开放平台和通道建设

通过自由贸易试验区、内陆开放高地和对外开放通道等建设，促进城市群成为带动全方位开放的核心动力地区。东部地区的城市群要深化上海自由贸易试验区改革开放，扩大服务业和先进制造业对外开放，形成促进投资和创新的政策支持体系，及时总结改革试点经验，在全国复制推广。依托现有新区、园区，推动广东、天津、福建自由贸易试验区总体方案全面实施，以上海自由贸易试验区试点内容为主体，结合地方特点，充实新的试点内容，未来结合国家发展战略需要逐步向城市群中的重要城市扩展，推动实施新一轮高水平的对外开放。中西部的城市群要抓住全球产业重新布局机遇，积极探索建设内陆型开放高地的新模式，以城市群核心城市为依托，以开发区和产业聚集区为平台，积极探索承接产业转移新路径，创新加工贸易模式，形成产业集群。鼓励合作共建产业园区，促进内陆贸易、投资、技术创新协调发展。支持中心城市增开国际客货运航线，发展江海联运，以及铁水、陆航等多式联运，形成横贯东中西、联结南北方的对外经济走廊。

5. 坚持对内开放与对外开放并重

当今世界不论哪个区域都已经离不开经济全球化的影响，城市群作为国家竞争力的体现，更是参与国际竞争的主力地区，但伴随着新一轮产业革命的出现，全球产业结构将出现重大调整，国际贸易体系发生重大变化，发展中国家大规模出口的贸易体系面临挑战，在拓展外部市场空间难度加大，以及生产者与消费者相分离的产业分工体系出现变化的背景下，实施对内开放变得十分必要和迫切。而我国国内市场空间广阔，发展潜力巨大，在经济进入新常态格局下，扩大对内开放，挖掘国内市场空间，成为与扩大对外开放同等重要的任务。提升城市群的对内开放合作水平，首要任务是形成区域内部高效的统一市场，消除城市间市场开放的壁垒，依托城市群的产业优势，优先拓展城市群特色优势产品在国内市场的份额。提升城市群的进口替代水平，不断增强本地市场所需产品的供给能力，形成具有地方和区域竞争力的出口优势产业和产品，形成以内促外、以外带内的对外开放格局。

二、哈长城市群开放合作的发展背景

哈长城市群是一个正在成长发展壮大的城市群，其特殊的地理位置、经济基础为其开展对外开放合作提供了基础条件，在新的发展背景条件下，哈长城市群对外开放的机遇与挑战并存。

（一）发展现状和存在的问题

1. 具有独特的地理区位，交通优势条件突出

哈长城市群处于由中国、日本、韩国、朝鲜、俄罗斯、蒙古国六国组成的东北亚腹心地带，东与俄罗斯、韩国、朝鲜接壤，与日本隔海相望；北与俄罗斯远东地区相连接，可达欧洲；西与内蒙古连接，进而通向中亚；南依辽中南城市群，与环渤海区域相呼应，是第一欧亚大陆桥的重要组成部分，是沟通东北亚、中亚和欧洲货物流通的重要通道和交通节点枢纽。哈长城市群拥有发达的交通系统，是京哈、哈大、绥满铁路的重要组成部分，在东北铁路网骨架中承担着重要的核心支撑作用，公路网比较密集，随着哈尔滨至齐齐哈尔、长春至珲春等高铁的建成，区域快速交通干线网络正在初步形成，为促进哈长城市群加快发展以及扩大开放提供了基本条件。

2. 经济支撑实力较强，但产业优势有待发挥

城市群的经济实力是支撑区域扩大开放的基础，哈长城市群是东北地区经济发展水平较高的区域之一。2013 年，哈长城市群地区生产总值达到 24756.03 亿元，人口 4785.6 万人，分别占黑龙江、吉林两省的 90.47% 和 72.66%，分别占全国的 4.21% 和 3.52%%，人均 GDP 为 51730 元，是全国人均 GDP 的 1.2 倍。区域内农业发达，是全国重要的商品粮和畜产品生产基地，工业初步形成了以装备制造、运输设备制造、石油化工、食品加工等为主体的产业体系，电子信息、边境贸易、国际物流和生态、冰雪、边境旅游等现代服务业快速发展。但在对外合作中，城市群已有的农业和装备制造业等优势潜力尚未充分发挥出来，在出口产品中仍为附加值较低的一般产品，未来依托优势产品扩大对外贸易的潜力很大。

3. 对外贸易不断扩大，但总体发展水平不高

对外贸易逐年增加，2013 年，城市群进出口总额 379.62 亿美元，占黑龙江、吉林两省的 59%。其中，出口 123.4 亿美元，占黑龙江、吉林两省的 54%；进口 256.22 亿美元，占黑龙江、吉林两省的 61%。利用外资规模不断扩大，2013 年实际利用外资 49.36 亿美元，占黑龙江、吉林两省的 77%（如图 8－1 所示）。对外经济技术合作取得了一些新的进展，企业“走出去”步伐加快，一批大型企

业成功并购国外知名企业，对外投资开始逐年增加，主要集中在木材开采、矿产开发等资源性领域及农产品生产加工领域。

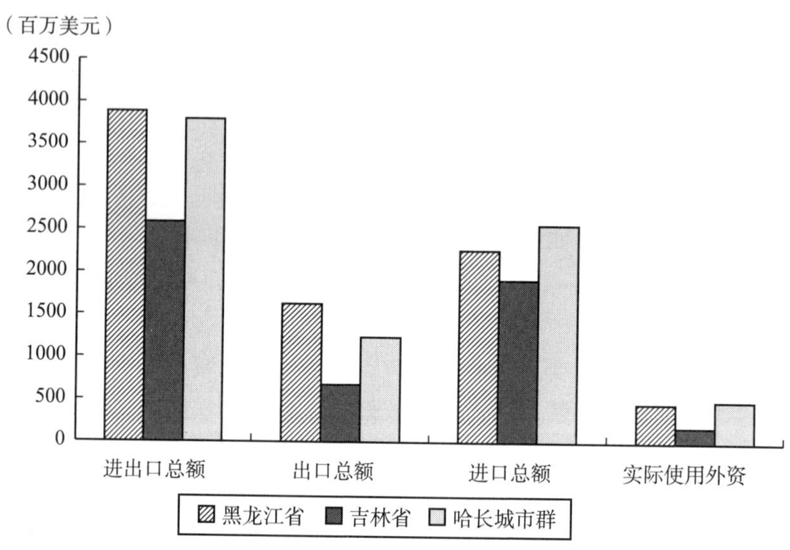

图 8－1　2013 年哈长城市群及黑龙江、吉林两省进出口和实际利用外资情况

4. 开放平台初步建立，但开放环境亟待优化

对外开放平台有序建设，哈大齐工业走廊、长吉图开发开放先导区开放步伐加快，各类开放平台建设有序推进。哈长城市群依托传统的开放通道，以及黑龙江、吉林两省沿边地区的口岸，具有优良的开展边贸合作的优势条件。依托沿边近海优势，不断扩大经贸和人员往来，加强了对俄罗斯、蒙古国、朝鲜、韩国、日本等国的资源开发利用，中德双边合作有序推进。在能源、矿产、制造业等领域实施了多项合作，扩大了进出口贸易，承接了日韩的产业和技术转移。充分利用各级各类开发区转型发展，重点建设了中朝罗先经贸区、珲春国际合作示范区、长春兴隆保税区等开发区。围绕“借港出海”与俄罗斯合作建设扎鲁比诺万能港。但受制于周边国家政治、经济等多方面的考虑，一些合作的推进步伐仍比较缓慢，对外开放政策仍需完善。

5. 核心城市发展突出，地市间发展很不均衡

哈长城市群内部对外开放的发展水平差异较大，核心城市具有比较明显的优势；但是，哈尔滨市利用外资的情况较好，而长春市进出口贸易的优势比较明显，黑龙江省的牡丹江和大庆的对外贸易发展情况较好，吉林省的延边州和吉林市的对外贸易发展情况略好于其他城市，而四平、绥化、辽源和松原等城市的对

外贸易发展步伐十分缓慢。如要提升哈长城市群的对外开放步伐，单靠核心城市是远远不够的，必须加快城市群内部其他城市的发展，通过开放增强城市的发展实力，通过增强城市的发展实力，形成经济发展与开放互动的格局。2013 年哈长城市群各地市进出口情况和实际利用外资情况如图 8 -2 和图 8 -3 所示。

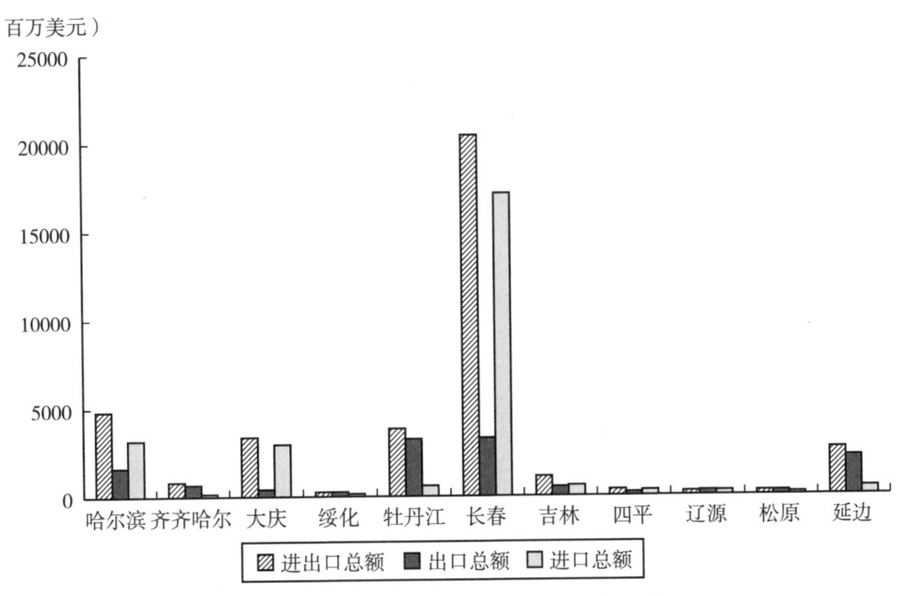

图 8 -2　2013 年哈长城市群各地市进出口情况

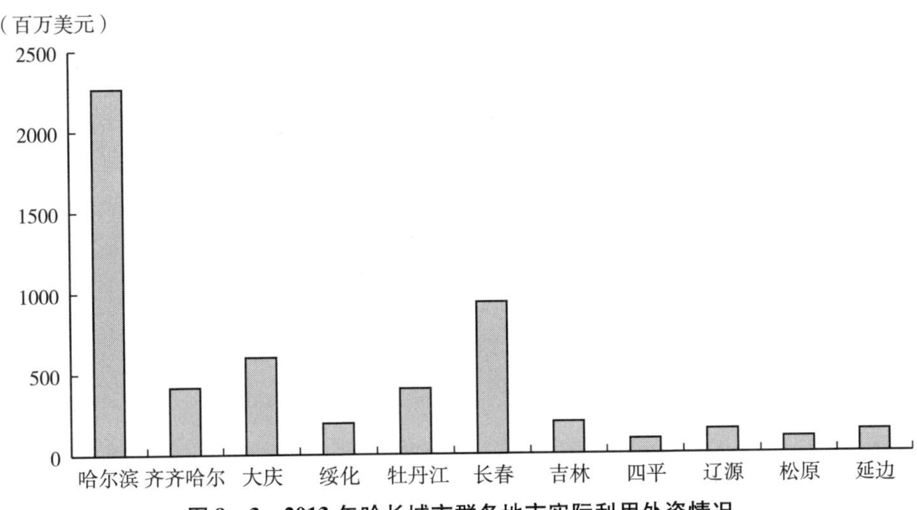

图 8 -3　2013 年哈长城市群各地市实际利用外资情况

（二）机遇和挑战

1. 东北亚合作进一步深化，但周边环境仍比较复杂

哈长城市群与俄罗斯、蒙古国、日本、韩国等国在政治合作、资源开发、经贸互市、文化交流等方面日趋紧密，为区域的发展提供了契机。中俄合作呈良好发展态势，进入历史上最好的时期之一。正式“入世”之后的俄罗斯将更加开放，东北亚各国贸易也将更加规范有序，俄罗斯入世必将为东北亚各国加强与俄罗斯合作带来重大的机遇。据统计，2013 年，中俄双边贸易额达888 亿美元，同比增长1.1%。中国已连续四年成为俄罗斯第一大贸易伙伴国，俄罗斯则是中国第九大贸易伙伴国，俄罗斯已成为中国海外投资增长最快的国家之一。俄罗斯、乌克兰冲突也给我国在自然资源开发和深加工以及跨境交通设施建设和物流、金融合作等方面带来了机会。中韩自贸区协定的签署，对扩大双边贸易带来了机遇。2015 年6 月1 日，中韩自贸协定正式签署，对于进口制造业下游产业链所需的关键零部件、电子元器件、精细化工、高端机械等产品带来了有利条件，有利于哈长城市群提升制造业的水平。韩国一直对参与图们江地区开发具有较高的积极性。

另外，开展与周边国家次区域合作面临一些不确定性。受历史记忆、现实利益和战略诉求等多种因素影响，东北亚地区仍然是当今世界政治和安全形势最为复杂的地区之一。政治互信脆弱、安全机制缺失、大国势力插手、领土纠纷未决等问题，对本已滞后的区域合作进程构成严重的威胁。表现在东北亚地区国家在政治制度和经济发展水平方面存在很大差异，区域内国家间以历史和领土为主的政治问题十分突出，区域内缺乏绝对主导力量，外部压力影响等。美国“重返亚太”战略给东北亚区域合作增添了新的变数，日本参与东北亚合作的动力不足，东北亚地区有关国家间的相互合作也在加强，对哈长城市群深化东北亚合作也带来挑战。同时，哈长城市群特殊的地理位置，近邻地区不是所在国家的经济中心地区。俄罗斯的发展重点主要集中在中亚，与东北地区相邻的远东地区，地广人稀，经济发展水平相对较低，还有蒙古国、朝鲜等国家发展水平也相对落后，也对参与东北亚合作带来一定制约。

2. 哈长城市群与“一带一路”倡议的对接

2015 年3 月，我国颁布了《推动共建丝绸之路经济带和21 世纪海上丝绸之路的愿景与行动》，与“京津冀协同发展”“长江经济带”共同构成我国新时期的三大区域发展战略。《推动共建丝绸之路经济带和21 世纪海上丝绸之路的愿景与行动》中针对东北地区提出的要求是“发挥内蒙古联通俄蒙的区位优势，完善

黑龙江对俄铁路通道和区域铁路网，以及黑龙江、吉林、辽宁与俄远东地区陆海联运合作，推进构建北京—莫斯科欧亚高速运输走廊，建设向北开放的重要窗口”。“一带一路”倡议的提出，为东北地区加快发展带来了新的机遇。2015 年 5 月，习近平访俄期间，两国签署了能源、交通、航天、金融等领域多项合作文件，签署了中俄关于丝绸之路经济带建设与欧亚经济联盟建设对接合作的联合声明。东北地区与俄罗斯、蒙古国、朝鲜、日本、韩国等国的合作，在“一带一路”的构架下，我国与这些国家间在“政策沟通、设施相连、贸易畅通、资金融通、民心相通”等方面的合作将进一步加强，有可能对改变哈长城市群长期以来相对封闭的开放格局带来利好。但同时，哈长城市群作为全国全方位开放格局中面向东北亚地区的前沿，由于东北亚地区特殊的环境背景，与全国其他地区相比，更面临较大的困难。

3. 环渤海合作与京津冀协同发展战略的实施，为哈长城市群开放带来机遇

作为我国三大支撑带之一的《京津冀协同发展规划纲要》已经正式颁布实施，其不仅对京津冀城市群协同发展产生重要作用，对哈长城市群的未来发展也将发挥重要的作用。《京津冀协同发展规划纲要》的核心是疏解首都非核心功能，由此带动整个区域进一步协作分工、互补发展，从而提升城市群的整体竞争力，京津冀整体竞争力的提升，必将对与联系最为紧密的东北地区产生影响，意味着京津冀城市群的影响腹地将进一步扩大，有可能获得较大的产业外溢效应。同时，随着京津冀城市群开放性的不断提高，整个环渤海区域的经济协作也将更加密切，由此对哈长城市群融入京津冀和环渤海带来机遇。但在环渤海战略实施过程中也存在哈长城市群相距环渤海区域较远、地区间竞争大于合作的特征，增强地区间联系，形成优势互补、互为协调的区域开放格局仍需深化。京津冀协调发展过程中，非首都核心功能的转移目前的重点仍然是首都周边的河北相关县市，一些优势资源要素外溢到哈长城市群仍需要一段时间。

4. 周边国家市场比较狭小，对哈长城市群扩大开放带来制约

哈长城市群相比我国其他城市群距离国际主要市场的条件较弱，其远离世界主航道，出海口少，毗邻的俄蒙地区人口稀少，俄罗斯远东地区面积 620 万平方千米，2010 年人口仅为 629 万人；蒙古国面积 157 万平方千米，2013 年人口仅为 294 万人。哈长城市群对外开放受产业发展互补性弱、市场相对狭小、政局不稳定、对外出海口少等限制，对外开放受到一定制约，在全国对外贸易中的地位不高，且受经济形势的影响，地位还有所下降。同时，东北地区气候寒冷，冬季漫长，许多生产活动受到季节限制。在对外贸易中，东北三省的辽中城市群和辽

宁沿海地区是主要的贡献者，哈长城市群的对外贸易水平更低，这与其相对内陆的区位有较大关系。

三、哈长城市群开放合作的基本思路

全面贯彻落实党的十八大和十八届三中、四中、五中全会精神，坚持使市场在资源配置中起决定性作用和更好地发挥政府作用，坚持改革开放和法治保障并重，坚持“引进来”和“走出去”相结合，坚持与世界融合和保持中国特色相统一，坚持统筹国内发展和参与全球治理相互促进，坚持把握开放主动权和维护国家安全。主动适应经济发展新常态，并与实施“一带一路”倡议和国家外交战略紧密衔接，科学布局，选准突破口和切入点，发挥社会主义制度优势，把握好开放节奏和秩序，扬长避短、因势利导、有所作为、防范风险、维护安全，积极探索对外经济合作新模式、新路径、新体制。

（一）积极培育国际合作新优势

在开放中不断巩固和拓展传统优势、加快培育竞争新优势。提升产业合作层次，把增值环节留在本地。以创新驱动为导向，以质量效益为核心，大力营造竞争有序的市场环境、透明高效的政务环境、公平正义的法制环境和合作共赢的人文环境，加速培育产业、区位、营商环境和规则标准等综合竞争优势，不断增强创新能力，全面提升在全球价值链中的地位，加强国际产能合作，促进产业转型升级。构建外贸可持续发展新机制，从管理体制上着力提高贸易便利化水平，完善扩大出口和增加进口政策，发展服务贸易，健全贸易摩擦应对机制，促进外贸提质增效升级。加快促进从过去外向型经济发展主要依赖“劳动力—自然资源”型逐步转向依靠“资本—技术”型转变。

（二）构建多向对外开放新格局

积极对接“一带一路”倡议，统筹区内开放与沿海、沿边全方位对外开放，以中心城市为依托，以开发区和产业聚集区为平台，积极探索承接产业转移新路径。充分利用辽宁沿海经济带对外开放门户的带动作用，加强哈长城市群与辽宁沿海地区的合作。依托沿边开放口岸，畅通哈长城市群对外通道建设，加强城市群核心区域与开放前沿的经济关联，形成城市群内部与外部、内陆与沿海、沿边相互促进、协同推进的开放新格局。积极推动哈长城市群与环渤海、京津冀的协调发展，推动京津冀、山东半岛产业链条、服务体系、市场网络向哈长城市群延伸，注入国内资金、技术、人才等要素。积极拓展面向东北亚的开放合作，加强与俄罗斯、蒙古国在能源、重要矿产资源勘探采掘开发、制造业、森林资源等方面的合作，推进对朝铁矿等资源的合作开发，加强与日本、韩国在高科技研发、循环经济发展、文化会展与旅游、投资贸易等领域的重点合作，为城市群发展注入国外资源、技术和资金。

（三）提升“引进来”和“走出去”水平

切实提高利用外资水平，做好“引进来”文章，从简单地吸引投资向引资、引技、引智相结合转变，从引进单个企业为主转向以产业链招商为主转变，从引进生产性企业为主转向以引进功能总部型机构为主转变。引导外资投向高技术产业、基础设施领域和高端制造环节，把合作层次从制造环节向研发环节拓展，重点引导外商投向通用设备、重型机械装备、交通运输装备等装备制造业以及光电产业、生物医药、新能源、新材料等战略性新兴产业和现代服务业、现代农业。鼓励外资参与道路交通、大型水库等大规模基础设施以及城市公共设施项目建设，支持外商以转让经营权等多种形式投资基础设施领域。积极鼓励哈长城市群装备制造业“走出去”，推动资源消耗多、环境影响大的重化产业将前端冶炼、粗加工等低附加值环节向境外转移，支持企业到境外从事农业、矿产和森林资源开发。支持企业开展对外承包工程和劳务合作。

（四）积极开发国内及本地市场

进一步消除区域内部市场开放的壁垒，依托东北地区产业产品优势，优先拓展哈长城市群特色优势产业和产品在国内市场的份额，进一步扩大农产品、精密机床、汽车及零部件、造船、特钢、化工材料等在国内的市场份额。发挥城市群内部不同城市的产业产品优势，大力提升具有本地市场需求特色的产品贸易规模，如为农业现代化及装备制造业和能源原材料工业发展配套的产品，以及城市基础设施建设、居民日常生活所需产品等。提升进口替代水平，通过不断增强本地市场所需产品的供给能力，形成具有地方和区域竞争力的出口产品，带动黑龙江省和吉林省的经济发展。

四、实施全方位对外开放合作

哈长城市群要实施全方位的对外开放合作，通过发挥中心城市的开放引领作用，推动开发区、边境合作区等转型升级，打造多层次合作平台，拓展开放合作领域、积极对接“一带一路”，提升开放合作水平。

（一）打造多层次合作平台

1. 发挥中心城市对外开放引领作用

支持哈尔滨、长春、吉林市建立引导哈长城市群扩大开放的平台建设，整合发挥好中国—俄罗斯博览会、长春中国—东北亚博览会、长春国际汽车博览会、长春电影节、黑龙江农业机械博览会和哈尔滨太阳岛国际雪雕艺术博览会等各类国际性展会的作用。鼓励大型跨国公司、外资银行积极参与国有企业改造和技术改造。鼓励中心城市重点发展高端产业、高端增值环节和总部经济，加快培育以技术、品牌、质量、服务为核心的竞争优势，推进装备优势产业和农业“走出去”，加快服务业对外开放步伐，建设完善各类商贸会展平台，大力发展跨境电子商务平台。提升中心城市金融服务功能，开展跨境电子商务建设。积极复制上海自贸试验区成功经验，在扩大服务业开放、创新海关监管模式等方面取得突破。以打造哈尔滨对俄合作中心城市为目标，积极推进哈尔滨临空经济区建设，研究设立国家级新区，建成面向东北亚区域开放合作的战略高地。研究设立哈尔滨、大庆综合保税区，将华宇经济贸易合作区、华信中俄（滨海边疆）现代农业经济合作区上升为国家级境外园区。

2. 推动开发区转型升级和创新发展

加强城市群内国家级经济技术开发区、高新技术产业开发区以及省级开发区的创新发展。发挥开发区的引领和带动作用，大力发展先进制造业、生产性服务业和科技服务业，推动区内产业升级，建设协同创新平台，实现产业结构、产品附加值、质量、品牌、技术水平、创新能力的全面提升。推动开发区绿色、低碳、循环发展，继续深化节能环保国际合作。不断改善投资环境，进一步规范行政管理制度，完善决策、执行、监督和考核评价体系，避免同质竞争，努力把开发区建设成为带动哈长城市群加快发展的重要载体、构建开放型经济新体制和培育吸引外资新优势的排头兵、科技创新驱动和绿色集约发展的示范区。加快建设长春兴隆综合保税区和吉林市 B 型保税物流园区，推动哈尔滨综合保税区建设。

3. 加强沿边开放合作平台建设

加快建设牡丹江中俄地区友好合作示范城市，打造中俄沿边开放先导区。推进设立绥芬河（东宁）重点开发开放试验区。完善绥芬河综合保税区运行机制，积极推进牡丹江阳明物流园、绥芬河边境经济合作区、穆棱边境经济合作区等境内园区和俄罗斯乌苏里斯克经济贸易合作区等境外园区建设。依托珲春国际合作示范区建设，打造集区域性出口加工、境外资源开发、生产服务、国际物流、跨国旅游等于一体的特殊经济功能区。研究设立延吉（长白）重点开发开放试验区、和龙边境经济合作区。加快珲春俄、日、韩工业园区建设，建设成为图们江区域合作开发的桥头堡。

加强沿边口岸城镇建设。推进东宁等边境口岸城镇发展，增强开发开放支撑能力。发展面向周边市场的木材、建材、食品加工、物流等特色外向型产业，选择有条件的地区建设跨境经济技术合作区。优化行政区划，适度扩大边境地区城市规模，提高对周边的辐射带动作用。加强口岸集疏运体系建设，推进口岸与腹地、口岸与周边国家基础设施的对接联通，尤其是跨界公路、铁路及旅游公路建设。加大铁路、公路、口岸等互联互通及电子口岸建设力度，推动跨境通关、港口和运输便利化。支持发展边境旅游、口岸商贸、物流等产业，促进文化教育交流与合作。新建抚远等一批支线机场，支持建设航空口岸，开通国际航线。

（二）拓展开放合作领域

1. 加强重点领域的开放合作

一是加大与蒙古国、俄罗斯的能源、矿产资源的合作与开发力度，探索建立长期稳定的合作关系与合作机制，形成多元化进口能源、矿产资源格局。采取多种形式参与俄罗斯、蒙古国，特别是俄罗斯远东与西伯利亚地区的石油、天然气国际开发工程。依托沿边地区与周边国家丰富的资源优势，适度发展煤炭、石油、天然气化工和金属冶炼深加工，培育一批产业集群和产业基地。建立境内外资源开发利益共享机制，加大能源、矿产资源进口力度，支持企业在境外对矿产资源进行初、深加工后回运国内，在境内对进口矿产资源进行落地加工，建设矿产加工跨境产业链。争取俄罗斯资源的勘探权和开发权，统筹规划对蒙古国煤、铁、铅锌等资源的开发合作。二是依托开发区和海关特殊监管区，培育一批在周边国家有市场前景的机电设备、家用电器、汽车、摩托车等加工制造业基地，在哈尔滨辟建中俄航空航天产业园，打造中俄航空航天合作研发制造基地。三是加强旅游资源的合作与开发，建立多边双边协调机制，联合开发跨国、跨境旅游精品线路，简化旅游落地签证手续。四是加强农业开发资源合作，支持国内企业到俄罗斯发展农业种植业，对需要配额许可证管理的农产品，采用边境贸易方式进行或核定定额，鼓励农产品返销国内。把国家援外项目与境外投资农业合作结合起来，推进农业经济技术合作。扩大国内需求量大的优质农牧渔产品进口，发展两头在外的绿色食品跨境产业链。五是建立与俄罗斯森林资源开发利用的长期合作关系，以木材贸易为先导，以森林资源开发为中心，实现境内外林、浆、纸及木制品产业化，鼓励大企业到俄罗斯境内建设木材初加工园区。

2. 优化进出口贸易层次和结构

积极推进机电和高新技术产品、优势农产品出口，提高在出口总值的比重；鼓励企业进口新技术、新设备、新材料和符合国家进口导向的资源性产品，增强进口主体的竞争实力。以现代商贸物流、旅游产业、农业服务业等领域为突破口，着重抓好外包服务业的发展，以服务业发展带动服务贸易发展。实施“市场多元化”战略，巩固扩大发达国家市场，重视开拓发展中国家市场，突出开发周边国家市场。依托资源优势和产业基础，承接国际产业转移，鼓励国内外战略投资者参与老工业基地改造和产业优化升级。适当降低资本金比例、放宽外资持股比例，鼓励外商投资冶金化工、装备制造业、高新技术产业、现代服务业、现代农业、节能环保产业等领域，进一步扩大利用外资的水平和规模。支持企业开展境外加工装配、开发矿产和采伐森林等重要资源，把俄罗斯、韩国、日本、朝鲜和蒙古国等东北亚各国作为“走出去”的重要地区。重视劳务输出，扩大对外工程承包。

3. 广泛开展科技人文交流合作

支持哈工大中俄人才交流和科研合作基地、黑龙江中俄船舶与海洋技术合作中心等建设，加强中俄高水平科研人才交流。依托哈尔滨科技创新城、中俄科技合作及产业化中心等平台，建设面向俄罗斯及东北亚的科技创新合作基地，加快推进研发成果产业化进程。推动区域高校与圣彼得堡大学等俄罗斯高校开展教学科研合作，建设双方高校联盟。提高黑龙江大学中俄学院和中俄联合研究生院建设水平，充分发挥中俄人文协同创新中心作用，加快培养对俄语言、教育、文化、科技等领域人才。加快打造哈尔滨中俄音乐文化交流中心，积极开展中俄旅游文化节等经常性双边文化交流、文艺互访、体育赛事活动。

（三）积极对接“一带一路”

1. 打造对外开放大通道

构建“工”字形开发开放大通道，即沿绥满铁路、哈尔滨—长春铁路、珲春—阿尔山铁路沿线的地带为支撑的对外开放框架。

哈尔滨—长春南北通道。沿哈尔滨至长春主轴线及其周边城市为主的南北通道向北通过黑河，可与俄罗斯开展合作，形成与俄罗斯相互开放的一条通道，向南通过辽中南城市群将我国沿海地区的货物通过东北地区通往欧洲。哈尔滨—长春南北通道是支撑哈长城市群全方位开放的核心，以哈尔滨和长春中心城市作为枢纽，形成向东、向西、向南、向北全方位开放的格局，既是依托自身产业发展，提升对外贸易的重要支撑，也是参与东北亚合作的重要平台，还是沟通其他若干条开放大通道的依托，支撑我国沿海地区通过陆上通往欧洲的通道。

哈大齐（满洲里—绥芬河）东西通道。国内包含满洲里—齐齐哈尔—大庆—哈尔滨—牡丹江—绥芬河沿线，以哈尔滨为中心，哈大齐工业走廊和牡绥地区、满洲里和绥芬河为支撑，形成东北地区北部，带动黑龙江扩大开放的重要通道。对外，向东与俄罗斯波格拉尼奇内，通往符拉迪沃斯托克（海参崴），与太平洋港口和海上丝绸之路对接；向西与俄罗斯的赤塔接上欧亚大陆桥，成为北方陆上丝绸之路的一部分，是我国陆海丝绸之路连接的大通道。统筹抓好“中俄”“中欧”等货运班列运行。推进与俄罗斯、蒙古国的互联互通，积极推动满洲里至伊尔施沿边铁路建设，尽快签订中俄跨境运输协定，打通至欧洲腹地的物流通道。

长春—吉林（阿尔山—珲春）东西通道。国内包含阿尔山—乌兰浩特—白城—长春—吉林—敦化—延吉—珲春沿线，以长吉为中心，中国图们江区域（珲春）国际合作示范区、延吉—珲春为支撑，形成东北地区内部，带动吉林省扩大开放的重要通道。对外，向东至俄罗斯马哈林诺—扎鲁比诺—朝鲜罗津、清津—韩国釜山；向西与蒙古国的乔巴山、俄罗斯赤塔，经蒙古国与俄罗斯的西伯利亚铁路连接，形成沟通中国、蒙古国、俄罗斯、朝鲜、韩国的又一大通道。加快建设吉林—图们—珲春铁路、珲春市区至边境口岸高等级公路，加快推进珲春—东宁铁路前期工作；改造圈河口岸至罗津港公路，支持改扩建罗津港和扎鲁比诺港，新建圈河—元汀口岸跨境桥，畅通珲春国际合作示范区对外通道。积极发展陆海联运，开辟珲春经扎鲁比诺至釜山航线，推动清津港综合利用。积极参与俄罗斯远东地区开发和扎鲁比诺超前发展区建设。探索开辟珲春（中国）—扎鲁比诺（俄）—摩尔曼斯克（俄）等北极航线。积极与蒙古国合作，加快推动“两山”公路建设进程，积极启动“两山”铁路前期工作。

2. 加快基础设施互联互通

完成哈尔滨机场提档升级，进一步拓展对俄罗斯欧洲部分中心城市的航线，开辟对北美的航线，逐步将哈尔滨机场打造成为面向东北亚和北美的航空枢纽港和物流中心。进一步发挥齐齐哈尔、牡丹江等国际机场作用，构建开放型航空运输体系。推进绥芬河—格罗迭科沃跨境铁路改造等项目的前期工作，谋划建设牡丹江—海参崴“标轨输出、宽轨引入”一站直达高速铁路、东宁—乌苏里斯克跨境铁路。推进东宁等口岸界河公路桥梁建设。拓展与国内东南沿海、日韩、东南亚等江海联运和陆海联运新通道，畅通绥芬河—海参崴、松花江—黑龙江—尼古拉耶夫斯克（庙街）通道，通过投资、参股、长期租赁等方式参与建设和经营海参崴港、纳霍德卡港、东方港及扎鲁比诺等远东港口，增加海上航线和班次。推进中俄原油管道扩建、中俄东线天然气管道建设。加快中俄跨境国际陆地光缆项目和哈尔滨区域性国际通信业务出入口局建设，促进连接欧亚大陆的北冰洋海底光缆建设。

加强口岸通道建设。加深哈长城市群沿边口岸与俄罗斯、朝鲜的联系，打通“内联外引”窗口通道。改变城市群沿边口岸国际转运程序复杂、费率高的现状。改善口岸的运输条件，加强即有口岸的改扩建，提升口岸通关软硬件设施水平，建立“绿色通关”，搭建集口岸通关执法管理和相关物流商务服务于一体的大通关统一信息平台，实现口岸通关执法管理和相关物流商务服务统一的“一站式”通关服务。参与国外港口项目建设，灵活参与、建设或经营俄罗斯的海参崴港、扎鲁比诺港、纳霍德卡港、东方港、朝鲜罗津港、罗先港和清津港口的项目，通过项目合作，实现俄罗斯远东开发、朝鲜罗先区与哈长城市群的对外开放战略的深度融合。加快重点口岸跨境物流体系建设，完善物流通道、仓储配送、信息服务等跨境基础设施，打造区域物流中心。

3. 建设国际物流通道

加强哈尔滨—绥芬河—俄远东港口和长春—珲春—波西耶特（罗津）跨境运输路径的统筹协调，发挥第一亚欧大陆桥跨境货物运输优势，在开通内地经哈尔滨、满洲里至欧洲铁路国际班列的基础上，协同开展中（俄）欧跨境运输。依托哈尔滨—满洲里西向跨国铁路通道，发展国内腹地、沿海港口至俄罗斯、欧洲的双向运输。依托哈尔滨—绥芬河东向跨国铁路通道，发展内地至俄罗斯远东及日韩的双向运输。依托绥芬河—哈尔滨—满洲里铁路通道，承接日韩至俄罗斯腹地与欧洲的双向跨境运输。支持城市群内物流企业和境外物流企业开展合资合作，建立全程运输协调机制，形成统一的运输规则，实现国际物流便利化。鼓励东北及环渤海大型商贸物流、货运企业利用哈长城市群跨境铁路通道及运力，加强往返货源组织，改善本地物流运输条件，形成具有较强集聚辐射能力的物流产业集群。

五、加强与东北及国内其他区域的交流合作

哈长城市群要积极加强与辽中南城市群、东北其他沿边地区的融合协调发展，积极发挥辐射带动作用，加强与京津冀、山东半岛、蒙西等区域的合作，积

极扩大开放合作经济腹地。

（一）加强与东北其他区域的协调发展

1. 加强与辽中南城市群的融合发展

强化哈长城市群对黑龙江省东部城市、内蒙古东部地区的辐射带动作用，加快哈尔滨—佳木斯快速铁路、滨洲铁路电气化改造项目建设，推进牡丹江—佳木斯快速铁路和阿尔山—乔巴山跨境铁路前期工作，与辽中南地区协调联动，共同建设以哈（尔滨）大（连）铁路、绥（芬河）满（洲里）铁路、哈（尔滨）佳（木斯）同（江）抚（远）铁路、珲春至阿尔山铁路和东北东部铁路、黑龙江省沿边铁路为“一纵两横一环”轴线的东部陆海丝绸之路经济带，推动区域经济一体化发展。

2. 加强与东北其他沿边地区的合作

借助沿边重点城市的开放支撑作用。进一步增强沿边重点城市的发展水平，增强对周边地区的辐射力和吸引力。构筑多元外向型产业体系，突出发展国际贸易和物流、出口加工、进口资源落地加工、跨境旅游等特色产业，建设出口加工基地，打造跨境产业链条，扩大地产品对周边国家的出口。完善商贸物流体系，建设一批物流园区、节点和配送中心，培育一批国际化大型贸易、物流集团和专业物流企业。发展跨境电子商务，创建开放的跨境电子商务综合服务平台。积极参与周边国家的资源合作开发、工业产业链、农业生产和深加工、金融、物流、跨境电子商务等领域的合作开发，扩大建筑工程承包和劳务合作。扩大与周边国家的科技人文社会生态交流合作。优化口岸布局，完善口岸功能，加强通关、检验检疫、仓储、物流等基础设施建设，提高口岸通关便利化水平。在具备条件的地区建设综合保税区和跨境经济合作区。

3. 加强对周边地区的辐射带动

强化对黑龙江、吉林两省其他地区、内蒙古东部地区的辐射带动作用，加快在基础设施建设、产业协同发展、生态环境保护等方面的合作。积极吸纳周边地区劳动力转移就业，带动周边地区特色产业发展。

（二）加快与环渤海区域的交流合作

1. 加强与京津冀的合作

积极引进北京高端优质要素，支持中关村等在哈长城市群设立分区分园，引导北京金融、科技、创新资源向东北地区外溢辐射，支持北京科研机构、金融机构开展面向哈长地区的研究课题和业务设计，促进哈长城市群产业结构升级。发展北京科研、教育、医疗等资源优势，在其非首都功能疏解过程中，可以在更大的空间范围内，考虑优势要素资源向哈长城市群扩散，以提升完善东北地区老工业基地的城市功能，增强对人才的吸引能力和产业的支撑能力。京津冀区域在相当长时期内仍是东北地区经济社会对外联系的主通道，因此，在京津冀协同发展过程中，要充分考虑哈长地区货物外运的需要，优化京津冀与哈长城市群物流通道建设，在京津冀与哈长城市群连接地带统筹规划重要物流枢纽，服务东北地区产品的对外运输。

2. 加强与山东半岛的合作

加强山东半岛与哈长城市群在面向日韩方面的产业合作，积极共同参与中韩自贸区建设，支持山东半岛较为成熟的日韩资及其他外资产业新增产能向哈长城市群转移，形成成熟完善的外向型经济网络。促进山东半岛部分产业依托既有社会关系网络向哈长城市群转移，带动东北欠发达地区发展的同时，促进山东半岛“腾笼换鸟”。加快推进渤海跨海通道工程前期工作，缩短哈长城市群与山东半岛经济和人文交流的时空距离，降低运输成本，促进各类要素和市场合作，促进哈大发展轴向山东半岛延伸对接，共筑腹地广阔、支撑力强、跨海联动、合作密切的经济区，形成支撑我国北方地区的重要的制造业密集带。

3. 加强与内蒙古西部区域的合作

加强与内蒙古西部（蒙西）地区能源、旅游资源的开发合作，构建哈长城市群与蒙西地区旅游合作大市场，共享游客资源，积极吸引蒙西游客到哈长城市群旅游，深化旅游企业与景区之间的合作，完善旅游合作机制。共同开展“一带一路”北部通道的建设，加强与满洲里重点开发开放试验区的合作，积极扩大哈长城市群与蒙古国和俄罗斯的商贸物流合作。

（三）加强与国内其他区域的合作

通过“两横两纵”井字形交通运输体系的纵向通道和“内贸外运”的陆海

联运通道，深化哈长城市群与我国南方各省的联系进一步加强面向长三角、珠三角等东部沿海地区的招商引资和市场开拓，拓展合作领域，创新合作形式，提升合作层次，建立承接技术密集型和劳动密集型的产业园区，合理承接沿海发达经济圈的产业，吸引研发、设计、服务、营销等产业环节转移，承接先进制造业、现代服务业。加强与港澳台地区的合作交流，发挥双方在绿色食品、文化产业、旅游产业、金融业、时尚产业等方面的互补优势，搭建面向东北亚和俄罗斯合作的重要桥梁。

六、加强哈长城市群开放合作的对策

为推动哈长城市群加快发展，需要积极完善对外贸易配套服务体系，优化对外开放服务环境，积极复制和推广自由贸易区政策，加快推进对外开放体制机制改革，构建开放合作的体制机制。

（一）完善贸易配套服务体系

大力发展电子商务等现代化交易方式，加快推进哈尔滨、牡丹江、绥芬河跨境贸易电子商务试点城市建设，创建开放的跨境电子商务综合服务平台，建设绥芬河“中俄云仓”等平台项目，打造跨境电商物流基地。加快在哈尔滨打造面向俄罗斯及东北亚的区域金融服务中心，发挥哈尔滨银行卢布做市商优势，建设中俄跨境电子商务在线支付结算平台，深入开展扩大卢布使用范围试点，推动人民币跨境使用。探索建立对俄合作投融资平台，实施境外担保境内贷款融资服务，解决在俄企业融资难问题。完善出口产品检验检疫体系，加强养殖标准化示范场和备案养殖场建设，支持果蔬、畜产品等优势产品扩大出口。促进通关便利化，加大口岸基础设施建设投入，加快电子口岸建设，推进国际贸易“单一窗口”服务，全面实施关检协作一次申报、一次查验、一次放行“三个一”通关模式。建立区域内口岸与沿海发达地区口岸、周边国家口岸大通关合作机制，搭建集口岸通关执法管理和相关物流商务服务于一体的大通关统一信息平台，实现“一站式”通关服务。扩大中俄海关监管结果互认试点范围，推进东宁—波尔塔夫卡互市贸易区互免签证。赋予绥芬河口岸整车进口资质。

（二）优化对外开放服务环境

营造招商引资的良好环境，进一步完善区域性中心城市的服务功能，为投资者创造良好的市场、政策、法制和生活环境。转变政府职能，减少政府事先审批事项，提升政府服务水平，完善对包括加工贸易在内的货物进出口监管等。积极推行和完善“一条龙服务”，全面实行首问负责制、服务承诺制、一次性告知制、限时办结制，提高工作效率和服务水平。加大行政审批制度改革力度，减少行政性收费审批项目。落实鼓励投资的各项优惠政策，做到言必信、行必果，提高政府公信力。建立主要产品的进出口预警机制，针对国外反倾销、反补贴和技术壁垒增多的情况，加快制定应对措施，加强监测并及时预警不正当竞争对哈长城市群产业发展造成的影响，重点保护已经形成生产能力的制造产品市场和主要农产品市场。借鉴其他国家的经验，合理利用绿色壁垒，限制国际市场转基因农产品及其加工制品的进口。制定有关技术标准，保护非转基因产地，培育城市群非转基因产品竞争优势。

鼓励企业“走出去”。加大企业海外并购的支持力度，积极拓展海外投资。加强信息服务平台建设，为“走出去”企业提供咨询服务。创新金融产品，增强“走出去”企业融资能力。为海外投资企业提供出口买方（卖方）信贷、出口信用保险、境外投资优惠贷款和技术援助贷款，提供与贷款项目相关的投标保函、履约保函、预付款保函、质量保函以及国际结算等金融服务。延长海外投资企业所获外汇的留成时间，并适当减少上缴的外汇额度；适当放宽外汇管制，允许海外投资企业的外汇自由输出输入；对非贸易性到海外投资项目的实物、技术投资部分实行免收保证金的鼓励性政策，以促进企业用实物资产、专利技术进行投资。同时，要加强对“走出去”的管理，维护中国在外的整体形象。

（三）复制和推广自由贸易区政策

研究在哈尔滨、牡丹江、绥芬河设立自由贸易实验园区。综合考虑国内已有的四大自贸区各项政策的涉及范围、影响大小、难易程度等，复制和推广相关政策。一是复制推广外商直接投资和境外投资的管理制度。如负面清单列表、备案制管理、安全审查制度等。二是部分地区可率先复制推广行政管理体制改革。在经济开发区等平台推行一口受理、综合审批和高效运作的服务模式，行业信息跟踪、监管和归集的综合性评估机制，集中统一的市场监管综合执法体系，信息公开机制等。三是复制推广工商登记管理制度，实施注册资本认缴、“先照后证”等工商登记管理制度。四是推广税收政策差别化，在综合保税区、重点开发开放试验区、边境经济合作区等不同平台，实施差别化的贸易和投资税收政策。五是在小范围内推广服务业扩大开放政策，依托综保区等，实施服务业取消资质要求等准入限制。

（四）推进对外开放体制机制改革

创新进出口管理体制，进一步下放外贸经营权，逐步放松对进出口经营权的限制，将目前审批制逐步改为按规定的条件、经过登记自动获得认可，减少进出口配额和许可证的管理环节，按效率、公正、公开的原则改进发证办法。加强工贸、技贸、农贸结合，积极进行各种跨部门的联合、联营，使出口贸易实体多元化。促进内贸和外贸的管理逐步统一。进一步完善外贸企业的自负盈亏机制，加大外贸公司改造力度，逐步走上实业化、集团化和国际化经营的轨道。积极探索外贸企业制度创新，鼓励有条件的外贸企业进行股份制变革，变单一的国有制外贸公司为多家法人持股、并允许职工持股的有限责任公司。逐步打破企业经营范围的限制，实行一业为主，多种经营，走实业化、集团化、国际化经营道路。积极推行出口代理制，转变经营作风。创新出口退税制度。根据不同企业的特点，分类管理。借鉴国际经验，采用先进技术手段管理退税，既要防止骗税，又要方便企业及时退税。

（五）构建开放合作的治理机制

哈长城市群涉及两省 11 个城市，建立多层次的合作治理机制非常必要。应从省政府、地方政府以及各类社会组织、企业等多主体角度构建区域合作治理机制，进一步研究探讨城市群发展的相关问题，促进城市间、产业间、企业间合作共赢。除了区域内部的合作治理机制以外，还要加强与京津冀、环渤海区域合作治理机制的构建，如何支持哈长城市群参与京津冀协同发展重大政策讨论决策，近期可将哈长城市群作为京津冀协同发展领导小组的观察员，远期可作为京津冀协同发展领导小组的成员，参与京津冀重大事项讨论，将京津冀协同发展与整个哈长城市群的建设和东北地区振兴结合起来，防止出现新的区域壁垒。同时，在与东北亚相关国家合作过程中，哈长城市群可以作为代表参与到具体的合作事项中，建立长期合作机制，为城市群和东北地区扩大与东北亚国家的合作创造条件。

参考文献

［1］汪阳红，等著：《城市群：走协同共赢之路》，人民出版社 2017 年版。

［2］汪阳红，等：《将东北地区打造成为我国新的经济支撑带研究》，国家发展和改革委员会国土开发与地区经济研究所内部研究报告。

［3］汪阳红、张燕：《加快“哈大经济支撑带”建设研究》，载于《区域经济评论》2017 年第 1 期。

第九章

哈长城市群基础设施的互联互通*

基础设施是城市群发展的基石和保障，应该大力完善交通、能源、水利和信息等基础设施，发挥其对哈长城市群的引领、先导和支撑作用。通过构筑综合交通运输网络、共建水利基础设施体系、加强能源保障体系建设、促进信息基础设施共享，使基础设施真正成为哈长城市群经济发展的先行官，激发哈长城市群的潜力和活力。

根据哈长城市群的空间格局，统筹考量和谋划重大基础设施建设，加快群内及群对外的交通、能源、水利、信息等重大基础设施建设，进一步增强基础设施对城市群的保障和支撑能力。

一、哈长城市群基础设施发展情况

近年来，哈长城市群逐步加快基础设施建设步伐，承载能力不断提高，为今后城市群区域持续健康发展奠定了良好的基础。

铁路通行能力达到较高水平。绥满（绥芬河至满洲里）铁路东西贯穿黑龙江全域，联通俄罗斯西伯利亚大铁路，京哈（北京至哈尔滨）、平齐（四平至齐齐哈尔）、通让（通辽至让湖路）、拉滨（哈尔滨南至拉法）、图佳（图们至佳木斯）铁路南北联通区域主要城市和北京、吉林、内蒙古、辽宁等地区。吉林省“五纵三横”铁路网基本格局形成。哈大珲乌“大十字”轴、中东部城市群快速铁路网建设进展加快。长吉城际、哈大客专、白河至和龙、通化至灌水、和龙至南坪、平齐线满汉营至郑家屯等竣工通车。

公路方面，以高速公路为骨干、两级公路为补充的公路体系基本建成。公路

---

* 本章执笔人：滕飞，男，中国科学院地理科学与资源研究所博士，现任国家发展改革委国土开发与地区经济研究所室副主任、副研究员，研究方向为区域经济与城镇发展。

路网密度达到较高水平，路网密度略高于全国平均水平。

机场建设向现代化迈进。哈尔滨太平机场和长春龙嘉机场是东北地区四大国际机场之一，东北亚区域重要航空交通枢纽，此外还拥有大庆机场、齐齐哈尔机场、牡丹江机场、延吉机场、长白山机场、通化机场等。

专栏 9-1　哈长城市群公路发展现状

高速公路：

吉林：哈尔滨至北京、鹤岗至大连、集安至双辽、珲春至乌兰浩特、沈阳至吉林、长春至深圳、大庆至广州、通化至沈阳、长春至长白、营城子至东丰、伊通至开原、牡丹江至延吉、吉林绕城、长春绕城、松原绕城；

黑龙江：绥满高速绥芬河至牡丹江高速公路、绥满高速牡丹江至哈尔滨高速公路、绥满高速哈尔滨至大庆高速公路、绥满高速大庆至齐齐哈尔高速公路、绥满高速齐齐哈尔至甘南（黑蒙界）高速公路、嫩双高速嫩江至齐齐哈尔高速公路、嫩双高速齐齐哈尔至泰来省界高速公路、大广高速大庆至肇源高速公路。

其他公路：

吉林：京哈线、鹤大线、黑大线、明沈线、珲乌线、集锡线、环长春经济圈、四平绕城、辽源绕城、长吉北线、长石线、长天线、长白线、长双线、长太线、东防线、穆长线、宁清线、图和线、湾三线、松南线、和露线、二桓线、尚西线、榆三线、五新线、九榆线、营西线、伊西线、秦八线、舍开线、齐双线、哈松线、五右线、舒太线、长左线、珲沙线、烟辽线、靖西线；

黑龙江：齐齐哈尔至克东二级公路、嫩江至双辽嫩江至齐市外环三级公路、国道绥满公路牡丹江至海尚界段二、三级公路、延吉至莫旗拜泉至讷河段二级公路、延吉至莫旗镜泊湖至海林农场段二级公路二车道、绥化至沈阳公路绥化至青冈段二级公路、绥化至沈阳公路肇州至肇源段三级公路、牙克石至四平公路碾子山至富拉尔基区段二级公路、牙克石至四平公路新站镇至黑吉省界三级公路。

水运航道、港口具备一定运输能力。经多年发展江海联运初具规模，已实现与俄罗斯、日本、韩国等东北亚国家和我国沿海主要城市的通航。内河航运主要集中在松花江、嫩江上，拥有东北地区最大的内河航运站——哈尔滨航运站，及大安港、松原港、吉林港等，以煤炭、矿建材料运输为主。

此外，水利、能源、信息等基础设施建设也不断完善。水利方面，防洪减灾能力显著增强，主要河段堤防达到 10 ~ 20 年一遇防洪标准，重点河段达到 20 ~ 50 年一遇标准。地级以上城市基本达到 50 年一遇以上的防洪标准。农田水利设施水平大幅提升。同时，进一步加大了监督力度，水土保持生态建设开始走上依法防治与管护并重的轨道。能源方面，哈长城市群各地不断优化能源结构布局，创新能源发展方式，扎实推进能源基础设施和重大项目建设，为经济社会发展提供坚实的能源保障。煤炭基地建设稳定发展，石油天然气供给能力进一步加强。电力结构得到调整优化，清洁能源所占比重不断提高。新能源和可再生能源快速发展。能源技术装备达到较高水平。信息方面，骨干传输网基本建成，安全性上得到了进一步提升。

虽然哈长城市群重大基础设施建设投入力度不断加大，整体水平显著提高，但还存着城际通道开发不足，特别是城际快速交通系统建设滞后、运输需求与能力矛盾突出；交通智能化、运输信息化水平低；中心城市综合交通枢纽建设滞后，集成性不强、交通衔接不畅；移动基站覆盖水平较低等问题。

二、发展思路

（一）基本原则

政府引导、市场主体。落实负面清单管理制度，引导社会资本进入交通、能源、水利和信息基础设施建设与管理领域，形成以政府投资为引导、企业投资为主体、金融机构为支撑、民间资本广泛参与的投融资体制。

协调配套、统筹推进。注重基础设施建设规划与经济社会发展规划、城镇发展规划的协调和统一，注重交通、能源、水利及信息等基础设施的配套和协同，促进基础设施建设科学实施、有序展开。

适度超前、保障需求。超前设计基础设施的承载能力和容量，适度提高建设标准，做到兼顾建设经济性和发展的超前性，形成基础设施建设与经济社会发展良性互动的局面。

质量为先、安全运行。以安全发展为总要求，建立项目责任追究机制，完善项目建设监理机制，确保建设工程质量，确保基础设施安全有效运行，经济社会稳定持续发展。

有效对接、完善网络。突破基础设施建设的薄弱环节，注重哈长城市群区域内吉林和黑龙江基础设施建设的有效对接，促进基础设施使用的互联互通和共用共享，进一步完善畅通、高效、安全的基础设施网络。

注重生态、绿色发展。综合考虑经济、社会和环境效益，处理好建设管理与资源保护、生态环境和安全发展的关系，做到有效利用资源、保护生态环境、满足城镇发展和居民生活需求，实现经济社会可持续发展。

（二）总体思路

紧紧围绕哈长城市群发展对基础设施建设的新要求，坚持适度超前，充分发挥基础设施对城市群发展的保障和先导作用，强化政府引导和推动，整合资源，新建改造并举，扩展规模，提高技术等级，优化布局，加快形成功能配套、安全高效、无缝对接的现代化基础设施网络，到2020年，各项基础设施达到或接近国内发达地区水平，全面提高城市群综合承载能力。

综合交通运输体系不断完善。突出铁路的骨干作用，强化公路的支撑作用，积极发挥民航和水运的补充作用，加快推进综合运输枢纽建设，加强运输方式间相互衔接和协调，以“一轴两带”为主通道，建设高速通达的综合运输通道，继续夯实沿线铁路和高速公路，形成集公路、铁路等各种运输方式于一体的综合运输大通道。补齐哈尔滨—吉林等副通道。强化城市群内的城际交通，提高综合交通网络。构筑以哈尔滨、长春、吉林为中心、齐齐哈尔、牡丹江、大庆、松原、四平、辽源为重要枢纽，城关镇为重要节点，内联国内腹地，辐射东北亚的综合交通网络。同时，优化组织和服务，提升主要流通节点城市之间干线运输组织水平，加快推进国家物流公共信息平台和其他商用物流平台区域节点建设和交换互联。

能源保障水平进一步提高。电源结构进一步优化，煤炭、原油产量基本稳定，不断提高非化石能源比重。地级以上城市燃气干线联网并与哈—沈输气干线联通，县级以上城市天然气管道全覆盖率。建成安全可靠的500千伏主干网架。

水利保障体系更加健全。松花江、嫩江、牡丹江等重要干流、支流和山洪灾害防治区的防洪能力得到较大提高。引松供水、哈达山水利枢纽等工程全面达标，基本满足城市用水，基本解决农村居民饮水安全问题。并建成较为完善的水土保持监测网络、管理信息系统和数据库。

区域信息一体化迈上新台阶。推进3G向4G网络演进，构建支撑融合业务发展的有线和无线相结合的高带宽接入下一代网络，基本形成超高速、大容量、高智能干线传输网络，初步建成“数字哈长城市群”。

三、哈长城市群基础设施互联互通的主要任务

（一）构筑综合交通运输网络

加强与国家交通网络布局相衔接，设施完善、外通内畅、快速高效、便捷安

全的城市群综合交通运输网络，对城市群空间发展、产业布局的引领和先导作用明显增强。

1. 铁路基础设施布局

加快扩大城市群路网规模，完善路网结构。全面提高和改造城市群内既有线路，重点建设、改造繁忙干线和中心城市客货站场，客运实现快速化、提高直达列车比重；货运实现重载化，大力发展集装箱运输。形成以哈大线、牡（丹江）通（化）线和珲乌线、牡（丹江）齐（齐哈尔）线大“井”字为主干线的“六纵六横”大格局。到2020年，铁路营业里程达到8000千米，时速200千米以上速铁路达到2500千米。

专栏9-2 哈长城市群“六纵六横”铁路建设

六纵是：嫩江—富裕—齐齐哈尔—镇赉—白城—通榆、北安—大庆—大安—乾安—太平川、北安—绥化—哈尔滨—扶余—长春—四平、伊春—佳木斯—方正—尚志—五常—舒兰—吉林—磐石—梅河、鹤岗—七台河—佳木斯—牡丹江—敦化—抚松、绥芬河—图们—龙井—露水河—白山—通化。

六横是：富裕—北安—绥化—佳木斯—鸡西—虎林、龙江—齐齐哈尔—大庆—哈尔滨—牡丹江—绥芬河、珲春—敦化—蛟河—舒兰—榆树—松原—乾安—通榆、珲春—敦化—蛟河—吉林—长春—松原、露水河—白山镇—桦甸—烟筒山—长春—长岭—洮南、通化—梅河口—辽源—四平—双辽。

推进客运专线城际铁路建设。提高路网质量，努力构建快捷、智能的现代化铁路网络。

专栏9-3 哈长城市群城际铁路网

城际铁路网：齐齐哈尔—大庆—哈尔滨—牡丹江、绥化—哈尔滨、佳木斯—哈尔滨、长春—四平、松原—长春、松原—大庆、松原—四平、四平—辽源—吉林、辽源—长春、吉林—哈尔滨、吉林—珲春、吉林—牡丹江。

2. 公路基础设施布局

按照哈长城市群总体布局，以加强吉林中部城市群与周边城镇组团和哈大齐工业走廊、牡绥城市群的互联互通为重点，继续加快区域内高速公路网建设，改造、提升、加密干线公路，加强区域间、经济轴线间的连接线建设，形成区域内以高速公路为骨架、国省干线公路为基础、运输站场为节点、与哈尔滨城市群公路网衔接紧密的公路运输网络，进一步增强吉林中部城市组团与哈大齐绥城市组团之间经济社会发展的沟通和联系。形成以长吉都市区和哈尔滨为双核心、以哈（尔滨）大（庆）轴、牡（丹江）通（化）轴和珲（春）乌（兰浩特）轴、牡（丹江）齐（齐哈尔）大“井”字为主轴的“七纵八横”格局。

到2020年底，高速公路通车里程达到5360千米，国省道二级以上公路比重达到80%以上，建成综合客运枢纽10个。2016～2020年，全面形成“七纵八横”的高速公路网、国省干线网“双网并行”的格局；2021～2025年，高速公路网、国省干线网全面升级。

专栏9-4　哈长城市群“七纵八横”公路建设

七纵为：嫩江—讷河—富裕—齐齐哈尔—镇赉—白城—通榆—科左中旗—双辽—四平、北安—明水—安达—松原—长岭—双辽、绥化—哈尔滨—扶余—长春—四平、同江—佳木斯—尚志—舒兰—吉林—梅河口、虎林—鸡西—牡丹江—敦化—抚松—通化、绥芬河—汪清—延吉—大蒲柴河、绥芬河—东宁—珲春—延吉。

八横为：齐齐哈尔—大庆—哈尔滨—尚志—牡丹江—绥芬河、富裕—明水—绥化—通河—方正—鸡西—虎林、方正—延寿—尚志—五常—榆树—扶余—松原—白城—乌兰浩特、松原—乾安—通榆—向海—科右中旗、珲春—延吉—敦化—蛟河—榆树—松原—乾安、珲春—敦化—蛟河—吉林—长春—松原、延吉—龙井—和龙—大蒲柴河—桦甸—双阳—长春—长岭—科左中旗、集安—通化—柳河—梅河口—辉南—辽源—四平—双辽—通辽。

3. 水运基础设施布局

加快哈长城市群航道建设和港口建设，打造高标准、大运能的高等级航道网主航道，形成干支联动、畅通高效、安全生态、过货能力较强的内河运输体系，有效降低资源型和支柱优势产业运输成本，进一步畅通中蒙东北亚经贸大通道。

加强主航道改造，形成以松花江、第二松花江、嫩江、乌苏里江、图们江为主航道，以松花湖、查干湖、兴凯湖、镜泊湖、连环湖和五大连池为重点湖泊，以大安港、松原港、扶余港、吉林港、延吉港、榆树港、呼兰港、依兰港、方正港和富拉尔港为重要港口的“两纵一横六湖十港”的主航道格局。实施松花江依兰航电枢纽、悦来航电枢纽工程，建设相互衔接、功能完善、通江达海的水运体系。促进客货水运，大力发展重型装备和粮食、煤炭、木材、建材等大宗货物水上运输，积极发展跨省跨境客运。2016～2020年，全面形成“两纵一横六湖十港”主航道格局；2021～2025年，通行和承载能力全面升级。

4. 航空基础设施布局

形成以长春龙嘉机场和哈尔滨机场两个国际机场为双核心，以松原查干湖机场、四平机场、辽源机场、吉林二台子机场、大庆机场、齐齐哈尔机场、亚布力机场、五常机场、肇州机场和杜蒙机场为辅的“两主十辅”机场群格局。2016～2020年，全面形成“两主十辅”机场群格局；2021～2025年，通行和承载能力全面升级。

5. 管道基础设施布局

加强油气管网建设，加快投产大庆—铁路原油管道、大庆—锦西原油管道。充分利用俄进口天然气资源，规划实施省内天然气干线管网及大中城市天然气基础设施建设。谋划实施天然气战略储备，积极推进中俄天然气管道前期工作。

（二）共建水利基础设施体系

按照促进人水和谐、保障水资源可持续利用的思路，全面提升防洪减灾、水资源保障和依法管水能力。

1. 加强水资源开发利用

科学划定饮用水源保护区，实施物理隔离、生物隔离、种植结构调整、排污口关闭等工程，综合保护饮用水源地。完善地表水监测网络建设，建成水资源保护管理决策支持系统，为城市群城乡生产生活用水提供安全保障。加快实施水源工程建设，继续实施和进一步加强农村饮水安全工程，建成引嫩扩建骨干一期工程等引水工程。开展区域性水资源配置项目，推进引嫩扩建骨干工程二期、引呼济嫩等重大引调水工程前期工作，争取尽早开工建设。

2. 推进民生和农田水利建设

推动重要城市、重点地区沿江、沿湖应急备用水源工程建设，完成引嫩扩建骨干一期工程配套灌区建设，启动二期工程建设。建成松花江干流沿岸规划的84处灌区工程，形成地表地下、本地外调相结合的多层次供水网络。完成现有大型灌区和5万亩以上的重点中型灌区续建配套与节水改造工程，加强地表水置换地下水，提高水资源利用效率。全面解决农村饮水安全问题，为新型城镇化发展提供稳定、高质的水资源保障。

3. 健全防洪减灾体系

全面完成大江大河的治理工作，建成松花江、嫩江干流治理及胖头泡蓄滞洪区工程。大江大河干流堤防达到 20 ~ 100 年一遇防洪标准，主要支流及重要中小河流达到 10 ~ 30 年一遇防洪标准。完善山洪灾害防治区内重点山洪沟工程措施治理，对县（市、区、局）山洪灾害防治非工程措施系统升级改造。完成县市区的抗旱应急水源工程建设，增加抗旱面积。续建配套重点大中型涝区，特别是松嫩平原重度涝区，重点大中型涝区达到 5 ~ 10 年一遇除涝标准。

（三）加强能源保障体系建设

优化提升传统能源产能，有序推进新能源和可再生能源基地建设，强化城市能源保障与安全联动，构建统一的哈长城市群能源保障体系。

1. 优化提升传统能源产能

石油、天然气。稳步提高松辽盆地油气产量，深化精细勘探开发，积极发展先进采油技术，努力增储挖潜，提高原油采收率，保持原油产量基本稳定，支持大庆油田公司实施“走出去”战略。有效有序推进天然气开发，稳定伴生气，提升深层气。

煤炭。加快重大煤炭开发项目建设。加大和促进小煤矿整治整合力度。加快关闭灾害隐患严重的煤矿，继续推进煤矿企业兼并重组，切实减少和控制小煤矿数量。保持矿井生产能力基本稳定，促进生产和需求的基本平衡。以调整煤炭产业结构优化升级为主线，推进龙煤集团综合改革，促进集约、高效、环保型煤炭企业发展，保证煤炭产业平稳运行。

水电。加快水能资源的开发利用，研究优化流域水电站建设运行管理，提高水能资源梯级利用效能。加快电力外送通道建设，切实解决东北地区“窝电”问题。推进城市热电联产项目。

专栏 9 - 5　哈长城市群煤炭开采基础设施建设

在吉林省重点建设延边地区依力、中信昊园煤矿、伊通县名流煤业、舒兰平安宝源煤矿等新矿井。沿哈大和珲乌经济主轴和南部门户轴建设大型煤炭储配中心，增强煤炭的供给能力。建设达莱胡硕、包尔呼顺煤矿项目，形成域外千万吨煤炭生产基地。参与滨海边疆区（海参崴）煤炭资源开发。

在黑龙江重点建设鸡西煤田（矿区），鹤岗煤田（矿区），双鸭山煤田（矿区），勃利煤田（七台河矿区），绥滨、集贤煤田，依兰（达连河）煤田，东宁、老黑山煤田，爱辉县西岗子煤田，嫩江县黑宝山煤田等9个较大的煤田。

2. 有序推进新能源和可再生能源基地建设

统筹编制哈长城市群新能源规划，建设千万千瓦级风电基地、常规水电项目，利用市场机制配置风电、生物质发电和光伏发电项目。实施黑龙江经吉林、辽宁至华北输电工程，提高北电南送能力。

加快中西部风能资源开发，推进风电的规模化建设，努力打造国家千万千瓦级风电基地。

充分利用秸秆和其他生物质资源，结合新能源示范城市和绿色能源示范县建设，大力发展生物质发电，稳步发展垃圾发电，积极支持生物质液化、气化等综合利用项目建设。大力发展光伏发电，在太阳能资源丰富地区的盐碱地、废弃地、滩涂等区域建设光伏发电项目，加强光伏发电并网服务，适度发展大型地面光伏电站，重点在大型公用建筑、工商企业、现代农业、居民住宅等领域拓展分布式光伏发电。

组织实施地热能开发利用规划，开发大庆市林甸县等地区地热资源，重点在供暖、温泉洗浴、疗养、种植、养殖、宾馆、酒店、旅游等多个领域推广利用。按照国家总体部署，在采取最高标准、确保安全和环境友好的前提下，稳步推进核电建设，积极开展小型核反应堆供热的应用示范。

专栏9-6　新能源设施方面

在吉林省重点建设通榆、大安、洮南、松原、四平等五个大型风电基地。建设白城、松原、四平等西部地面光伏电站。建设长春、吉林、四平、白城等城市分布式光伏发电系统。建设长春、四平、松原生物质热电联产项目，在群内每个市州城市建成2~3个、每个县级城市建成1个生物质热电联产电厂。建设蛟河、农安等生物质能循环经济产业园。建设农林生物质发电、固化、气化、液化项目。打造农安、公主岭等国家绿色能源示范县。建设分布式农村小型可再生能源设施示范项目。

在黑龙江重点在哈尔滨、齐齐哈尔、大庆、牡丹江、绥化建设地面光伏电站和城市分布式光伏发电系统，在哈尔滨、齐齐哈尔、大庆、牡丹江、绥化及其所辖县级城市建设生物质热电联产项目。

3. 强化城市能源保障与安全联动

全面提升能源运行综合调节水平，科学制定年度主要能源品种资源供需计划，确保供需总量平衡。强化运行调度调节，加强城市群内外的能源交流合作，优化资源外部供应环境和跨区域能源保障机制。进一步完善能源应急协调机制，推动精细智能管理，推广应用现代网络和信息技术。

（四）促进信息基础设施共享

充分发挥信息化对城市群经济社会发展的先导作用，加快信息通信网络建设，促进信息资源和服务共享，提高信息安全保障能力，促进信息基础设施共享。

1. 加快信息通信网络建设

将规划区域内吉林省、黑龙江省各个区域中心城市全部建成信息港，形成以高速宽带传输网络和新一代移动通信网络为主的信息基础设施布局。在吉林省形成以长春、吉林为双核心，四平、辽源、松原和延吉为重要节点，以东北部、东南部和西部三个环形光缆线路为骨干的“三环六点”3 路由干线传输网络布局。在黑龙江省形成以哈尔滨、牡丹江为双核心，齐齐哈尔、大庆、绥芬河为重要节点，以东北部、中部和西部三个环形光缆线路为骨干的“三环五点”3 路由干线传输网络布局。

加强网络设施建设，推进“三网融合”，加强信息基础设施布局和建设，优化网络结构，提升网络性能，统筹城乡规划，推进基站、管道、杆路、光缆等基础设施共建共享，推进建设“宽带哈长”。加快数字化城市建设，构建跨部门、共建共享的市政基础设施管理和公共服务信息平台，引导通信运营企业和增值企业与城市群内大型企业合作，建设“四化”同步发展示范区；深化“数字城管”试点工程建设，开展城市应急管理物联网示范工程建设等。

专栏 9－7　通信设施重大工程

“无线哈长”工程：在吉林省投资 28 亿元，新建 3G、4G 基站 5000 个，建设长春、吉林、松原、四平、公主岭、辽源、梅河口和延吉“无线城市”，建成覆盖主要城市的高带宽、高可靠性的“无线城市群”；在黑龙江省投资 25 亿元，新建 3G、4G 基站 4500 个，建设哈尔滨、齐齐哈尔、大庆、牡丹江和绥芬河“无线城市”，建成覆盖主要城市的高带宽、高可靠性的“无线城市群”。

“宽带哈长”工程：在吉林省投资36.8亿元，新建光缆2.2万线路千米，完善相关配套设备和管道设施；投资5亿元，实施长吉图通信一体化建设工程，对长吉图区域通信网络进行升级改造，提升区域通信能力；投资15亿元，实施“通信村村通”工程，推进光纤村村全覆盖。在黑龙江省投资37亿元，新建光缆2.3万线路公里，完善相关配套设备和管道设施；投资17亿元，实施“通信村村通”工程，推进光纤村村全覆盖。

“数字哈长”工程：在吉林省投资15亿元，建设呼叫中心、数据灾备中心、数字认证等信息资源基础平台；建设“两化融合”试点示范区12个，发展物联网用户36万个；建设覆盖所有地级市（州）的城市运行管理中心和覆盖所有县（市区）的通信应急指挥平台系统，形成天地空的应急网络；在黑龙江省投资12.5亿元，建设呼叫中心、数据灾备中心、数字认证等信息资源基础平台；建设“两化融合”试点示范区10个，发展物联网用户30万个；建设覆盖所有地级市（州）的城市运行管理中心和覆盖所有县（市区）的通信应急指挥平台系统，形成天地空的应急网络。

2. 促进信息资源和服务共享

推动物联网、云计算、大数据等新一代信息技术创新应用，加快推进哈尔滨、长春等国家智慧城市试点工作，实现与城市经济社会发展深度融合。建成一批基础信息数据库和物联网，形成城市群内各城市信息网互联互通的高速宽带骨干传输网络，建设“宽带无线城市群”。统筹城乡规划，推进基站、管道、杆路、光缆等基础设施共建共享。做大做强哈尔滨“中国云谷”，积极发展大数据产业，建立完善基础型、应用型和公共型数据库，加强城市群信息资源采集加工和共享应用。建设城市群信息交换共享平台，加快电子政务、社会保障、城市管理、环境保护等公共信息服务平台共用，推动城市群居民医保跨区域结算，推进信息资源互联共享。

3. 提高信息安全保障能力

加强安全测评、电子认证、应急防范等信息安全基础性工作，建立信息安全评估体系，提高信息网络平台安全监测、预警和应对能力。加强信息安全认证体系工作，做好信息安全顶层设计。围绕信息系统安全、基础设施安全、云平台安全、网络通信安全、数据安全等方面，开展全面系统的信息安全保障试点，探索建立信息安全保障体系。围绕大数据资源的分级、共享、开放、交易等推进标准规范制定和实施，加强信息资源安全管理。

四、对策建议

（一）强化跨区统一发展意识，推动基础设施一体化发展

突破黑龙江、吉林两省及各地市行政区域限制，统一规划和建设哈长城市群基础设施，构建城市群交通运输、电力、能源、水利、信息等一体化网络。建立统一的基础设施标准体系，实现城市群交通运输、电力、能源、水利、信息管理体系一体化。尽快制定有利于统一的相关政策、法律法规，使各部门、企业按照统一的市场运行规则，实现总体效益最大化。成立城市群基础设施发展协调委员会，建立良好的区域协调机制，推动区域基础设施合作。

（二）拓宽建设资金筹措渠道，设立基础设施建设基金

深化投融资体制改革，拓宽投融资渠道。在哈长城市群各地方政府之间建立基础设施的共建机制，设立哈长城市群基础设施建设基金，引导城市群交通基础设施的规划和建设投资。在此基础上，探索利用建设—经营—转让（BOT）、政府和社会资本合作（PPP）等多种方式吸引民间资金，加快城市群交通运输、电力、能源、水利、信息建设。特别是城市交通基础设施能够有效带动沿线土地开发，带来沿线土地升值，因此，可建立反哺机制，向土地增值受益者征收部分建设费用。

（三）利用经济和行政措施相结合，推动基础设施可持续发展

利用直接投资、投资补贴、贴息贷款、税收优惠、土地开发权等经济手段，为城际轨道交通、电力、能源、水利、信息建设提供资助；探索开征碳税等与资源环保相关的税种，以及探索试行碳排放权交易，将外部成本内部化，鼓励节能环保型交通运输、电力、能源、水利、信息的发展。采取适当的行政手段，例如在交通运输领域严格实施营业性车辆燃油限值标准，根据车辆技术水平发展情况适当提高市场准入门槛，通过提供奖励、加大处罚力度等措施，促使道路运输企业加快淘汰老旧车辆；制定和逐步提高私人机动车排放标准，限制不达标车辆上路，试行不达标车辆强制报废制度等。

（四）制定相关法律法规，使基础设施可持续发展有法可依

进一步完善针对哈长城市群基础设施可持续发展的法律法规体系，出台运输、能源、水利、信息等领域的法律约束，包括节能减排目标和各类限值标准、装备技术标准、节能技术开发和应用、组织和管理措施等，明确规定政府、企业、个人在基础设施建设中各自承担的责任，使城市群运输、能源、水利、信息等基础设施可持续发展有法可依。

参考文献

［1］王志兴：《黑龙江省水利发展“十三五”规划思路探讨》，载于《黑龙江水利科技》2015 年第 9 期。

［2］宋长虹、王影桃、付航：《刍议黑龙江省防洪减灾体系》，载于《黑龙江水利科技》2014 年第 3 期。

［3］葛英伟：《加快推进哈长城市群建设的对策建议》，载于《哈尔滨市委党校学报》2016 年第 6 期。

［4］于洪民：《松辽流域可持续发展水利发展对策研究》，大连理工大学，2002 年。

［5］董洪梅：《大庆市建设哈长城市群区域中心城市问题研究》，载于《大庆社会科学》2017 年第 1 期。

［6］《皖江城市带承接产业转移示范区基础设施规划》，安徽省发展改革委，2011 年。

［7］刘朝彪：《哈尔滨长春城市群区域一体化发展研究》，哈尔滨师范大学，2015 年。

第十章

哈长城市群的生态文明共建*

保护和改善生态环境是哈长城市群可持续发展的必要条件，要坚持生态文明理念，牢固树立绿水青山就是金山银山的理念，共建生态文明。共筑区域生态屏障，联防联控环境污染。大力发展循环经济，节约集约利用资源，倡导绿色低碳生活方式，让哈长城市群的天更蓝、山更绿、水更清，人居环境更优美，推动形成人与自然和谐发展的绿色生态城市群。

经过 30 多年的高强度开发，哈长城市群的生态环境已处于十分脆弱的状态，森林和湿地面积萎缩、功能减弱，草原沙化、碱化、退化严重，黑土层瘠薄，化肥农药滥用形成面状污染，其间还爆发过松花江水污染等事件，表明了本地区生态整治的严峻性和迫切性。因此，需要按照生态文明和主体功能区建设总体要求，正确处理发展与保护之间的关系，进一步加强资源管理和生态环境保护，以生态环境保护和发展循环经济、促进节能减排增效为重点，实现经济社会可持续发展，维护区域生态安全。

一、共筑城市群生态空间格局

落实国家和省主体功能区规划，依据重点开发、限制开发、禁止开发区域框定的功能框架，按照城镇群外部生态屏障、城镇群内部生态廊道和城市内部生态空间 3 个层面，构建哈长城镇群生态空间格局。

（一）构建城市群外部生态屏障

哈长城市群所在的外部区域依托森林、草原、河流、湖泊、湿地等自然生态

---

* 本章执笔人：滕飞。

空间，构筑以大小兴安岭和东南部山地森林、松嫩平原等重点生态功能区为主体的区域生态格局。重点加强天然林保护和植被恢复，提高森林的涵养水源和固碳能力。恢复和加强松嫩平原湿地的生物多样性功能，发挥湿地的调蓄洪水、调节气候等环境调节作用和生态效益。

（二）打造城市群内部生态廊道

以水系、山脉、公路绿道为骨架，以山、林、江、田、湖等为要素，构建复合型的城市群生态网络。有效保护并合理利用城镇群交界的相向地带，保留其作为城市群“绿心”的功能，利用松花江及嫩江支流、城市群内山体和丘陵，串联城镇绿化隔离带、农田等，加上主要交通干道和铁路两侧的绿化隔离带建设及山水廊道的构筑，形成稳定和健康的网络状的生态廊道。

沿道路城市群生态廊道以哈大线、滨绥线等主要铁路以及公路为轴线，以哈大齐绥城镇组团、吉林中部城市组团为核心，集聚形成城市化、工业化为特色的城市景观风貌组群。依托现有各级交通路网构建起高度连通的生态廊道网络体系，通过建设城市群交通干线两侧绿化带，形成多条绿径，成为外围自然生态过程向城市肌理延伸、渗透的重要通道，以消除城市生态破碎化的负面效应。

沿江城市群生态廊道以松花江、嫩江等主要河流为轴线，在保护河流及其沿岸地带的自然前提下，开展沿江水系景观带建设，合理规划滨河绿带、坝、堤和人行系统，实施流域治理，共同打造沿江两岸的绿色生态廊道，提高廊道体系对水文变化的应对能力、对水质的净化能力及对水量的调蓄能力，构建河流与居民点之间的生态缓冲空间，进一步保障人居环境的生态安全。

（三）扩大城市内部生态空间

合理划定城市生态保护红线，扩大森林、湖泊、湿地等城市生态空间，因地制宜地做好环城路、主干道、滨水路等绿化带和城市出入口的景观整治及园林绿化工作，打造环境优美、群落分明、色彩丰富的城市绿色生态廊道。

1. 划定生态保护红线

维护区域生态安全，科学划定需严格管理和维护的国土空间边界线，严格划分并保护自然保护区、风景名胜区、森林公园、地质公园、重要湿地和重要水源地 6 种类型生态红线保护区，共 195 处，总面积达 75423.8 平方千米，占城市群总面积的 22.45%，其中由国家划定生态红线保护区 85 处，面积为 34416.7 平方千米，两省划定生态红线保护区 110 处，面积为 41007.1 平方千米（如表 10－1所示）。

表 10－1　　哈长城市群生态保护区分类

类型	数量（个）	面积（平方千米）	生态保护区
自然保护区	58	33532.06	扎龙国家级自然保护区、牡丹峰国家级自然保护区、吉林长白山国家级自然保护区、吉林雁鸣湖国家级自然保护区等
风景名胜区	19	9483.38	松花湖国家级风景名胜区、八大部—净月潭国家级风景名胜区、太阳岛风景名胜区、仙景台国家级风景名胜区等
森林公园	75	15696.64	净月潭国家森林公园、龙湾群国家森林公园、牡丹峰国家森林公园、哈尔滨国家森林公园等
地质公园	14	8498.26	乾安泥林国家地质公园、长白山火山国家地质公园、镜泊湖国家地质公园、宾县二龙山—长寿山地质公园等
重要湿地	17	5935.32	扎龙湿地、镜泊湖湿地、松花江三湖湿地、查干湖湿地等
重要水源地	12	2278.06	尼尔基水源地、磨盘山水库水源地、新立城水库、二龙山水库等

资料来源：根据黑龙江、吉林两省提供材料整理。

按照保护等级对生态红线区域实行分级管理，划分为一级管控区和二级管控区。一级管控区是生态红线的核心，实行最为严格的管控措施，严禁一切与保护主导生态功能无关的开发建设活动。二级管控区以生态保护为重点，严禁开设与生态保护区保护方向不一致的参观、旅游项目，不得建设对生态环境有污染的生产设施；限期治理污染排放超标的建成设施，对已造成的伤害必须及时采取补救措施。

对自然保护区、风景名胜区、森林公园等实行差别化的管控措施，例如，对自然保护区禁止砍伐、开垦、捕捞、开矿烧荒等活动，从核心区域开始，逐步转移自然保护区人口。对森林公园禁止毁林开垦、毁林采石、采砂、开矿、采土、放牧以及非抚育性和更新性采伐行为。根据资源环境容量对风景名胜区的旅游规模进行有效的控制。严禁向重要水源地排放含持久性有机污染物以及其他含重金属、化学试剂污染物，禁止堆置和存放工业废渣、城市垃圾和其他废物等。

2. 增加城市内部绿地量

结合城市中自然山水骨架特征，充分利用适宜绿化生长的优势条件，拓展城市绿地规模，全面推进城市园林绿化及人居生态环境建设，做到非建设用地和可造林地绿化全覆盖。采取屋顶绿化、垂直绿化等多种绿化形式，提高绿地率及环境质量。在城市河流两侧建设带状绿地，增加滨河防护绿地层次感，局部地段可拓宽形成点状绿化空间，形成开敞的、生态的城市滨水控制区。完善道路绿化，形成沿道路两侧的景观绿廊，合理分配居住绿地，新建公园、广场绿地，对老城区推行拆违建绿，拆墙通景。科技兴绿，建立绿地信息管理系统，科学管理城市绿地生态。

3. 扩展城市绿地多样性

打造以自然山水为依托，林地、农田为基础，园林绿地为重点的多样化城市绿地生态系统，将公园、广场绿地与道路、河道共同构筑成连续的绿色开放空间。严格保护苗圃、花圃等生产用地以及城区内高产农田，遵循以乡土树种、优势树种为主，有计划引进、驯化外来树种，丰富城市绿地系统多样性。合理拓建防护绿地，促进城市防护及自然生态平衡，重点实施城市内河道两侧的防护树木建设，打造绿色廊道工程，形成整体和谐、特色鲜明的城市风貌和景观。合理布局与建设附属绿地，满足道路、居民区绿地率的基本需求，形成点、线、面相结合的绿地空间，并与城市绿地系统相衔接。

4. 均衡城市空间生态布局

优化重组城市内部生态节点、生态廊道、生态斑块等生态功能区，维护景观生态格局的连续性。坚持以公园、小游园、街旁绿地、广场绿地或植物园、专题公园等大面积集中绿化为中心，道路绿化及沿河绿带为网络，居民小区及单位中的空闲地绿化为基础，疏解密集建成区，真实增加公共绿地面积，均衡规模绿地服务盲区，实现市民享受公共绿地资源的公平性和可达性。构建布置均匀，网络结构合理，生态环境优良，景观特征明显，城景关系协调的城市空间格局。

5. 提升城市生态质量

依法划定城市各类绿地的绿线范围并实行严格监管，加强水源地的监测，实施环湖截污、环湖生态等工程措施，保护城市内部河流、湖泊，在其外围建设30米以上缓冲区并形成城市绿带。严格维护城市湿地系统生态平衡，保护城市湿地功能和湿地生物多样性，充分发挥城市湿地在建设中的生态、经济和社会效益，提升城市生态质量。加强城市群生态保护区内典型生态城市发展建设，依照标准打造国家生态园林城市。

二、加强联防联控环境污染整治

哈长城市群的环境污染治理关键在“联”，促进哈长城市群内部各城市建立联防联控制度，完善环境保护管理制度，建立污染防治联动机制。

（一）推进重点领域环境污染治理

1. 水污染防治

对于重点流域和湖泊水污染防治要加大力度，完善城镇污水处理设施建设，有效控制农业和工业污染，特别是改善界河水质环境。实施松花江流域治理，建设沿松花江两岸的绿色生态廊道，加强松花江流域干流和嫩江、阿什河、呼兰河等支流的治理。综合治理牡丹江、绥芬河和穆棱河等流域的区域水环境，完善城镇和工矿企业污水处理设施。在工业园区推行清洁生产和污水集中处理，鼓励城镇开展中水回用，提高水资源利用效率。加强镜泊湖等湖泊周边的污水处理，严格控制湖泊污染。

2. 加强大气污染防治

加强有害气体和工业烟粉尘的减排力度。在城镇推广集中供热和热电联产，实施城市燃气工程，加强机动车污染减排，提高机动车排放标准，加强城市扬尘综合管理。鼓励和推广清洁生产技术的应用，例如，在热力行业推广脱硫和低氮燃烧等清洁生产技术，在电力行业推广低氮燃烧、脱硫和脱硝等生产技术。全面推进高效除尘。加强秸秆综合利用，着力解决秸秆的分散性、周期性供应与生产的集中性、周年性之间的矛盾，帮助生产企业解决原料后顾之忧，合理确定生产半径。

3. 固体废物综合利用

按照“减量化、再利用、资源化”的原则，综合处理建筑垃圾、煤矸石、粉煤灰等大宗固体废弃物，探索固废改造再利用。建立健全城镇垃圾收运系统，加快县级以上城市垃圾处理厂建设。推广大宗固体废弃物利用先进适用技术，加强城镇建筑渣土和餐厨废弃物管理和综合利用。加强危险废弃物全过程管理，特别是建设医疗废弃物、废弃电器电子产品的无害化集中处理中心。鼓励对废旧轮胎及废钢铁等再生资源的回收利用。

（二）完善环境保护管理制度

1. 严格环境准入

依法全面推进规划环评，建立环保与各职能部门的联动机制，推动规划环评早期介入，与规划编制互动。将污染物排放总量指标作为建设项目环评审批的前置条件，实施严格的新增污染排放项目总量前置审核。建立区域、流域、城市环境影响评价审批信息通报制度。

2. 建立污染物产生和排放强度“双约束”制度

研究建立漂染、造纸、糅革、电镀、发酵、建材等重点行业的单位产值（产品产量）污染物产生和排放强度的综合评价体系，建立企业污染防治的倒逼传导机制。对工业锅炉、建材、石化、漂染、电镀等重污染行业实施更严格的污染物排放标准。

3. 完善落后产能淘汰机制

鼓励各地结合自身实际，不断提高淘汰标准、扩大淘汰产品和工艺范围。建立和形成政府主导，相关职能部门参与的部门联动机制，综合运用价格、环保、土地、市场准入等手段予以推进。制定落后产能退出的财政奖励、转型后土地使用权出让、贷款贴息、税收优惠、生产配额和排污权交易等经济激励或补偿政策，鼓励重污染企业主动退出。

（三）建立污染防治联动机制

1. 搭建环境监测一体化平台

构建区域一体化环境监测网络，推进大气、水质、生态、土壤、地下水、核辐射环境质量监测网络建设，实现监测点位的全面化与监测领域的全覆盖。建立健全环境监测质量管理制度，加强环境监测全程序质量控制，统一环境监测技术体系，强化区域环境监测数据与评价结果的可比性，完善区域环境质量评价体系。提高信息共享水平，实现城市间、部门间环境信息资源共享。

2. 推进环境预警应急响应和执法联动化

建立一体化应急监测、预警移动平台及空气质量预报预警平台。健全哈长城市群环境事故应急处理的协调联动机制，对区域应急监测实行统一指挥协调、资源统一调配、数据统一管理。建立哈长城市群跨地市的联合执法机制，联合查处跨区域的环境问题和污染纠纷，重点打击行政区边界地区的环境违法行为。统一区域环保执法尺度，建立统一的环保行政案件办理制度，规范环境执法程序、执法文书。

三、促进区域绿色发展

城市群内各城市之间通过构建有效的协调发展机制，大力发展循环经济，节约集约利用资源，倡导绿色低碳生活方式，走城市群绿色转型发展路子。

（一）大力发展绿色循环经济

1. 积极推进清洁生产

按照循环经济理念调整经济发展模式和产业结构。支持企业实行清洁生产和工业用水循环利用，对石油化工、造纸、冶金等存在严重污染隐患的企业依法实行强制清洁生产审核。鼓励化工、有色、冶金等行业提高能源资源综合利用水平。优先支持示范区企业、园区开展循环经济试点，积极开展低碳经济园区试点。

2. 推进循环产业链项目建设

鼓励开展企业间、园区间和行业间的废弃资源、能源和伴生副产品的循环利用。重点在冶金行业、石化行业、煤炭行业、电力行业建立循环利用的工业生态链网，推进资源、能源利用效率最大化，污染物排放最小化。

3. 积极发展生态高效农业

大力发展节水型农业，推广农业高效节水灌溉技术。采取节水灌溉制度，减少灌区退水量，建立地表水、地下水联合调度方式，避免水资源浪费。加强灌区农药、化肥使用的管理，选择低毒、低残留、易降解的农药和化肥，减少农田排水中污染物的含量。充分利用区域内种养殖业产生的大量秸秆、畜禽粪便、林业剩余物等农林废弃物，建立废弃物收集模式，发展生物育肥、生物质能等项目，改善农村生态环境。

（二）节约集约利用资源

1. 节约集约利用土地资源

严格执行土地利用总体规划和年度计划，切实落实耕地和基本农田保护目标。大力促进“三集中”，即工业向园区集中、居住向社区集中、农业向规模集中，以此促进土地集约利用，提高土地使用效率，提高土地利用效益。合理确定城乡土地利用规模和利用结构，推动存量用地的再开发，遏制低水平、重复建设以及盲目圈占土地。调整优化中心城的土地资源配置，合理确定城市不同地区的开发强度，提高土地、交通等基础设施的使用效率。

2. 节约集约利用水资源

统筹考虑水资源保护，合理利用多种水资源，采取节水、雨洪利用、再生水利用、开发新水源各项措施。加强城市群骨干河道治理、山区水土保持和小流域综合治理。制定不同水功能区入河污染物排放总量控制目标、削减量目标和防治对策措施，减少废污水排放。在已划定的饮用水源保护区营造水源涵养林，加强水土保持，加强松花江、嫩江流域城市间在水资源建设、保护及统筹调配等方面的协作，逐步增加上游来水量，改善过境水质。在地下水开采比较集中的平原地区，划定地下水源保护区，严格控制地下水的超采，多途径涵养地下水，有计划地进行地下水回灌。

3. 节约集约利用能源

适度开辟国外能源供应渠道，大力引进电力、天然气等优质能源。除大庆油田、吉林油田等国内油气源外，应积极在国际市场开辟气源。在保障居民生活用气和公共设施用气的基础上，鼓励以天然气替代工业、采暖用煤。因地制宜地发展新能源和可再生能源，适当发展浅层地热、风力发电、太阳能发电等能源。在大中型城市除保留必要的热电用煤外，逐步消除终端煤炭消费，推进清洁能源替煤工程。

四、对策建议

（一）建立跨区域环保应急防控体系

建立自动化、立体化的应急监测体系，提高应急指挥综合反应能力。加快建设大气、水质、噪声自动监测预警系统，加强对重大环境风险源的动态监控与风险预警及控制。建立跨界环境污染事故通报协商处置机制，完善事故发生通报机制、应急监测结果互通机制、事故协调处置机制、调查情况互通机制和联合督察机制。从队伍建设、指挥协调、装备配置、信息平台等各方面统筹协调，全面提升环境安全应急能力建设水平。

（二）建立生态文明建设考评制度

建立体现不同主体功能区特点和生态文明要求的党政领导干部政绩考核办法，突出经济发展质量、能源资源利用效率、生态建设、环境保护、生态文化培育、绿色制度等方面的指标。把资源消耗、环境损害、生态效益纳入评价体系，加大了生态环境等指标权重，建立体现生态文明要求考核办法、奖惩办法。

（三）建立生态文明公众参与制度

加强生态文化培育和生态文明宣传教育，增强全民节约意识、环保意识、生态意识，形成绿色、低碳、循环的生活方式和消费模式，营造全社会珍惜、保护生态环境的良好风气。通过更透明的信息管理和公开制度，建立公众参与环境保护的保障机制，包括建立公众参与的环境决策平台、环境监督平台和环境司法救助平台。改革现行的社团管理制度，鼓励民间环保公益组织的发展，真正把公众作为促进环境保护的骨干力量。推动“两型”文化扩散。把节约资源和保护环境观念渗透到机关、企业、社区、家庭、村镇、学校，大力弘扬“节约光荣、浪费可耻”的社会风尚，提高全社会的节约环保意识，形成“两型”的消费理念和生态文化。

参考文献

［1］林红梅：《“突破辽西北”战略中的生态建设问题研究》，载于《城市发展研究》2010 年第 9 期。

［2］李浩淼：《西部地区生态文明建设与经济发展关系研究》，西南财经大学出版社 2013 年版。

［3］《国家明确哈长城市群四大战略定位》，载于《辽宁经济》2016 年第 3 期。

［4］占伟：《我国生态文明建设面临的问题及对策研究》，西南大学，2013 年。

［5］梅子侠、孙鸽：《新常态下林区经济发展的生态化思维》，载于《林业经济》2015 年第 5 期。

[6]《黑龙江和内蒙古东北部地区沿边开发开放规划》，国家发展改革委，2013 年 8 月。

[7]《辽宁生态省建设规划纲要（2006～2025）》，辽宁省人民政府，2006 年。

[8]《房山新城总体规划》，北京市人民政府公报，2007 年。

[9]《河南生态省建设规划纲要》，河南省人民政府，2013 年 1 月。

[10]《珠江三角洲环境保护一体化规划（2009～2020 年）》，广东省人民政府，2010 年 7 月。

[11]《大庆市落实哈长城市群发展规划实施方案》，大庆市人民政府，2017 年。

第十一章

哈长城市群治理的体制机制*

一、城市群治理的理论

1957年，法国地理学家戈特曼提出了大都市带的概念。随后，各国学者对该问题展开了丰富的研究。但在具体概念和内涵上不尽一致，比如（大）都市区，（大）都市带，城市群等。我国学者也提出了都市连绵区、城市群、城镇密集区、城市集聚区、都市圈、城镇群体等诸多概念来对城市群体这一现象进行描述。

使用词语不同，概念内涵也有差异，要厘清这些概念之间的逻辑关系关键是：第一，（大）都市区、（大）都市圈、城市群、大都市带（城市连绵区）等都市城市地域空间组织的概念，是城市化进程中出现的新型功能地域结构形态的反映，这些概念的主要区别在于规模、实力、发展程度以及空间范围和形态等方面。第二，在许多情况下，“（大）都市区”“（大）都市圈”可以相互通用，都是城市群和都市连绵区的基本构成单元。第三，城市群和都市连绵区是都市区发展到更高阶段的产物，城市群在内涵上与大都市带接近，只是在外延上要小于大都市带，可以看作是大都市带发展的初级阶段，或者是大都市区向都市连绵区发展过程中的过渡性形态。第四，大都市区、城市群和大都市带在本质上都是特定的区域单元。

所以，在本研究报告中，将弱化这些概念之间的差异，而统一视作为城市群的广义概念。随着我国学者对城市群问题研究的深入，对城市群的基本认识逐渐趋于一致。城市群是城镇化过程中形成的一种地域空间组织的高级形态，由众多

---

* 本章执笔人：余勤，女，中国人民大学区域与城市经济研究所博士研究生，研究方向为区域和城市经济。

城镇组成，城市之间具有比较紧密的联系。城市群具有高密度性、网络性、枢纽性、共生性等特点，城市之间具有较紧密的经济社会联系，对外具有较高的开放性。随着城市群的形成和发展，跨界区域性公共问题被提上日程，城市间合作的需求更加迫切，但受行政边界的制约，如何在城市群区域正确处理不同城市之间的矛盾冲突和利益关系，需要提出适合我国国情的城市群治理的思路和模式。

（一）城市群治理的概念

所谓治理，是各种公共的或私人的个人和机构管理其共同事务的诸多方式的综合，它是相互冲突的或不同的利益得以调和并且采取联合行动的持续过程。这既包括迫使人们服从的正式制度和规则，也包括各种人们同意或以为符合其利益的非正式的制度安排。它有四个特征：治理不是一整套规则，也不是一种活动，而是一个过程；治理过程的基础不是控制，而是协调；治理既涉及公共部门，也包括私人部门；治理不是一种正式的制度，而是持续的互动。所谓城市群治理是针对以中心城市为核心的城市密集区域，通过整合政府、企业、居民和社会组织等主体，充分发挥政府和市场的作用，有效协调城市间关系，共同解决城市群发展所面临的公共问题，促进城市群健康发展的一种联合行动。

城市群治理包括多样化的行为主体，包括政府、企业、居民和社会组织（志愿团体、非营利机构、非政府组织、社区企业、合作社、社会互助组织等），这些多元主体在城市群治理中共同发挥作用。城市群治理的基础是协调而不是控制，它涉及广泛的上级政府和下级政府、同级政府之间，政府与社会组织间，政府、企业和居民之间的关系协调，着眼于调动多元主体的积极性。城市群治理可以是一种正式的制度安排，也可以是非正式的制度安排。通过这些制度安排，城市群多元主体可实现城市群内部的集体行动，包括设定城市群的发展目标，制定共同增长规则，做出区域公共政策，组织并协调区域的集体活动等。城市群治理的目的是重点解决单个城市不能解决的问题，通过采取多种方式，建立有利于促进城市间合作发展的利益分配、激励约束、冲突解决等机制，促使城市群实现整体效益最大化。

（二）城市群治理理论的提出

由于地方自治传统的影响，西方特别是美国政府一直以来都存着政治“碎化”问题，是指在单一城市地区存在大量的地方政府单位，包含地域意义上的碎化是和职能意义上的碎化。地域意义上的碎化是指每一个地方政府都对城市的一部分具有统治权，而没有一个覆盖整个区域范围的单一的政府单位。职能意义上的碎化是指一个特定地区内地方政府职能在若干个主体之间进行分割，而没有一个统一的单位来履行这些职能。

在政治“碎化”的条件下，每个地方政府只负责提供辖区内的公共产品，这样就会导致在公共产品的供给上与规模经济的要求相矛盾和公共产品供给的外部性问题。但是，居民对公共产品偏好上的多样性，使得“碎化”的都市区能够更好地满足这些对公共产品的不同的需求。对政治“碎化”问题的认识和评价，形成了西方跨界治理理论的分水岭。

地方政府是地方公共产品的主要提供者，由于存在规模经济、外部性和需求多样性的问题，地方政府在提供公共产品上存在着利弊权衡问题。首先，如果公共产品供给上存在规模经济，那么单个地方政府提供公共产品将会付出相对更高的成本，显然是不经济的。其次，如果地方辖区不是很大，不能覆盖所有对公共产品供给具有影响的公众，那么就会产生公共产品的外部性，这时由地方政府来提供公共产品也是没有效率的。最后，由小规模的地方政府组成的大都市区允许市民在不同辖区间选择不同消费层次的公共产品，这样地方政府就能够满足市民对公共产品多样性的需求，从而提高公共产品供给的效率。因此，就公共产品供给而言，从不同的角度来看，地方政府提供公共产品也就是政治“碎化”问题，可以得出不同甚至是截然相反的结论。

（三）传统区域主义

面对大都市区政治“碎化”的事实，在20世纪30~70年代，美国学术界产生了一股研究大都市政府改革的热潮。在这股热潮中，主流观点是建立独立统一的大都市政府，也就是传统区域主义，或者称之为“巨人政府论”。最早提出大都市区定义问题的芝加哥大学的欧内斯特·伯吉斯教授认为，只有建立大都市政府，才能有效进行管理，进而实施更全面的规划以及提供更好、更协调的服务。其后又有许多学者继承和发展了关于设立大都市政府的观点和理论。切斯特·马克赛认为，由于大都市地区的政治发展滞后于经济和社会的发展，地方政府权力的碎化状态损害了经济和社会发展所取得的成就，一个大都市地区要发展成为工商业和社会事务的中心，就必须克服整个地区在政治上不统一的痼疾，建立权力更为集中的政府。托马斯·里德强烈主张废除专区制度，建立大都市政府来统一负责大都市区内的规划、分区、交通运输、高速公路建设和维护、给排水以及特定的治安、健康和慈善等公共服务。他还主张大都市政府联席会的成员应该直接从市民中选举产生，并且建立一套适宜的代表选举系统来开展工作。

美国的保尔·斯杜邓斯基的系统研究大都市政府问题的专著《美国大都市政府》认为，中心城市和周边郊区本来就是一个统一的经济和社会大都市区，但却被认为分割成市、县和专区。基于陈旧的地方政府组织法律建立并在地方势力作用，下通过合并与兼并形成的政府复合体完全没有发挥任何“上级政府”的指导作用，或者是制定综合规划来控制城市增长，这样导致的结果是“大都市区的政治组织根本毫无组织可言，而只不过是各自为政的政府部门随时随意建立起来的没有融合的大杂烩”。斯杜邓斯基认为美国大都市区最基本的问题是政府结构的碎化及其带来的一系列负面影响，为了解决地方政府“碎化”的问题，主张建立统一的大都市政府，为市民提供必需的服务以及执行必要的政府职能。

概括而言，传统区域主义者认为政治“碎化”所带来的首要问题与政府的效率、效果和平等有关。第一，效率问题，从经济学的角度看，政治分割会导致政府在公共社会建设方面的浪费和重复建设问题，并且难以实现公共服务的规模经济，从而削弱政府提供公共服务的效率；第二，效果问题，由于区域范围存在诸多的政治实体，而不同的实体具有不同的边界，如果没有一个涵盖区域范围的机制来进行协调和规划，那么公共服务的活动范围就会因受到行政边界的限制而降低服务的实际效果；第三，平等问题，由于各个市政当局的财政收入和支出水平上存在差异，因此提供公共服务的能力存在差别，这必然会导致不同辖区的居民不能平等地享受到政府提供的公共服务。

面对着大都市区政治碎化问题，传统区域主义学者的解决办法是建立统一的具有正式权威的大都市政府。大都市区政府具有几个主要特征：(1) 通过直接选择政治代表来获得强烈的政治合法性；(2)“高层政府”和基本地方政权意义重大的自治，自治权通过足够的经济和人力资源来获得；(3) 地区范围的政权；(4)“相应”的地域范围，简而言之就是由功能城市地区组成。大都市政府的理论内容包括：第一，“一个区域，一个政府”。一个大都市区是由若干相关个体共同组成的群体，这些群体具有共同的利益基础，只有当不同的利益可以在一个单一、具有内在联系的机制中明确表达出来，人们才能意识到大都市区所带来的更大好处。只有单一的政府才能整合这些利益，因为只有从整个区域的层次统筹考虑，才能真正整合这些不同的利益，从而维护整个区域的共同利益。第二，建立大都市区的政府结构，传统区域主义学者在是否建立大都市政府这一问题上不存在异议，但在如何具体构建大都市政府结构上存在较大的分歧。一套方案认为不需要改变大都市区地方政府的结构，而只是采取改革措施，如，中心城市的治外法权，通过政府间协议方式向郊区提供服务，建立专区，地方政府职能向州政府的转移以及联盟政府在大都市的管理权限和政策作用的扩大等。第二套方案认为需要对大都市区地方政府的结构进行根本性的变革，如，兼并、市政府合并、市县合并、市县分离、专区政府与市或县合并、市县重组、建立联邦政府、城市州制度等。第三，不同层次的政府在解决大都市区问题的重要性上存在差别，仅仅建立大都市区政府结构是远远不够的，还需要积极发挥联邦、州以及地方政府的作用。

总之，传统区域主义系统地阐述了构建大都市政府的主张：大都市区的基本问题就是地方政府分散化或碎化，地方政府过多甚至重叠，进而导致效率低下和社会财富分配不均，公共服务不平等，缺少对区域的整体性的关注、对社会经济问题负责、对未来有清晰规划的大都市区范围的政治领导层；解决这些问题的唯一办法是在大都市区内构件区域范围的政府结构。从实践来看，大都市区视野下的“区域主义”可以称之为“大都市区域主义”，是指在城市密集区中有密切社会经济联系，相邻地理单元之间存在各种制度、政策和治理机制，既包括通过兼并、合并和联合来调整行政边界建立“超城市”或“城市间”的各种理事会、管理区或规划实体，也包括通过上级政府颁发法律条文来管理城市扩张，以及在政府间、公私机构间用以加强协作的发展战略。

（四）公共选择学派

兴起于20世纪50年代的“公共选择”学派是当代西方经济学的一个分支，主张运用经济分析方法来研究政治问题。该学派的开创者一般被认为是詹姆斯·布坎南，在大都市区和地方政府研究方面，著名的学者包括查尔斯·蒂伯特、奥斯特罗姆夫妇、罗伯特·沃伦和罗伯特·比什等。

蒂伯特认为，相对于联邦支出而言，地方公共支出的模式更好地反映了居民的公共政策偏好。这是因为地方政治领导权是以自我利益为基础的，需要维持适宜的或最大限度的优势以及共同体的规模，进而保证“每一个地方都有一个反映居民愿望的收入和支出模式”。他的观点很快被学者们归纳为市民消费者选择居住地时“用脚投票”。蒂伯特的理论明确为大都市政府结构的多中心特征辩护，1961年，奥斯特罗姆、蒂伯特、沃伦发表文章明确支持大都市政府的多中心特征，认为政府间的相互作用还远没有到通常描绘的紊乱的程度。相反，在一定意义上，它们构成了一个系统：由于竞争关系的存在，地方政府必须彼此考虑，达成各种协议性和协作性的承诺，或者是尝试建立解决这些冲突的集中机制，大都市区内的各种政治势力能够以集中的方式运作，使得相互作用的行为变得协调和可预期。他们认为政府的职责是为公民提供公共物品和服务，维护社区的良好运转。他们强调，应该将物品和服务的生产和供给区分开来。地方政府并不需要直接生产特殊的服务，而是通过与另一个政府或私人机构签订协议来为市民服务。此外，一个政府单位合适的地理范围应该由控制、效率、政治代表和地方自治等标准来决定。综合考虑这些因素，由于提供的公共服务不同，因此政府组织的规模也应该有所区别。

其后，赫茨认为社区服务供给应该委托给各种政府，这些政府在地理范围和组织规模上存在区别。他认为地方政府可以最好地提供教育、图书馆、公共住房、公共福利、消防和警察、垃圾收集、公园和娱乐、城市更新和街道维护等服务。而空气污染控制、污水处理、交通运输、能源、公共健康、供水、规划和医院服务则最好由地区范围的政府单位提供。赫茨的贡献进一步埋葬了传统区域主义认为应该由单一大都市政府提供公共服务的观点。

1973 年，罗伯特·比什和文森特·奥斯特罗姆出版了《理解城市政府：大都市区改革再思考》一书，对“公共选择学派”的观点进行了更为简洁和全面的概括。在公共部门，个人对公共物品的偏好通过投票、游说和其他的机制表现出来，更小的单位比更大的政治单位更能准确满足市民的需要，这样在政治单位中需要承担更少而不是更多的公共职能。考虑到政府的供给方面，政府是自然垄断的，没有进行有效运作、创新、降低成本，或满足消费者需求方面的激励。因此，公共垄断的副作用可以通过地方政府之间的竞争机制最大限度地降低。竞争可通过竞选或市民的“用脚投票”来激励。服务竞争可以通过利用私人和公共生产商或卖主得到进一步的增强。不同的公共物品和服务通过不同组织安排提供将会更有效率。需要消费大量实物设施的服务由大组织提供更有效率，这类服务的经济性通常通过服务大量人口和大面积地区来实现。其他的服务，如教育和警务，最好以人对人的方式提供。比什和奥斯特罗姆认为，多重的政府体系、重叠的辖区，可以利用不同公共服务的不同规模经济。由多重辖区构成的公共经济会比单一层次垄断组织构成的公共经济更有效率和责任心。

1977 年，奥斯特罗姆夫妇提出了服务联合生产的概念，他们将公共服务联合生产定义为市民消费者协助提供公共服务的生产，联合生产的一个好处是它有助于修改专业性的服务决定，这样会使提供的服务更适合市民的需要，同时提高服务的层次。根据他们的观点，大都市政府的一个主要被诟病之处是它的公共服务垄断供给者角色。虽然这些服务以专业价值为主导，但是广大民众被剥夺了替代服务供给的选择，阻碍了他们参与服务的过程。相反，多中心的大都市区的公共服务由不同的公共服务企业提供，市民可以参与到多种多样的公共服务供给之中实现在公共服务生产过程中的参与作用。公共选择倡导者们认为联合生产的好处有：第一，更高的服务层次；第二，更低的服务成本；第三，服务组织更大地满足市民偏好和需要的责任心；第四，提高市民对服务生产技术和约束的认识；第五，提高市民在其他地方政府领域的参与性。

根据澳克森和帕克斯的观点，大都市区治理的本质最好可也理解为：市民利用授权和联盟原则形成复杂的“地方公共经济”，由多样化的相互依赖的政府组成，负责提供地方公共物品和服务。总而言之，在针对大都市区“碎化”问题上，“公共选择”学派的观点与传统区域主义建立大都市政府的观点形成鲜明对比，他们认为不需要改变大都市政府的分散化现状，而是通过建立一套完善的多中心特征的自我统治和民主行政的机制，来对大都市区进行管理。在政治“碎化”问题上，他们通过引入公益物品的概念并区分不同服务的类型，从而得出了与传统区域主义截然不同的政治“碎化”与产出、效率、平等性等诸多变量之间的关系。

“公共选择”学派对于更好地理解大都市区治理问题提供了一个新的视角和思路：第一，使人们从先前过于关注正式的结构转移到关注个人的需要和偏好。“公共选择”理论兼顾公共与私人利益，考虑正式和非正式的制度安排，强调个体的需要和选择，通过社区利益的民主管理来保护个人的自由。第二，“公共选择”学派彻底否定了通过合并方式建立大都市政府的模式，取而代之的是承担某项或若干职能的专区。第三，公共选择理论揭示了大都市政府多中心特征所带来的积极因素和结果，从而深化了对大都市区治理问题的研究。“公共选择”学派认为，由常规性与有限职能等不同类型政府组成的分权化的政府结构，为市民独特的公共和私人需求提供了更大的选择自由，并且限制了以无效率、无效益和缺乏责任心为特征的政府提供公共服务方面的垄断行为。第四，该学派揭示了不同规模的政府单位在提供不同公共服务上具有不同的效率，从而多中心的政府结构可以有针对性地提供不同的服务。第五，“公共选择”学派将政府的公共服务生产职能从公共服务供给职能中分离出来，有助于深化我们对地方政府职能的认识。将生产职能从供给职能中分离出来，并且通过口头协议、政府间契约等方式，通过区域议会、专区以及政府当局机构实现生产职能的转移，并且发挥私人机构的作用，从而提升大都市政府在公共服务供给方面的应变能力。第六，“公共选择”学派认为大都市政府改革的当务之急并不是建立一个区域性的政府，而是建立邻里政府制度，认为建立邻里政府，特别是在大都市区弱势群体中建立邻里政府，有助于表达市民各自的政策主张，增加在决策过程中的影响力，从而提高公共政策和服务的效率和平等性。

（五）新区域主义

20 世纪 90 年代以来，“区域主义”的观点在西方学术界重新得到了重视和发展，并且成为当前学术研究的主流。改革者们不再试图建立一个区域性政府；相反，他们更关注合作和网络化的大都市治理，将注意力更多地集中于过程而非结构，试图建立一种全方位的包括私营和非营利部门在区域性问题中与政府合作的过程，于是形成了以合作组织间网络为特征的大都市区治理理论发展的第三波浪潮“新区域主义”。“新区域主义”的复兴是外部环境特别是全球化深入进行，以及大都市区内部变化特别是经济景观演变共同作用的结果。另外，对“新自由主义”政策特别是“公共选择”学派的反思也推动了新区域主义的兴起和发展。

面对汹涌而来的全球化浪潮，必须要提升城市群在全球竞争中的治理能力：首先，发现机会，指分析城市群作为一个共同单元竞争优势的能力；其次，制定战略，指制定能够强化具有城市群竞争优势的经济活动的战略；再次，调配资源，形成一个具备足够资源的利益共同体以保证制定的战略得以实行；最后，评估行动，评估促进竞争力行动的效果，并以此为基础对其加以改进。在后工业化经济背景下，城市群适应全球化发展的道路有两条：新福特主义道路和区域产业区道路。新福特主义道路是以大型跨国公司垄断地位的强化为基础的，因此要求城市群具备提供必要基础设施和服务的能力。这一要求可以通过发展和强化特殊的城市群当局或者是提高现有组织（如大都市规划组织和政府议会）的能力来实现。相反，区域产业区道路要求区域政府和治理的根本性变革，包括：建立一个能够提供包括培训和教育、医疗和住房等公共服务在内的区域政府；变革治理方式，强调公共决策过程的参与性，也就是治理需要建立公共、私人和非营利部门之间的互动关系；强调决策过程中的邻里/社区参与；强调跨部门的治理。

近年来，西方的许多国家都出现过郊区城市化与中心城市化并行的现象，传统的关于郊区与中心城市以及其他不同地理单元之间“零和博弈”的观点受到挑战，人们更倾向于认为大都市地理单元之间是一种“复杂的互补关系”，协作被认为是实现共同繁荣的关键。这种空间形态发展的新趋势改变了人们对郊区和中心城市关系的认识，同时也为解决由于二者长期对立造成的城市问题提供了新的思路，通过精心规划、充分协调、科学管理有可能实现区域的共同繁荣。

西方国家自20世纪80年代以来普遍推行“新自由主义”政策，特别是以多中心治理结构为特征的“公共选择”学派得到广泛认可和推崇，在大都市区治理中体现为鼓励地方经济增长、地方经济竞争和采取分权倾向的地方政府治理模式。这些措施短期内激发了地方政府发展经济的积极性，长期却带来很多负面影响：首先，加剧了财政不良的地方政府争夺外部资源的恶性竞争；其次，将公共服务分成多个私有的或准私有的机构，加剧了大都市的行政“碎化”现象；最后，加剧了地域发展的不均衡，社会空间极化以及财政不平等。新区域主义继承了传统区域主义对地方政治“碎化”的批评，将大都市地区久治不愈的痼疾归咎于地方政府的分裂。但是与传统区域主义者以公共服务的规模效应为“武器”攻击大都市区内的政治“碎化”问题不同，新区域主义者将批评的重点瞄准为“碎化”的地方政府对整个区域经济、社会公正和中心城市与郊区关系的负面影响上。

在新区域主义的文献中，广为人知的两本著作当属戴维·鲁斯克的《没有郊区的城市》和尼尔·皮尔斯等的《城市群区域：美国城市如何在一个竞争的世界中求得繁荣》。鲁斯克认为，如果中心城市的边界是弹性的，也就是允许中心城市不断扩张，那么大都市区的问题就迎刃而解了。他认为解决大都市区日渐增多的经济、社会、种族隔离等问题的最有效的对策，就是重组大都市地区的政府结构。尼尔·皮尔斯在他的著作《城市群区域：美国的城市如何在一个竞争的世界中求得繁荣》中提出了城市群区域的概念。所谓城市群区域，简而言之，就是以城市为中心的经济政治共同体，即城市治理区域或城市主导区域。每一个城市群区域都包括一个现有的中心城市及周边的城镇和居民区，并通过各种经济社会联系形成一个整体。

虽然“新区域主义”兴起的时间不长，也未形成哲学意义上的研究范式，但它还是存在一些要素，使得它区别于传统的区域主义。第一，治理而非统治。新区域主义通常用治理一词来取代传统区域主义的统治。反映了新区域主义关注的重点从正式的结构安排转移到非正式的结构，以求更好地制定政策和开展行动。新区域主义致力于增强地方政府间的合作，强调横向而非垂直的联系。第二，跨部门而非单一部门。从统治向治理的转变，意味着营利和非营利部门与公共部门共同努力实现有效的大都市治理。每个部门都具有独特的能力和专门的权限范围。跨部门的安排使得大都市区治理的实践更具弹性。第三，合作而非协调。传统区域主义的一个主要目标是提高公共部门在规划和行动等方面的协调能力。如今，大都市区治理的跨部门特征强调的是协作而非协调。所谓合作，主要指政府间合作。所谓协作，主要指非政府间的协作，一般是形成公共和私人伙伴关系甚至是部分公有事业部门私有化的途径来解决区域问题。在一个分散化的、多中心的体系中单一政府很难有效地应对区域性挑战，如果要成功解决区域性问题，所有相关方面的参与是重要的，积极的合作性行动比消极的从上向下发布指令的方式可能更有效更持久。第四，过程而非结构。协作的重要性关注是过程而不是正式的结构安排，新区域主义强调的过程注重的是制定区域的远景和目标，在关键的利益相关者中形成一致意见，并且最终用资源来实现这些目标。第五，网络而非正式的结构。新区域主义对协作和过程重视程度的提高，说明了它对网络状组织的依赖。在网络结构下，主体间的关系主要是通过自组织方式进行协调的。随着国家—市场—社会之间关系的根本性变化，出现了重要的经济及社会的新情况和新问题，这些问题再也不能简单地借助自上而下的国家计划或市场中介的无为而治的方式来解决了。而自组织便是特别适合的协调方式。自组织的典型逻辑是谈判的逻辑，谋求通过谈判来实现共同目的。自组织的治理包括三个层次的网络：人际关系网络、组织间关系网络和系统间关系网络。

对科层、市场、网络三波理论潮流的总结：从广义上说，治理是指如何掌舵社会，这意味着治理的基本含义是如何在社会主体中形成协作行为，生产公共物品，并且引导整个社会遵循一定的路径发展。在经典的政治和行政科学中，一般认为协作行为有两种实现途径和方式。第一种观点基于马克斯·韦伯的理性官僚制模型，在这一模型中，协作依赖于一个层级的分工结构，在这一结构的顶层发布指令而下层的主体必须遵循。这一“通过科层结构形成的协作”模型也是国家规制行为的基本原理，也就是社会主体的顺从是通过刑罚制裁的威胁实现的。相反，第二种观点以新古典经济学为依据，认为协作行为也可以来自市场机制。在这一机制中，“无形的手”将调解特定商品供给者和消费者的行为，并且有效率地使用生产资源。因此，这一“通过市场的协作”模型认为，在不确定条件下，市场机制能够也应该服务于公共物品生产。而在20世纪90年代中期之后，西方不少学者认为存在第三种促成协作行为的途径和方式，那就是“通过谈判的协作”，认为协作行为更经常来自同意和合作，而不是来自科层制的限制和市场基础的竞争。第三种治理概念模型的出现，在很大程度上与关于公共政策决策从“统治向治理”的转型有关。

以上三种不同的治理概念，对应了关于大都市区治理的三种不同的学术传统。

从本质上看，传统区域主义、“公共选择”学派和新区域主义在大都市区治理问题上的分歧可以归结为两个方面，政府与市场的资源配置（提供服务）权限划分以及不同层级政府之间的关系。区域主义和“公共选择”的分歧就在于是以政府还是市场作为配置资源（提供服务）的主导方式。前者主张倚仗政府的权威，而后者强调市场的力量；“新”“老”区域主义的分歧在于政府权限在不同层级政府之间的分配，传统区域主义主张集权式的上层政府协调模式，而新区域主义主张分权式的地方政府合作模式。

二、国外城市群治理的模式研究

传统区域主义、“公共选择”学派和新区域主义这三波理论流派实际上代表了科层、市场和网络这三种治理的调控方式。体现在政策建议上，三者分别主张通过集权的大都市政府、分权的市场竞争和网络化的地方合作三种形式来解决大都市区层面存在的问题，从而对大都市区进行治理。

（一）传统区域主义主张的集权化的大都市政府模式

根据政府的层次以及权力在不同层次政府间的分配，可以将大都市政府结构分为两种类型：单层的大都市政府结构和双层的大都市政府结构。一般而言，单层的大都市政府结构主要是通过行政区划调整来实现的。在西方大都市区改革的实践中，行政区划调整又可分为两种形式：一是大都市地区中心城市兼并周围没有形成法人地位的地区，建立一个覆盖整个大都市地区范围的大都市政府。二是在涉及区域事务的某些方面，通过中心城市政府与所在县政府及其县域内若干郊区政府的合并，在特定领域内进行规划与合作。在快速城市化的背景下，兼并是中心城市在大都市地区保持主导地位的最有效也是最为直接的方式，是大都市政府的早期形式。一般而言，兼并和市县合并可以获得以下好处：第一，节约成本，如果合并后的政府运作得当，那么政府的运行成本会降低；第二，提高效率，合并消除了原来城市和县政府的职能重叠，有利于提高新政府的行政效率；第三，提高政府权威，合并后的政府在政府权限、法律地位和税收等方面都有所提高，这样有利于提高政府的权威；第四，增强规划能力，合并后的政府可以开展更为复杂的规划体系，更好地处理盲目土地开发、城市无序扩张和政治分割等问题，改善公私合作关系，从而增强政府的规划能力；第五，增强政府的责任感。由于兼并和合并都是从自身的局部利益出发，而非着眼于大都市区整体的发展，不仅造就了美国等西方国家大都市区的政治分治以及奇特的空间地域格局，而且在大都市区政府分治的模式下，单个城市政府一般都难以提供供水、垃圾处理、公共交通、金融等公共服务，各城市之间存在不同的利益要求，因此难以实行有效的统一计划，这就使得这种政治分治的政府模式日益成为城市大都市区发展的障碍。

双层的大都市政府又称之为联邦式大都市政府。在传统区域主义的大都市政府改革方案中，第一层次政府也就是大都市政府负责区域范围的职能，第二层次政府也就是地方政府负责地方层次政府的职能。双层结构既提供地区范围的重要公共服务，同时也允许地方职能有效执行和大都市区内市政当局的自治，最大限度地满足了功能和社区要求。构建双层的大都市政府最重要的就是不同层次政府之间的职能划分。双层制的大都市政府在实践中并未受到广泛欢迎，主要是双层大都市政府结构建立后面临两个棘手的问题。第一个问题是职能困境，一方面，区域层面的政府需要足够大的职能来对整个区域进行治理；但另一方面区域层面政府的职能又不能太大，进而使其他政府受到削弱和威胁。区域政府需要具备实质性的职能，包括控制区域的公共服务供给、政策选择和规划。而与此同时，区域政府又不能过多剥夺地方政府的权力而使后者难以维系。此外，对于更高层次的政府而言，强大的区域政府对其权威产生实质性的威胁。因此，在定义区域政府权限的时候，需要综合考虑这些关系，兼顾各个方面的利益。第二个问题是空间困境，主要是指大都市政府的边界问题。大都市政府地域范围最小化到与建成区相对应，最大化到城市化地区及其腹地的扩张地域。如果大都市区的地域范围小于城市化地区，那么就会危害区域范围职能的空间效果。如大都市区的地域范围大于城市群区域，那么就难以将整个大都市区组成一个有序的空间系统。

（二）“公共选择”学派主张的分权的市场竞争模式

分权的市场竞争模式：“公共选择”学派批评传统区域主义的一个基本依据就是政治“碎化”的大都市地区的地方政府运行更有效率，而且大量的实证研究也证明了这种关系。按照“公共选择”学派的观点，公共产品和服务的供给和生产是两个不同的概念和环节。地方政府的一个主要职能是提供公共产品和服务，但是它不一定要承担生产的职能，也就是可以通过和私人部门签订协议，建立公私伙伴关系，将公共产品和服务的生产职能转交给私人部门。此外，对于某一地方政府而言，除了与私人部门进行合作之外，它还可以通过与其他地方政府合作，也就是通过跨地方的协议，来共同承担或转移公共产品和服务生产的职能。除此之外，建立区域性的负责某项具体事务的专区也是“公共选择”学派偏爱的大都市治理手段之一。

公私合作伙伴，是 20 世纪 80 年代以来西方国家政府治理创新中出现的一个概念。在公共政策分析中，特别是经济发展、技术转移和城市治理领域，伙伴关系已经成为越来越流行的词汇。公共和私人部门都发现，它们各自的资源有限，与此同时它们的需求和机会却在不断地增长，这使得它们越来越相互依赖。它们也发现，互相支持和与其他部门的主体建立良好的伙伴关系是十分有用的。在经济社会联系日益密切的背景下，如果没有其他主体的参与和帮助，不管是公共部门还是私人部门，仅靠独自的力量维持系统运转将会变得越来越困难，这就直接引发了对公私伙伴关系需求的不断上升。学者们对城市公私合作伙伴治理存在不同的认识，但可以从三个方面进行理解：第一，从广义上，就是指公共部门和私营部门共同参与城市生产和提供公共物品与服务的任何制度安排，如合同成本、特许经营、补助等制度；第二，它是指一些复杂的、多方参与并被民营化了的基础设施项目；第三，它指的是企业、社会上层人物和地方政府官员为改善城市状况而进行的一种正式合作。也就是说，公私合作伙伴治理是对城市公共服务提供者、消费者和生产者三者关系的重塑与再造，通过打破传统的公私边界，提供跨边界公共服务，以更好地满足市民的多元化需求，提高城市整体管理能力。公私伙伴关系至少具有以下 5 个方面的特征：第一，伙伴关系显然涉及两个以及更多的主体，其中至少有一个是公共主体，但合作伙伴的效用主要取决于公共部门与私人部门双方的一致行动；第二，在伙伴关系中，每一个参与者都是当事人，也就是他们都能够为了维护自己的利益而讨价还价，而不需要求助于其他权力部门；第三，在伙伴关系中，主体之间的关系是持久的，也就是进行持续的相互作用，其主要标志是自始至终多个成员之间的谈判和协商；第四，每个参与者都会为伙伴关系做出贡献，因此为了使伙伴关系成为一种具有诚意的关系，每个参与者必须向伙伴关系让渡一定的资源，包括物质的和非物质的资源；第五，一个伙伴关系也意味着对它们行为引发的后果承担特定的共同责任。

伙伴关系所带来的效应主要有三种：协同效应、转换和扩大预算。协同效应是指两个或更多的合作者为了共同目标而一起行动时所获得的增值效益，如一个以营利为目的的商业公司和一个非营利组织的合资经营。转换的观点指的是一个合作者改变另一个合作者的世界观、行为和观念的努力。因此，一个公共或非营利机构可以促使私营经济的合作者更加注重社会效应，而一个私营公司可以努力影响公共经济，使其向更加市场化的方向发展。扩大预算的观点指的是集合资源来筹集更多的资金，从而争取更多伙伴的支持。对于政府而言，伙伴制是一个很有吸引力的概念，因为它分散了成败的责任，并保证相对低一级的公共开支能被用来调节大量的私人投资。但是，应该提出的问题是伙伴制是否具有可信度，能否同时平衡效率与平等，进而符合民主的原则，也就是伙伴制是否可能成为一直具有压制性的、扩大的共同选择制度。

跨地方协议的外延很广，包括行政长官之间为交换信息的非正式的“绅士协定”到地方政府之间为了共同承担公共服务而签订的协议。通过跨地方协议提供的服务可以分为三个类型：第一个是面向公众的直接服务，如图书馆、公共健康和福利；第二个是为政府提供的服务，如个人测评、联合采购、数据处理、征税和评估；第三个是在紧急情况下的合作援助，如警报火灾和抓捕罪犯的警察行动。目前美国大都市地区的跨地方协议形式多样，主要有非正式协议、跨地方服务协议、“一揽子”服务协议、联合权利协议和职能转移等。

非正式合作协议通常是政府官员之间口头的、非正式的协议，一般不具有法律约束力。它主要的目的是信息共享，或者是允许某一政府使用另一政府的设备。一般来说，地方合作成功与否取决于地方单位进行合作的意愿，那么地方单位之间的非正式合作协议不失为推动合作的一条有效途径。

跨地方服务协议是两个或两个以上政府签订的具有法律效力的协议，根据协议规定，其中一个政府同意按照议定的价格向另一政府提供某项服务，服务的质量和数量可以在协议中做出明确的规定。跨地方服务协议是美国大都市区的地方政府普遍采用的一种合作方式。

“一揽子”服务协议也是一种常见的跨地方协议形式。一些社区由于规模太小，独立生产公共产品和服务必然无法实现规模经济，于是它就通过与其他较大的政府签订购买“一揽子”服务的协议，完全将公共产品与服务的生产职能从供给职能中分离出来，并且转交给其他较大的政府。

联合权力协议是指两个或两个以上的地方政府为相关辖区内的所有居民共同规划、出资、建造和管理某项设施或共同提供某项服务，它主要有两种形式，其一是联合设施协议，其二是联合服务协议。前者涉及的设施主要包括垃圾填埋场、污水处理厂、机场和医院。在后者中，涉及最多的三项服务依次是污水处理、消防和文化娱乐。

职能转移是指一个地方政府永久性地将某项职能转移到另一个政府，获得转移职能的政府必须承担起制定政策、提供经费和行政管理等方面的永久性责任。一般而言，职能转移的发生有三个基本原因：首先是规模经济的需要，其次是单个的地方政府可能无法供给，最后就是中心城市的财政困难。

总而言之，跨地方协议扩展了规划和管理政府服务的地理基础。通过扩大行政范围，协议使得降低公共服务的单位供给成本成为可能。通过协议的方式将不同地方政府联结在一起，共同提供公共服务，从而使得公共服务供给的边界变得更有弹性。由于这样的协议并不需要得到选民的批准或改变政府结构，因此在政治上是可行的。这样的协议很少甚至没有涉及长期规划。

专区一般是由州议会或地方政府根据州法律授权，提供一项或有限几项数目的特定功能，拥有充分的行政和财政自主的单独的政府单位，通常被称为“行政区”“管理局”“委员会”。专区是美国地方政府体系中地位和职能都非常独特的一种体制。“公共选择”学派支持专区体制并且认为这种体制在提供专门服务方面具有常规政府所无法比拟的规模经济和灵活高效的优势，能够以一种非政治、商业化方式生产区域性服务，并且能够保证其政府的完整性，从而使高度分散化的大都市区能够有效运作。

（三）新区域主义主张的网络化的地方合作模式

网络化的地方合作模式：在美国等西方发达国家，网络化的地方合作也是常见的大都市区治理模式。包括政府联席会、大都市区规划、区域联盟、精明增长、税基分享等。

政府联席会是大都市地区制度化的跨政府合作的最新形式，它们是地方政府的自愿联合，不是具有独立权威的能制定法律或捆绑决策的政府，主要职能是对影响整个大都市地区的事务提出建议。典型的政府联席会成员由城市、县和特定其他地方单位组成，这些特定的其他地方单位包括校区、一些专区、州政府，在一些情况下还包括私人居民和市民团体。政府联席会的政策理事会由各地方政府成员任命的官员组成。政府联席会的主要活动就是针对下水道、供水、垃圾处理和法律执行等具有区域范围影响的问题制定规划。大都市区域政府联席会的实质存在，推动了地方官员之间针对地区范围问题的经常性讨论，从而提高了对大都市区范围的长期综合规划及短期合作性价值和必要性的认识，同时也有助于减少地方官员之间的怀疑和敌对情绪。政府联席会为政府间合作提供了一些非常重要的优势。它们不仅相对容易建立，而且它们变成一个研究大都市问题和制定解决问题途径的机制。政府联席会凭借它是由民选官员组成的事实也可以比一些其他的机构对地方政府产生更大影响。

然而，政府联席会仍然是一个极其有限的治理工具，三个缺陷需要特别指出：组成单位代表形式、政府联席会权限的限制和缺少成功解决社会或生活方式问题的途径。政府联席会成员也是地方政府官员的事实，意味着政府联席会成员很大程度上是地方利益的代表，这导致很多政府联席会中的政府单位之间的分歧。而政府联席会的有效权限问题则更为致命，政府联席会难以行使其权威。

大都市区规划是一种战略性的空间规划，是一种“区域性的战略思考”。它的主要目的是为城市政府提出关于城市和空间发展战略的框架，规划内容一般以大都市区经济社会的整体发展战略、区域空间发展模式以及交通等基础设施布局方案为重点。大都市区规划最重要的职能是为政府实体揭示大都市增长所带来的问题，发起制定替代的发展模式的公共讨论，并将整个城市增长的问题置于公共政策决策的领域之内。广大市民通过这样的规划可以对城市发展决策有深刻的理解，而试图对政府决策施加影响的非政府组织，则可以通过大都市区规划更多地接触地区范围的事务。大都市区规划对于大都市区的协调发展具有三个方面的显著作用：首先，规划机构可以使公共行动对于城市发展具有更大的影响。其次，在与特定行动和政策有关的区域潜力的研究和预测中，大都市区规划可以提供一个非正式的决策基础。最后，大都市区规划通过揭示大都市区存在的主要问题以及主要的解决途径来提高市民在决策过程中的参与程度。一般而言，大都市区的规划主要由两种规划文件组成：描述大都市区多重发展目标和空间战略的总体规划，其中多数属于概念规划范畴；设置了空间目标的区域土地利用规划，旨在进一步发展聚落体系、基础设施建设、保护自然和开放空间以及解决其他具体问题。

区域联盟从本质上说也可以叫作城市联盟，主要是指区域内特别是大都市内不同主体之间的联合与合作，是基于非正式网络以及正式关系的同盟。一个持久的区域联盟需要具备四个要素：首先是建立关系，这是形成持久而成功的区域联盟的关键所在；其次是再组织问题的能力，以便于在原本各异的利益中发现一些可以进行合作的共同领域；再次是获取信息以及分析复杂数据的能力；最后是在跨越联邦系统的多重政治舞台上有效运作的能力。

城市群区域是指一个区域，该区域由一个或多个历史中心城市及环绕在其周边的一系列城镇组成，这些城镇具有共同的身份，是单一的贸易、商务和交流地域，并具有社会、经济和环境相互依赖的特征。城市群区域是一个有机体，城市群区域在本质上是一种功能区域，具备中心、腹地和联系这三个功能区域的构成要素。城市群区域是一个经济区域，它是一个紧密耦合、密切相关的地理、经济和环境实体。城市群区域并不是以行政边界来定义的，而是一个劳动力市场，一个交流场所，一个广播覆盖的地区以及主导报纸的发行区。城市群区域是一个协作开放的区域。

城市群区域作为一种新的区域管理体制，与传统的模式有着本质的区别。传统的区域管理体制基本上是在组织上以政府为核心，在地域上依赖于历史形成的行政疆域。而一个城市群区域则是一个以现代城市为主导的经济空间，虽然中心城也具有经济的集聚作用，但更注重的是各个地方特别是中心城与腹地之间的经济联系。而且由于这些经济联系都是依据该城市群区域自身的经济力发挥作用的，因而它的辐射力有着比较清晰的经济基础，它对所辖区域实际行使着各种权力，与其所辐射的区域容易产生经济融合，更符合区域经济运行与发展的规律。

精明增长还是一个新鲜的概念，精明增长应该包括以下四个方面的内容：紧凑型城市土地开发模式；保护城市资源环境；促进城市经济良好运行；提高城市宜居性和生活质量。总而言之，精明增长理论是一种管理城市协调成长的新型理论工具，它通过土地使用功能组合，限制城市成长边界，提高土地使用效率，保护空地、农田、自然景观和环境保护区，改变交通模式，加强现有社区改造等方式来解决城市蔓延中出现的经济、社会和环境问题。

税基分享的理念很简单：选择某一区域财政收入来源，例如财产税或销售税，然后以反映区域需要的客观标准将该税分拨给具有成员资格的地方政府。对于分割的大都市地区而言，税基分享不失为一项很好的改革举措。大都市内各地方政府对税源的争夺，不仅损害了各个地方的利益，而且也损害了区域的整体利益。各个地方一旦参与到吸引已经选择在该区域投资的商家的争夺战中，那么必然要花费资金来改善特定地点的基础设施和服务状况，这实际上是以牺牲其他地区的福利为代价的。采用税基分享，不仅可以解决地方政府间争夺税源的问题，而且还能缓解衰退地区的财政危机，加快它们复苏的步伐。此外，税基分享也可以减轻持续增长的地方因维持增长所带来的财政赤字压力，减弱鼓励低密度蔓延的财政激励。

奥克森认为，大都市区治理研究“不应去寻求唯一正确的组织模式，而应该关注各种可能的治理模式以及治理是如何通过地方公共经济结构来和绩效发生关系的……只是根据统一的单一标准来判断地方公共经济的结构几乎无助于研究或改革的推进”。美国的一个带有学术性质的研究机构也主张在大都市区建立不同形式的治理模式，它认为以“碎化”为特征的大都市地区在提供劳动力密集服务方面更有效率，而以统一为特征的大都市地区在提供资本密集服务和管理职能上更有效率。大都市区的治理要根据的实际情况而采取不同的治理模式的结合。从西方国家的经验来看，一个国家内部大都市区的治理形式应该是多种多样的，美国如此，德国也如此。在当前德国的主要大都市区中，治理模式各不相同，不仅传统区域主义、“公共选择”学派和新区域主义都各有一席之地，而且就算是同样理论基础支持下的大都市区治理实践，在具体的治理形式、具备的能力以及所能支配的资源等方面也存在较大的差异。

三、国外城市群治理实践的启示

当前，基于新区域主义的网络化地方合作模式在美国和欧洲都最受欢迎。之所以如此，原因恰恰在于不存在“最好的区域合作形式”。从一定意义上说，新区域主义是传统区域主义集权的大都市政府模式和“公共选择”学派分歧的市场竞争模式的折中和综合。每一个大都市地区都存在特殊的空间条件和问题，因而需要独特的解决方式，这种独特的解决方式可能基于不同的理论基础，也可能是同一理论基础支持下不同运作模式的混合体。城市群治理的运作模式应该是丰富多彩的，各种理论支持下的治理运作模式好比是一堆零部件，需要根据城市群的实际情况，进行“区别性组合”，搭建适宜的治理结构，而不是追求所谓的“唯一正确的组织模式”。

（一）启示一：城市群治理模式并不是千篇一律

纵观西方国家城市群治理的实践，治理模式的选择与政治制度、经济体制、社会发展状况以及城市的发展阶段密切相关。城市群治理作为一个完整的系统，是这些社会经济影响因素与城市群自身发展变化的规律性过程之间相互作用的结果。在城市群发展的不同阶段，治理模式与特征存在较大的区别：在城市群组织处于胚胎形态下时，城市群的空间发展处于中心城市人口集聚化阶段，只出现简单的几种公共服务需求，因此城市群治理的模式比较单一，仅仅提高若干简单的区际服务；在城市群组织处于形成阶段时，郊区城市人口集聚，复杂区际服务要求逐渐显现，城市群区际协作和联合关系比较复杂，城市群政府逐渐形成；在城市群组织处于调整阶段时，郊区继续发展，人口不断增加，区际联系愈加频繁，此时城市群组织不得不进行调整，以适应公共服务发展的需求；在城市群组织处于扩展形态下时，郊区化的持续进行使得中心城市人口相对减少，郊区势力逐渐强大，城郊势力对比改变，地方政府合并与分权化并存，城市群组织的职能逐步得到明确，但区域之间的合作与协调还得依靠一些松散的区域性组织和机构来实现；在城市群组织处于整合状态下时，城市群发展到了最高阶段，郊区势力明显超过中心城市，人口、产业和经济的高度离散造成了不经济，因此，城市群政府为了协调多方面利益矛盾而进行大幅度的整合。

对于一个特定的城市群而言，并不存在某种固定不变的治理模式，要选择一个有效的跨界治理模式，就必须从自身经济发展的实际水平出发，顺应政治体制变革趋势和市民群体的发展需求，顺势而为，因地制宜地选择多样化的跨界治理模式和方法。正式的治理机制和非正式治理方法相结合，发挥政府力量和社会力量两股力量，是西方国家开展有效跨界治理的经验。一方面，相关政府联合行动，建立正式的跨界协调机构或联合规划机构，并通过立法的形式赋予其开展跨界协调的法定政治权力，以此来缓解城市间矛盾，解决区域问题；另一方面，高度重视各种非正式的区域协作，在自愿合作的基础上，公私部门自由组织诸如次区域联盟、邻里协会、城市论坛、合作协议等，旨在进一步增强区域认同感，强化区域联系。

（二）启示二：“没有政府的治理”是个悖论

“诸侯林立”、各自为政的城市群格局导致的负面效应已经有目共睹：地方之间为了争夺商业投资和资本而引发“地点战争”；出现了危险的兼并和土地开发高潮；大众交通不足和环境退化。由此可见，不存在“没有政府的治理”，政府在跨界治理体系中必然发挥着重要作用。

一方面，上级政府的适度合理干预是跨界治理有效性的重要保障。城市群的跨界治理并不只是当地地方政府自身及其横向的关系，更是包括上级政府在内的一种纵横的、网络化的政府间关系，只有实现多级政府或政策之间纵横关系的协调、畅通、平衡，才会在城市群内形成有序、有效的跨界协作互动与共赢发展。

另一方面，在城市群的跨界治理体系中，处理好不同层级政府之间的职能关系是跨界治理的关键环节。公共服务职能在不同层级政府之间如何划分需要遵循几个原则：一是外部性和财政公平原则，地方公共服务应该尽可能实现自足或内部化状态，以便让使用的居民付出相应的费用；二是规模经济原则，资本密集型的公共服务通常由服务于较大地区和人口的公共设施来承担才最有效率；三是财政规模原则，即某些服务功能需要足够区域范围的税收基础和支撑，才会有能力覆盖到相应的区域，如公共艺术服务等；四是再分配原则，即某些公共资源要在不同收入区域之间进行重新分配，以便实现某一类公共服务供给和质量保持区域内的均等化；五是中心商务区服务重负原则，有些服务职能或管理职权需要向中心商务区进行倾斜和重点配置，因为中心商务区是整个城市群的所有人都在使用。

（三）启示三：城市群治理是权力资源的再配置

权力配置是指一个权力系统中的各权力主体之间如何分配和如何行使权力。

治理理论认为社会事务中存在着多种权力主体，治理就从传统的政府和市场二维权力配置模式转向政府、市场和社会三维模式。城市群治理的变革过程，其实也是一个不断分权化的权力结构和权力关系重新调整与塑造的过程，表现为在各级政府之间和政府部门之间围绕政治与决策权、事权与财权分配而进行的权力、责任转移的过程，也表现为不同层级政府部门将相关权力、责任向市场与公民社会转移的过程。从各国城市群治理的实践看，城市群治理首先是在不同范围的空间尺度进行权力的配置，在区域内部各个地方政府之间进行配置，将碎片化的权力整合为区域空间的权力。其本质是中央政府、地方政府各自让渡部分权力，将这些权力赋予区域协调组织。其次是重新界定和划分不同层级政府之间的权力，在纵向系统中重新配置。

从国外的城市群治理的实践来看，向市场和社会分权是普遍采用的方式。各种城市群治理模式都是采取不同的方式向市场和社会分权。尤其是向以各类非政府组织为代表的社会分权。发达国家的市场经济较为完善，市场已经成为权力配置的一级主体。其非政府组织发育较为完善，各类组织在区域经济社会发展中分担、承接了政府和市场无法提供或无法高效提供的服务，承接了政府和市场的部分权力，共同形成了城市群治理的三维主体。因此，权力配置就呈现了政府的垂直系统、市场横向系统以及政府、市场和社会的网络化配置的格局。城市群内部结构也不仅仅是垂直和平行的结构，而是一种网络结构，这种复杂的城市群网络结构要求城市群治理的结构也不能是单一的垂直结构，必须构建网络式的治理结构。

（四）启示四：城市群治理是多种力量的平衡

城市群是政府、企业、社会公众和居民共同的生产、生活空间，因此这些主体都是城市群治理的利益相关者。从发达国家的治理实践来看，城市群治理不仅是中央政府、地方政府以及各层级政府之间的利益平衡，而且也是政府与市场力量之间的平衡，还包括政府与社会公众、市场与社会公众之间的利益博弈。城市群治理的推进是政府、企业和社会公众等各种力量博弈的结果。

城市群公共事务的治理必须充分考虑各种利益相关者的利益，使得所有的利益主体都参与到城市群治理中。因此，城市群治理应当建立一个中立、客观的组织，给所有的利益相关者提供一个解决城市群公共问题的协商平台，关注于投入和参与的过程，并制定和遵守战略规划。由于利益主体的多元化，利益追求存在着分化，政策过程的权力处于明显的分割化状态，政策的制定、选择和执行充满了多元治理主体之间反复博弈、寻求合作、维持信任等互动行为。

（五）启示五：城市群治理是一个持续调整的互动过程

城市群治理是治理主体协调行动，共同应对城市群公共事务的过程。城市群治理模式的选择与政治制度、经济体制、社会发展状况以及城市发展阶段密切相关。这些外在的环境因素相互依存、相互影响，处于不断的变化之中。城市群治理要面对的区域公共事务也随着经济社会发展阶段的不同而表现出复杂多变的特征。因此，城市群治理的推进也要因时、因事而异，通过持续不断的调整以应对各种变化。

从城市群治理的各种模式来看，平等和公平是各类组织普遍遵守的价值观和准则，自愿参与、和平协商成为通行的做法。与政府管理和市场调节不同的是，治理中的权力运行更多的是横向联系。这就意味着在城市群治理运行机制中，不仅仅通过行政命令发挥作用，更多的是依靠利益主体之间的谈判、平等协商机制发挥作用。城市群治理组织从事的协调、沟通、斡旋、谈判和冲突控制等管理活动，对于治理的良性运行就变得十分重要。在政策制定中，不仅需要税收、契约等工具，也需要谈判、中介、志愿、监督等协商和对话过程，来推动工具的应用，所有的公民和利益相关者都有权力发出自己的声音。

总之，城市群治理不是一成不变的固定模式，没有一个最优的理论能够解决现实中的所有问题。任何理论都是在现实中不断发展变化的，针对现实中出现的新问题，人们发展出相应的解决之道，发展出相应的制度和规则，需要根据情况的变化适时调整。

四、哈长城市群的协调发展

城市群治理关键焦点在于城市群内部各城市的协调发展，尤其是刚刚崛起的哈长城市群，其内部的核心城市哈尔滨和长春的极化作用还很强，扩散效应还不明显，协调其内部城市之间的发展就显得尤为重要。

（一）哈长城市群协调发展的内涵

城市群协调发展的内涵有“狭义”和“广义”之分。“狭义”的城市群协调发展主要是指区域发展的差距问题，主要从平衡发展和空间均衡的角度来理解城市群协调发展。“广义”的理解，认为城市群协调发展是一个综合性的概念，其目标主要包括经济协调、社会协调和环境协调三个方面。

城市群的经济协调发展就是城市群内部各城市之间在经济交往上日趋密切、相互依赖日益加深、发展上关联互动，从而达到各城市的经济持续发展的过程。城市群的经济协调发展包括产业的协调，产业协调的重点是要避免产业重构、重复建设而引发的无序竞争，产业协调的主要内容是科学合理地安排区域产业布局，调整优化城市群产业结构，充分发挥各地区的比较优势，建立开放型经济体系，实现城市群内部产业的协调发展。城市群内部经济的协调必然要求一个有序竞争、统一开放的市场体系。城市群经济的发展离不开其存在的物质空间，城市群经济发展要实现空间上的协调发展，并不是说区域要实现的均衡的发展。一方面，要承认城市群经济空间分异的客观规律，实现城市群内部城市的非均衡的发展。另一方面，城市群经济发展也不能放任空间分异的无限发展，空间协调就是要缩小城市群内部城市间经济发展水平的差距。

经济发展应当使城市群内部各城市居民享受大体均等的基本公共服务，不同地区人民都能享受到大体相当的义务教育、公共卫生和基本医疗、社会保障和公共文化方面的服务，地区间的基本公共服务差距逐步缩小。

城市群协调发展应该建立在可持续发展的基础上，经济发展不能以牺牲生态环境为代价。城市群协调发展的目标理应使区域可持续发展能力全面增强，生态环境质量明显改善，生态文明建设取得显著成效，人与自然和谐相处的良好局面逐步形成。

（二）哈长城市群治理推进的困厄

1. 观念制约，城市群治理的发展举步维艰

政府主导城市群发展：越位与缺位并存。计划经济时期形成的政府主导一切的思维的影响根深蒂固，城市群治理成为政府的“独角戏”。从世界各国推进区域发展的实践来看，政府无疑是重要的主体，但不是唯一的主体。市场机制和社会力量在推动地方政府合作中发挥着重要作用，是对政府作用的有效补充。但在哈长地区，行政力量的影响无处不在，市场和社会的发育都受到了极大的影响，市场和社会缺乏治理意识。

缺乏经济区域观念，行政区的观念深入人心，行政区经济的影响作用强大。新区域主义认为，区域是开放的网络系统，其边界是动态变化的。而行政区正好相反，行政区是封闭的垂直系统，边界固定。在行政区观念的影响下，各地的发展都是以本地区为主。地方本位主义思想泛滥，各地都从本地利益出发，考虑是否合作。如果一方利益小于合作前收益，那么其对合作将采取抵制态度。只有在双方收益同时提高的情况下，双方才可能采取积极合作的态度。“争夺地方经济

利益”是影响区域治理的基本矛盾和核心问题。城市群治理仍然停留在会谈和磋商的层面，地方政府在制定政策时，只是把其他利益主体和整体的利益作为影响自己利益实现的原因来考虑，而不会把其他主体的利益和区域利益作为行动目标来考虑，经济目标的实现仍然要受到行政区目标的制约。

2. 现行体制的制约：加剧地方竞争

在我国现行行政管理体制下，政府工作重心向经济方面转移，为地方政府动用行政权力干预经济活动提供了动力。现阶段各地方政府的主体功能是发展经济，地方经济的发展速度是衡量各级地方政府政绩的主要标准。在经济业界优位或者说 GDP 标准崇拜的评价体系中，GDP 增长率、吸引外资数量等指标成为评价地方政府政绩的重要依据，这无疑会促使地方政府竭尽全力争抢投资，特别是利税高、见效快的投资项目。

行政层级之间是自上而下的垂直运行系统，而区域经济的运行是以区域主体之间的横向联系为动力发生的。纵向运行系统受到横向运行系统的刚性约束也就产生了“行政区经济”。区域经济的发展有其客观的内在联系，由此形成的经济区域边界与行政区边界是不同的。但是，在我国各地方的经济社会发展规划都是以行政区为基础制定的，各地都以自己的行政管辖区域为边界，以自己所辖疆界内部利益最大化为中心进行经济布局。在市场化的进程中，地方政府在强烈追求自身利益和辖区利益最大化动机的驱使下，往往会选择使用行政手段干预地方经济发展。

财税体制对政府间关系和政府的利益有着直接的影响。从 1978 年到 1993 年，在经济体制改革的背景下，建立起“分灶吃饭”的“财政包干制”（“划分收支、分级包干”)，并经历了“划分税种、核定收支、分级包干”“多种形式包干”等几次较大调整。财政包干体制采取的是中央政府与地方政府一对一谈判的方式，地方政府征收的税越多，可以提留的就越多。因此，极大地刺激了地方政府组织财政收入的积极性。

但是，财政包干制的问题体现在：政府对企业“条块分割”的行政隶属关系并没有实质上的改变，只是从“条条为主”过渡到“块块为主”，没有做到真正放权到企业，仍然束缚着企业的发展。因而，地方政府为了维护和追求本地区利益的最大化，往往以行政区为依托，构筑贸易壁垒、实行市场封锁、阻碍要素的自由流通。“分灶吃饭”对地方政府积极性的引导有偏差，客观地成为当时地区封锁、市场分割、地方政府投资膨胀、低水平重复建设、产业结构失衡、资源配置扭曲等问题的潜在原因。

1994 年，我国实行分税制改革，关键内容是构建分税分级财政体制来正确处理政府与企业、中央与地方两大基本关系，财税体制开始进入以分税制为基础的分级财政轨道。分税制改革使得中央政府对全国财政的调控力度大大增强，同时也调动了各级地方政府的理财积极性。促使地方政府抓项目、招商引资的积极性空前高涨，企业的流动意味着 GDP 和税收的流动，导致政府对企业的干预也有了动力。

因此，我国现行财税体制一方面调动了地方政府增加财政收入的积极性，但是同时也促使地方政府采用各种手段保护本地区的经济利益。客观上催生了行政分割、市场封锁、产业同构等问题的发生。地方政府受地方利益的驱动，都从本行政区出发考虑和制定决策，地方政府行为日益经济化、公司化，由于利益冲突而导致重复建设、产业趋同、无序竞争，使得城市群治理的推进更加困难。

3. 城市群治理的协调机制尚未形成，阻碍了城市群治理的推进

从国家层面来看，城市群治理需要有组织完善、设计精细、有的放矢的一整套政策作为保障框架。我国没有形成完善的区域政策制度基础，由于长期受集权体制、全能政府、扭曲市场经济等诸多因素的影响，一直未能形成设计精细的城市群划分框架以及具有可操作性的政策工具、有效的城市群政策监督和评估机制等。

从地方层面来看，地方层面的协调机制无法发挥作用。

4. 非政府力量发育不足：延缓了城市群治理进程

城市群不仅仅是政府的城市群，在一个成熟的现代城市群系统中，存在着分散化的、多中心的利益主体，仅仅依靠政府很难有效应对区域性挑战、提供所有公共服务。因此非政府力量即市场力量和社会力量的广泛参与与深度介入就非常重要。

城市群经济的发展需要多种形式的所有制企业的共同发展来推动，哈长地区以国有经济为主导力量，其经济行为带有明显的政府行为特征，政府对企业的控制力强，这就促使不同行政区划往往首先考虑本行政区的利益最大化，跨地区产业重组受到制约，使得城市群内行政经济的负面效应更为显著。城市群内的非国有经济发展较为落后，民营经济发展缓慢，其力量还不足以打破行政区划的限制，资金、技术、信息等生产要素难以在区域市场内合理流动和配置。因此，以市场为主导的区域合作发展缓慢。

除了政府与市场之外，社会公众的力量可以弥补政府和市场的不足，在市场失灵和政府失灵同时存在的领域，非政府组织和社会公众具有不可替代的作用。作为一种社会治理机制，非政府组织在提供社会服务、满足社会需求、监督协调等方面能够发挥重要的作用。但是，哈长城市群受计划经济的影响很大，社会公众的力量远远没有发展起来。

（三）哈长城市群治理模式：政府主导，多主体共同参与

从西方的城市群治理模式来看，城市群治理模式的关注焦点是城市群的可持续发展。城市群的治理是一个长期而复杂的过程，需要不断进行调整和修正，以适应不断变化的环境。特别是在当前的情况下，哈长城市群的治理才刚刚起步，无论从理念、意识还是组织制度、法律环境等方面来讲，我们都缺乏实践经验。因此，哈长城市群的协调发展不会是一蹴而就的，而是一个循序渐进的过程，需要采用分步走的策略，并在实践中不断地进行调整与修正。

基于我国特殊的国情，政府是组织化、制度化的权力机构，其基本职能之一就是提供公共产品和服务。长期以来，我国政府作为唯一的公共服务提供者存在。在这一领域已经积累了长期的实践经验。面对日益复杂的社会环境和多元化的利益需求，政府也在不断进行调整。无论从治理的能力还是从愿望来看，我国的城市群治理责任主要还是应该由政府组织来承担。而且哈长城市群的行政力量比较强大，市场和社会力量还无力承担推进城市群协调发展的重任，实现自下而上的治理。因此，哈长城市群治理模式必须以政府为主导，充分发挥行政机制的协调作用，在中央政府和地方政府的推动下，自上而下地构建适应国情、区情的治理模式。

但是，我们应该看到，随着我国经济体制、政治体制改革的不断推进，市场经济体制已经初步建立，社会主义民主政治正在不断深化，政府逐步分权，民众的参与意识逐渐觉醒。社会环境的变化也要求我们随着变化，选择适当的治理模式。城市群治理模式的构建必须充分发挥市场机制在资源配置中的决定性作用，以市场为主体，利用企业横向扩张要求实现一体化的市场的客观要求，推动地方政府的行为和关系的纵向调整。通过产业项目的合作，强化地区间的横向经济联系，冲破地区间的行政壁垒，打破行政区对经济刚性约束，形成合理分工、有序竞争、充分协作、共同发展的格局。

总之，哈长城市群的治理，在治理主体上，既需要政府的推动与协调、市场的资源配置，也需要社会的积极参与；在治理关系上，既需要正式的、行政的或契约化的治理关系，也需要沟通、协商、谈判的引入；在治理逻辑上，既需要权威性的决策，也需要建立共识、动员社会公众和实现互惠；在治理机制上，既需要行政机制的协调、引导与控制，市场机制的竞争与分配，也需要合作机制、扶持机制、补偿机制、共享机制的效用发挥，既需要保证效率的实现，也需要保障各主体平等、公平地参与；在治理目标上，既需要经济的发展，也需要社会福利的改进和生态环境的保护。即哈长城市群的治理需要建立一种以政府为主导、市场为主体、产业为基础、社会公众参与的综合治理模式。

组织平台的有效运作需要良好的运行机制保障，平台建立以后，就需要建立相应的协调机制。应该创新体制、机制，构建新型、务实、有效的协调机制，确保各利益群体都能参与到区域治理之中，针对日益复杂的区域公共事务，形成多层次、多领域、多形式的区域治理模式。创新运用市场机制、行政机制、空间机制、扶持机制、共享机制、合作机制、补偿机制等利益协调机制，为哈长城市群协调发展打下坚实的制度基础。

（四）哈长城市群治理的运行机制

1. 决策机制：平等协商

在面对城市群公共事务并设法进行解决时，首先，需要明确的问题是由谁来决策。谁决策的问题实质是对城市群治理主体之间的决策权限进行区分和界定，是一种权力资源的分配方式。一般认为，城市治理的决策主体是指直接或间接参与或影响区域公共事务的组织、团体和个人，包括官方主体和非官方主体两大类。城市群治理的本质思想是平等协商，利益相关者在信任基础上通过协商和谈判解决区域公共问题。其核心概念是协商或公共协商，强调对话、讨论、辩论、审议与共识。因此在进行决策时，协商机制就成为最重要的决策机制。所有受决策影响的主体都应该参与进来，而且他们必须具有平等的权利和机会去表达他们的利益及关注的问题，并拥有同等有效机会相互询问以及相互批评和回应不同的主张与论证。

哈长城市群协调发展决策机制的构建首先需要平等协商的理念，哈长城市群内所有城市都处于平等地位。现在，我们的政府与企业和社会的地位也是不平等的。因此，在创建平等协商的决策机制时，应力求达到协商理想上所要求的形式上与实质上的平等，包括：第一，所有的参与者必须给予平等的机会以接触有关政治和政策的信息；第二，所有的参与者应该给予设置讨论议题的同等机会；第三，所有参与者应该给予同等的机会和时间去表达他们的观点和关注，使得哈长城市群内的所有城市在决策中处于平等地位，政府、企业和社会以平等的身份参与决策。

其次，在实现了平等地位的同时，决策过程需要通过协商来进行。我国长期以来都是政府管理一切事务，因此，社会、经济管理都是通过垂直命令的方式进行的，哈长城市群也不例外。在转型时期，要改变这种观念和做法，政府要与企业和社会力量通过协商谈判来处理城市群公共事务，倾听各方面的声音，使所有利益相关者都能表达自己的意见。可以采取的方式有政治协商、听证制度、民主恳谈、社区民主等，哈长城市群还可以借鉴发达国家和其他地区的经验，创建符合哈长城市群情况的、丰富多样的协商方式，推进哈长城市群协调发展。

2. 执行机制：授权、沟通与协调

公共事务的决策制定之后，就要进入实施和贯彻的执行过程。在我国的社会生活中，经常出现执行不力的情况。尤其是城市群公共事务的决策是由多元主体做出的，决策主体的权威将影响到执行。执行力源于公共部门权威的树立，确保每个行政区政府都全力执行整个城市群的共同决策需要强有力的执行机制。因此，构建城市群治理的执行机制，提供其执行力是关键。

授权与委托。授权是把部分管理权限委托给下级或其他机构行使。城市群治理组织可以授权政府或其他组织行使公共事务管理的权限，或者委托给某种机构代为执行。在执行过程中，通过授权可以减轻政府的压力，调动下级政府和各方的积极性。把某些专业性强的事务委托给专业机构执行，可以发挥专业人员的作用，调动一切可以调动的资源。哈长城市群可以采用的具体授权方式有授权给政府或其他组织、委托政府或专业组织、政府与非政府组织联合执行等。服务外包、特许经营、经济补助、用户付费等是西方国家极力推崇和倡导的治理工具。公共服务社会化、市场化、民营化，非政府力量参与或独立承担公共物品和服务的供给是当今的潮流，哈长城市群在借鉴发达国家经验的同时，结合自己的情况，灵活采用具体的方式。

沟通。沟通是所有执行机构和人员信息共享、加强联系、取得共识，共同完成任务。要建立全方位、立体型、网络化的沟通渠道和制度。正式沟通渠道是沿着正式组织的结构、程序进行，非正式沟通渠道则是利用各种非正式的场合、途径和形式进行沟通。而且，要建立纵向、横向、交叉等多种形式的沟通渠道。要充分利用电子信息资源，利用网络优势，加强政府之间、政府与非政府组织之间、公民之间的横向沟通，形成网络化的沟通渠道。要加强沟通的制度化建设，确保沟通渠道的畅通和信息传递的及时有效。

协调。协调是执行中最为重要的环节。城市群治理涉及多元的主体，所应对的公共事务又是千差万别，牵涉到多方面的利益，任一环节出现偏差都可能导致执行的失败。因此，必须密切关注执行各方的动向，慎重对待可能受到影响的利益群体，出现情况及时进行协调。协调应该根据总体目标和全局利益进行，以加强合作为基础，积极鼓励有关方面开展多层次、多元化的协商和谈判。

在我国，区域公共决策的执行主体多是政府。因此，哈长城市群的治理中，当前最重要的还是提高政府的执行力。政府履行社会管理职责，执行力是不可或缺的要素。政府的执行力需要在严格制度的规范下逐步打造出来。提高政府执行力，必须科学界定和规范各级政府和政府各部门的职能，形成有效的政府协调机制。哈长城市群地区广阔，各城市差异比较大，政策敏感度高，需要发挥各城市

政府的积极性。着眼于提高执行力，在形成统一的决议之前，可以各抒己见，充分反映和表达各自的利益诉求。但决议一经形成，就不能以任何借口阻滞政策的贯彻落实。提高政府执行力，必须加强制度建设，特别是要建立健全政府官员问责制。问责制是提高政府执行力的制度保障。在我国一些地方，行政不作为已成为影响政府执行力的突出问题，尤其是在哈长城市群这种政府传统管理影响深远的地区。要加强对行政过程的监督检查，对盲目决策、违法行政、执行不力、效能低下、疏于管理和处置不当等问题进行问责，强化行政过程的制度约束。提高政府执行力，必须着力提高政府工作人员的素质。哈长城市群是我国科教文化较为发达的地区，居民文化素质较高，但是政府系统中相当一部分工作人员缺乏服务意识，知识结构、思维方式、工作方式不能适应新形势新任务的要求。必须改变政府人员的观念，提升其服务意识，提高政府工作人员素质，真正建立起服务型政府。

3. 激励约束机制：广泛监督

哈长城市群的治理需要多元主体的积极参与，但是各方参与城市群治理的动力和约束却大不相同。政府的参与主要基于责任，市场参与的主要目的是营利（虽然也有部分企业的参与是出于企业的社会责任，但是仅仅靠社会责任是不能持久的），社会力量参与的动力来自自身的民主意识和所代表的群体利益。政府、市场和社会面临不同的激励和约束条件。因此，要设计相应的机制并把这种机制制度化，充分激励各个主体参与到城市群的治理中来。

政府权力的监督和约束也需要加强。政府是权力主体，但却难以约束，政府权力有无限延伸的趋势，导致所有的事务都要由政府来管理，所有的公共产品和服务都由政府来提供。因此，要加强政府自身建设，提供政府的透明度，创建阳光政府。充分调动社会各界的力量，人大、政协、媒体、非政府组织、居民都能掌握政府的信息，发挥各方监督的作用。

契约机制。政府、市场和社会组织之间的契约机制是城市群治理的重要机制。首先要强化政府、市场和社会的契约意识。政府的公信力来自诚信、公平、公正和高效率，这要求政府要严格遵守契约。所以，从根本上说，要赋予政府、市场和社会平等的地位，构建服务型政府。

建立健全法律法规，保护和规范契约行为。契约意识是构建契约机制的必要前提，但是还远远不够。契约机制建立之后，还需要法律法规的保护和规范。城市群治理体系的运行需要良好的外部环境，其中最重要的是有法律、政策的保障。由于我国没有区域合作方面的法律，地区合作机制的创立以及由该机制制定的相关决策也就缺乏相应的法律保障，缺乏相应的政策、法规来予以规范，特别是合作各方正当权益及利益分配等没有可靠的法律保障。合作机制的合法性和权威性无法保证，区域合作组织也就无法充分发挥协调作用。此外调整政府间关系的法律、非政府组织方面的法律也有所缺失。为此，需要从立法源头上解决这个问题，需要制定区域合作、非政府组织、政府间关系的法律，规范地方政府之间的合作行为，减少行政摩擦带来的弊端，规范区域合作各行为主体的行为，确保区域内各方利益的平等实现。为区域合作协调机制的创建提供法律依据，为城市群治理提供必要的法律保障。

（五）哈长城市群治理平台的构建

政府、企业和社会公众等城市群内的利益主体之间的合作需要建立一个良好的交流、沟通和协调机制来综合平衡各方的利益，促使各方采取一致行动。需要搭建一个各方参与的平台，城市群的跨区域合作必须要有跨行政区的制度性组织协调机构，为了有效解决区域合作过程中资源流动和利益协调问题，往往需要一个有效的协调机构。目前，哈长城市群的发展还处于起步阶段，还没有形成一个有效的城市群治理合作组织，因此需要搭建组织平台，推动城市群治理的展开。

1. 省市层面的协调组织平台：哈长城市群省市长联席会

在中央政府的强力推动下，组建哈长城市群省市长联系会，建立高层协商决策制度。两省十一市的省市长或分管省市长每年定期召开一次会议，就城市群重大问题展开磋商，扩大共识，并步调一致地采取措施。联席会采取轮流坐庄的形式，在十一市轮流召开，共同商讨、确定、研究问题，共同制定合作发展规划。联席会议负责统筹整个城市群发展的重大事宜，就城市群发展规划、生态环境保护、交通基础设施建设、城市群产业规划与布局等重大问题进行决策。

2. 城市层面的协调组织平台：哈长城市群城市协调会

通过政府间协议，坚持平等互利、优势互补、统筹协调、共同发展的工作原则，通过平等协商自愿参与组建哈长城市群城市经济协调会，制定各城市政府共同遵守的章程，推动哈长城市群十一个城市间开展合作。协调会积极参与哈长城市群发展规划和政策的制定，并根据哈长城市群省市长联席会议对哈长城市群发展的战略部署，执行和落实城市群规划，协调城市群合作中重大经济项目的落实，明确责任与分工，加强沟通协调，扩大联合与协作，组织交流合作路径、方式和经验。城市协调会下设办公室，是省市长联席会的常设办事机构和执行机构，负责日常联络以及会议召集事务。在协调会下建立职能部门协调落实制度，建立哈长城市群协调发展机构和日常工作机构，制定议事规则和例会制度，形成良好的协作与分工机制，推动落实高层会谈成果，合力改善城市群内的政策、制度和服务环境，建设相互衔接、规范协调、高效运转的市场管理和服务体系，引导、推动城市群内企业和行业组织开展合作，建立各个职能部门协调委员会。包括：城市群规划委员会、城市群大气污染防治委员会、城市群水资源利用与保护委员会、城市群基础设施规划建设与管理委员会、城市群经济发展委员会，这些委员会的主要功能是提供一个协商平台，为各成员市提供一个交流讨论问题的平台，确保所有城市能够充分表达自己的利益诉求，有效协调各方的利益。

3. 搭建“政府—企业—社会”合作伙伴关系平台

搭建“政府—企业—社会”合作伙伴关系平台首先需要政府的强力推动。在哈长城市群治理进程中，应尽快组建城市群规划、生态环境保护、经济协作、水资源保护和利用、交通运输规划等论坛，通过这些平台，吸纳企业和社会的参与，整合政府、企业和社会的力量，就区域重大公共问题展开协商，共同推进区域协调发展。其次，各市政府还应为城市群的合作提供政策、信息、技术、人员、管理等方面的支持和服务，尽力为企业或者行业协会等社会中介服务组织搭建更多的平台，加快培育健全统一开放的市场体系，发挥中介组织在推动城市群资源整体优化配置以及提供服务、反映诉求、规范行为等方面的独特作用。

鼓励各种中介组织和社会组织的发育和发展，促进各地区的行业协会组织建立合作关系，组建哈长城市群各类行业协会，为企业协作搭建平台。通过论坛、推介会、招商会、洽谈会等形式，为企业之间、银企之间、校企之间合作搭建平台。促进以企业为主体的市场力量的发育，强化经济交流与合作，推动经济一体化的进程。建立健全社会组织发育的机制，促进社会组织的发展，规范社会组织的行为，鼓励社会组织参与城市群公共事务的决策和执行，充分发挥社会组织协调、沟通和监督的作用，推动城市群合作的开展。

建立和完善社会主义市场经济体制，必须充分发挥市场在资源配置中的决定性作用，依靠市场机制来实现资源的有效配置，这是城市群协调发展的基础和前提。为此，必须打破行政区划对经济发展的束缚，消除阻碍市场配置资源的各种垄断和封锁，在整个哈长城市群内部合理、高效地配置资源，促进生产要素的自由流动，建立统一开放、竞争有序的市场体系。因此，要正确处理好政府与市场的关系，合理界定政府职能，积极稳妥地从广度和深度上推进市场化改革，大幅度减少政府对资源的直接配置，推动资源配置依据市场规则、市场价格、市场竞争实现效益最大化和效率最优化。同时，政府要加强宏观调控，合理引导产业布局，规范市场秩序，创造一个公平、公正、开放的市场环境，确保市场机制在资源配置中决定性作用的发挥。

哈长城市群协调发展要实现各利益主体的利益，确保各利益主体都能共享发展的成果。对城市群内的各种公共资源，如基础设施、公共服务设施、信息资源、人才资源、科技资源等，打破行政区划限制，实现城市群范围内的资源共享。建立便捷的城市群内交通网络，加强城市群内现代交通建设，加强城市群内的公路、铁路、航空等的建设，尽快形成互联式一体化的交通网络体系。加强城市群内的科技合作与创新，充分利用哈尔滨、长春的人才、科技优势，促进城市群技术创新的发展，为产业的发展提供支撑，创建创新型城市群。完善信息共享机制，建立和完善各市间的信息共享与交流，打造城市群信息平台，加强电子政务、电子商务网络的建设，建设哈长城市群协调联动的服务体系。

总而言之，哈长城市群治理是一个持续、互动的渐进过程，在推进过程中要根据环境的变化、面对的具体事务的不同，因地制宜、因时制宜、因事制宜、不断调整合作机制，创新协调机制，创建合作组织，推进哈长城市群公共事务的治理。在各种协调机制中，市场机制处于主体地位，要确立市场机制在资源配置中的决定性作用，充分发挥市场机制对各类治理主体的引导作用。行政机制是哈长城市群治理的重要核心机制，要发挥行政机制协调各级政府的关键作用。其他机制是哈长城市群治理的重要有机组成部分，在推进哈长城市群治理中，要注重各类协调机制的有机配合与协调。

第十二章

世界级城市群与东北城市群*

本章阐述了世界级城市群的特征与功能，介绍了世界级城市群的形成过程，对中国的城市群与世界级城市群存在的差距进行了比较分析，提出了哈长城市群与辽中南城市群融合为东北城市群的可能性。最后对东北城市群能否发展成为世界级城市群进行了分析，提出了东北城市群发展的若干建议。

城市群是地域相连的多个城市在空间上的集聚体，通过相互分工，能有效整合整个城市群的资源与功能，促使每个城市都能够依托比较优势实现自身发展。改革开放以来，融入全球化进程中的中国经济迅速崛起，已经成为仅次于美国的全球第二大经济体。以城市群为核心的城镇化战略，已经成为中国参与全球经济竞争和推动国民经济发展的重要政策举措。

一、世界级城市群的特征与功能

从世界级城市群这一概念的字面含义来看，“世界”体现的是全球性，说明城市群对世界经济的影响。“级”的含义为“层次”与“等次”，从城市群的层次和等次来看，在全球化的背景下，世界级城市群在总体规模（如人口和经济总量）上与世界其他地区的城市群相比具有较大规模，在内部联系和外部联系上具有较高层次的联系度，在全球产业价值链分工中居于世界高端地位，在对世界经济的影响与控制上具有核心作用，强调的是对全球经济的高层次影响力。由此，世界级城市群的研究可以追溯到两个方面的研究脉络：一是国家内部地域空间组织的研究，主要表现为对国家内部巨型城市区域或城市群的研究，由于该研究范畴属于国家城镇体系的范畴，并未纳入全球化这一宏观背景的研究中来。二是全

---

* 本章执笔人：申现杰，男，中国人民大学获经济学博士，现任国家发展改革委经济研究所助理研究员，研究方向为区域经济、财税经济、宏观经济。

球城市体系的研究，其主要的研究对象为全球城市体系中的顶尖城市——世界（也称全球）城市①的研究，但并未延伸到其与腹地网络之间的相互关系（近年来西方已经开启了对其与腹地关系的研究）。因此，对世界级城市群概念的界定，可以从全球化背景下的全球生产网络体系与国家地域空间组织体系两个方面进行阐释和界定。

（一）世界级城市群的概念

世界级城市群应作为全球城市区域这一概念的延伸。城市区域与城市群的概念较为类似，都强调由多个城市组成，城市之间，尤其是中心城市与腹地之间有较为紧密的经济社会联系。斯科特（Scott，2008）扩展了传统城市区域的空间外延，认为以全球城市为核心的全球城市区域规模可以非常巨大，使很多中小城市可以成为全球城市区域的一部分。从现有的城市群研究来看，随着全球化与一体化的推进，任何城市群的发展已经脱离了其原有的国家城市体系范畴。因此，对城市群的研究需要在全球化与地方化互动中予以重新审视。基于上面对世界城市、全球城市区域与戈特曼的世界大城市群的综合分析，本章将传统研究视角下城市区域的空间尺度予以放大，借鉴 Scott 的全球城市区域概念的实质内涵，借用我国通用的“城市群”这一概念，将世界级城市群定义为由高级别世界城市与周边多个大中小城市连成一体，在经济、社会、文化等方面基于空间临近性而发生密切交互作用，产生具有超国家的世界层次上能够发挥巨大规模经济效应和高层次功能的城市群。

（二）世界级城市群的特征

借鉴上述划分方法与世界城市、城市群的特征与功能，本章将世界级城市群定义为以下几个特征：

1. 具有很大的人口与经济规模

巨大的人口规模、人口密度与经济规模、经济密度是世界级城市群的重要特征。人口密集是产业高度密集的结果。2010 年，占据美国国土面积不到 1.5% 的波士华城市群的人口为 5233 万人，GDP 为 29724 亿美元，分别占美国总人口和

① 霍尔和弗里德曼等在研究中使用了世界城市的概念，而沙森和泰勒等则使用了全球城市的概念。关于世界城市与全球城市的区别，主要是因为沙森认为世界城市几个世纪或更早以前就已经存在，而今天意义上的全球城市很可能并非是完整意义上的世界城市，即全球城市兴起于现代。其表述见其 2001 年发表的论文 *Global Cities and Global City - Regions: A Comparison*。因此，本章将全球城市等同于当今全球化背景的世界城市，下面将其统称为世界城市。

经济总量的17%和20%；占美国国土面积2.54%的五大湖城市群的人口为5552万人，GDP为20728亿美元，分别占美国总人口和经济总量的比例为18%与17%。英国以伦敦为核心的东南部城市群以接近15%的国土面积承载了英国32%（3650万人）的人口，45%的经济总量。日本的东海道城市群，2010年人口达到7000万人，占全国总人口的63.3%，约集中了日本工业企业和就业人数的2/3，工业产值的3/4与国民收入的2/3。较大的城市群规模为吸引更多、质量更高的来自全世界的高端生产要素，更有效地发挥其对全球经济的影响作用提供了基础。

2. 有全球竞争优势的产业规模

城市群首先是作为一个巨大的产业基地在工业化过程中崛起的，产业在空间上的集聚与扩散，推动了城市群的形成与发展。英格兰东南部城市群是英国的制造业带和金融业及生产性服务业基地，美国东北部城市群与五大湖城市群共同构成了北美的金融业与制造业带，规模庞大。日本的东海道城市群是日本工业分布最集中的地区。城市群生产在全国一般均占有较高比重。日本东海道城市群工业总产值在日本高速发展的20世纪60年代占全国的62.5%，特别是东京圈，工业总产值占全国的30%。70年代以来，尽管特大城市的工业增长速度下降，但东海道城市群工业总产值仍然占全国的55%左右。城市群在高新技术产业发展中还起着先导作用。例如，旧金山附近的硅谷是世界著名的微电子工业区，环绕波士顿的128号公路是美国第二大微电子工业区。

3. 拥有较高级别的世界级城市

世界级城市群必须以世界城市为核心，只有这样才能体现城市群在世界经济中的控制和指挥、价值链核心、专业化服务与金融中心功能。基于国家在世界经济中的重要地位，在国家内部的次区域层面为城市群，在城市群的核心是服务能级较高的中心城市，而这些中心城市往往能够依托周边腹地，即城市群的发育和国家的外向经济发展成为支撑国家战略的世界城市，在全球经济中代表国家发挥协调和控制作用。城市群内的中心城市，依托城市群的消费规模和外贸规模，往往是世界商品和服务贸易的中心和金融中心，因其巨大的规模和集聚效应，这些城市群内的中心城市不仅在本国经济中，而且在世界金融与产品服务市场中具有决定意义的地位。依托发达的金融交易市场往往成为掌控某类重要商品定价权的城市。如纽约在20年代曾占全美对外贸易周转量的1/5，伦敦占英国对外贸易货运量的3/4。伦敦的波罗的海航运指数、北海布伦特原油指数与铜期货市场，芝加哥农产品期货市场上的价格指数，纽约资本市场上的几大股票指数等都对全球贸易中的价格影响较大，全球市场的价格变动因这些市场的变动而深受其影响。

2000 年、2010 年、2012 年全球化与世界级城市研究小组与网络（GaWC）的世界一线城市（Alpha 级）如表 12－1 所示。

表 12－1　　2000 年、2010 年、2012 年 GaWC 的 Alpha 城市

2000 年		2010 年		2012 年	
Alpha ++	Alpha –	Alpha ++	Alpha –	Alpha ++	Alpha –
伦敦 纽约	墨西哥城 苏黎世 中国台北 孟买 雅加达 布宜诺斯艾利斯 墨尔本 迈阿密 吉隆坡 斯德哥尔摩 曼谷 布拉格 都柏林 上海（31） 巴塞罗那 亚特兰大	伦敦 纽约	迈阿密 都柏林 墨尔本 苏黎世 新德里 慕尼黑 伊斯坦布尔 波士顿 华沙 达拉斯 维也纳 亚特兰大 巴塞罗那 曼谷 中国台北 圣地亚哥 里斯本 费城 约翰内斯堡	伦敦 纽约	首尔 约翰内斯堡 布宜诺斯艾利斯 维也纳 旧金山 伊斯坦布尔 苏黎世 华沙 华盛顿 墨尔本 新德里 迈阿密 巴塞罗那 曼谷 波士顿 都柏林 中国台北 慕尼黑 斯德哥尔摩 布拉格 亚特兰大
Alpha +		Alpha +		Alpha +	
中国香港（3） 巴黎 东京 新加坡		中国香港（3） 巴黎 新加坡 东京 上海（7） 芝加哥 迪拜 悉尼		中国香港（3） 巴黎 新加坡 上海（6） 东京 北京（8） 悉尼 迪拜	
Alpha		Alpha		Alpha	
芝加哥 米兰 洛杉矶 多伦多 马德里 阿姆斯特丹 悉尼 法兰克福 布鲁塞尔 圣保罗 旧金山		米兰 北京（12） 多伦多 圣保罗 马德里 孟买 洛杉矶 莫斯科 法兰克福 墨西哥城 阿姆斯特丹 布宜诺斯艾利斯 吉隆坡 首尔 布鲁塞尔 雅加达 华盛顿		芝加哥 孟买 米兰 莫斯科 圣保罗 法兰克福 多伦多 洛杉矶 马德里 墨西哥城 阿姆斯特丹 吉隆坡 布鲁塞尔	

备注：括号中的数字为中国世界城市在全球世界城市中的位次。
资料来源：根据 GaWC Alpha 级世界城市 http：//www. lboro. ac. uk/gawc/整理。

4. 城市群对外连接性较强

城市群汇集人口、物质、资金、技术、信息、文化等各种可见于不可见要素的中心，是参与和影响全球或区域经济、社会、文化、政治等各种活动的重要力量，承担着国家或区域对内对外联系的重要功能，具有较强的吸引力和辐射力。

有些学者[①]总结了全球核心大型都市地区（类似于我国的城市群地区）在全球化下的特征，笔者借鉴其观点认为当前和未来的世界级城市群在全球经济中应：一是能够吸引全球各个方面的精英，构建起能够影响全球的精英网络；二是城市群内的一些中心城市具有独特的专业化经济与世界级的产业，在全球经济中占有独特的地位；三是基于区位、规模和历史，城市群的中心城市如纽约、伦敦等能够引领全球经济的发展趋势和潮流；四是城市群中的城市能够在全球经济周期变化中维持自身在全球已有的市场地位；五是城市群具有全球领先的知识和创新文化，拥有在全球经济中的高水平人力资源，产品、技术方法和创意；六是城市群开放程度较高并具有对全球高端人才和企业总部的吸引力；七是城市群内拥有最为现代化的基础设施，国际的联通性较强，方便了与国内其他地区和世界经济的联系[②]；八是具备吸引整合国内外的各种资源并纳入自身经济增长战略的能力；九是大都市区内各层级政府的独特角色能够得到互补整合，能有效推动大都市区内城市和产业“走出去”的全球化进程；十是大都市区能够围绕一个共同的目标，整合各个城市的资源，塑造整个大都市区在经济全球化中的地位和品牌。

5. 城市群经济一体化水平较高

一体化最初的概念是指企业的组合关系。随后这一概念被用来描述地理相近或相邻的地区之间为获取区域内聚集经济效应和互补效应而建立的跨地区性经济集团。城市群是经济活动在特定地域空间上的集聚体。城市群依托各种交通、通信等基础设施与文化、传统等非物质网络关系，将功能节点（中心城市）以及节点间的“流”相互联结起来，实现城市之间，群内与群外各种流的交换，形成城市间经济社会联系相对紧密、功能有机整合的城市网络。城市群内的各城市通过基础设施一体化、市场一体化、功能一体化和利益协同化的网络，有利于推进城市功能之间的相互衔接、融合、互补与分工，使城市群内各城市均能获取集聚与分工的好处，实现城市群协同发展的利益最大化。

---

① 布鲁金斯学会和摩根大通合作项目：《全球化下大都市区域的 10 个特征》，http：//www. brookings. edu/research/reports/2013/06/26 – global – metro – traits – mcdearman – clark – parilla。

② 例如，在全球化进程中，国际性海港和航空港是城市群主要对外交通方式。每个城市群一般都有在本国居首位的港口，承担繁忙的货运任务。如纽约曾是美国最大的港口，伦敦是英国第一大港，神户和横滨是日本最大的港口。每个城市还有现代化的航空港。如芝加哥机场、伦敦的希斯罗机场、东京的成田机场等，成为国内外人员往来的主要通道。

二、世界级城市群的形成

戈特曼（1976）以2500万人口这一规模标准提出了世界六大城市群的概念，认为在当今世界有6个超过2500万人口的城市群，分别为美国东北城市群与五大湖城市群，日本东海道城市群，英格兰城市群，欧洲西北部城市群和以上海为中心的城市群。

（一）英格兰东南部城市群

本章确定的以伦敦为核心的城市群主要以伦敦、英格兰东南部地区、部分英格兰东部地区。包含东南部的14个市，大伦敦地区和英格兰东部剑桥郡、贝德福德、赫特福德和埃塞克斯等城市。总面积为29184平方千米，2011年的人口为1898.4万人。

城镇化本身就是商业化和工业化进展的反映。在英国的工业化和城镇化进程中，基于伦敦在英国的地理交通枢纽和政治经济中心这一条件，伦敦逐渐成为欧洲最大的城市。伴随着工业革命的开展，伦敦作为工业革命的中心地之一，人口规模迅速膨胀，由于铁路的出现，推动了国内人口向大城市的集中，尤其是向作为工业中心、交通中心和金融中心的所在地集聚。巨大的人口规模，致使伦敦的城市空间日益外延，城区居住拥挤、环境污染成为影响伦敦持续发展的重要问题之一。早在20世纪，英国就形成了以伦敦为核心的放射型工业中心。英国贯穿全国铁路网起源于19世纪。1838年铁路从伦敦延伸到伯明翰，1840～1841年从伦敦延伸至南安普顿和布里斯托尔，依托以伦敦为核心的铁路网络和相关政策规划，伦敦与英国大东南部互动非常密切，促进了城市群的一体化发展。

伦敦的城市功能向周边疏解。第二次世界大战期间，伦敦遭受德国的严重空袭，基于城市的拥挤和产业的集中，1940年战时的英国发布了关于英国工业人口重新分布的《巴洛报告》。1944年的大伦敦规划提出要建立一个工业活动平衡的结构，停止大都市的蔓延，通过建设新城解决城市的增长问题。该规划指出，应该在远离伦敦34～56千米之处建立新城，同时在伦敦周边设立绿带。1945年英国政府颁布了《产业分配法》，规定任何工业的发展或现有工业的发展必须首先获得工业发展许可证。这些举措均推动了伦敦城区的制造业向周边地区主要是东南部地区的转移。1964年，英国政府为解决伦敦人口问题，政府又颁布了《1961～1981年东南部地区研究报告》，该报告预测英格兰东南部地区人口将增加350万人，其中，从伦敦迁出的人口将达到100万人，为此需要发展对伦敦具有反磁力效应的第三代新城，这些新城主要设置在南安普顿、朴次茅斯、切尔贝利（弥尔顿凯恩斯）地区。1968年的英国东南部战略又提出依托现有交通道路的放射性模式，将发展集中在少数几个主要地区，在这一背景下，东南部的米尔顿凯恩斯、北安普顿和彼得伯勒等新城开始建设。至此，英格兰东南部的内部联系逐渐提升，在新城的建设和发展中不断与伦敦进行互动，形成了城市群这一空间形式。从到伦敦的人数来看，英格兰东南部和东部到伦敦的人口通勤量最大，分别为50.7%和40.4%，大东南部地区占比为91.1%，在伦敦就业份额占比上，大东南部地区占比为22.4%，在劳动者份额上占比为17.8%。

伦敦与英格兰东南部区域的区域分工。城市群内的相互关系可以总结为以下几个方面：一是进入伦敦国际服务经济的通道——伦敦是英格兰东南部区域的服务和产品的主要市场；二是伦敦所需要的各种服务经济为英格兰东南部区域的公司提供了发展机遇，而伦敦各种娱乐设施为东南部地区居民提供了服务的条件；三是在通勤上，伦敦20%的就业人员生活、居住在东南部地区；四是互补性的商务网络与领域（于力，2013）；五是在中心外围关系上，伦敦在生产性服务业如交通运输、信息与通信、金融保险、专业与技术服务业、管理与支援服务业中占比较高，非标准化的、具有高复杂性的专业性强的办公机构基本放在伦敦中心，专业性不太强的分支办公机构则分布在伦敦周边地区以服务次区域的市场需求，这些机构与伦敦中心的办公机构有着较为紧密的联系互动和知识层面的共享，并非竞争关系而是互补关系（Kathy Pain，2008，2014）。伦敦东南部和东部地区制造业在英国的占比均比伦敦要高，表现出了明显的中心服务，外围制造的分工模式。

（二）美国东北部城市群

美国东北部城市群的范围（如表12－2所示），一般被认为是指美国东北部大西洋沿岸自波士顿至华盛顿的一个狭长区域，包括波士顿、纽约、费城、巴尔的摩、华盛顿等5个大城市。但具体而言，其范围处于不断变化之中，因为美国的城市群主要是以大都市区（MSA）为主要单元的，而美国的大都市区的范围和数量是随着当地经济社会发展情况的变化而变化的，例如，巴尔的摩和华盛顿已经纳入了一个联合都市区。

表 12－2　美国东北部城市群所涵盖的城市

联合大都市区（Components of Combined Statistical Areas，CSAs）	包含大都市区或中小城市的名称
费城—雷丁—卡姆登联合大都市区（Philadelphia－Reading－Camden，PA－NJ－DE－MD）	大西洋城—哈蒙顿大都市区（Atlantic City－Hammonton，NJ） 多佛大都市区（Dover，DE） 桔城大都市区（Ocean City，NJ） 费城—卡姆登—威尔灵顿大都市区（Philadelphia－Camden－Wilmington，PA－NJ－DE－MD） 雷丁大都市区（Reading，PA） 瓦恩兰—布里奇顿大都市区（Vineland－Bridgeton，NJ）
波士顿—伍斯特—普罗维登斯联合大都市区（Boston－Worcester－Providence，MA－RI－NH－CT）	巴恩斯特布尔大都市统计区（Barnstable Town，MA） 波士顿—剑桥—牛顿大都市区（Boston－Cambridge－Newton，MA－NH） 康科德微型都市区（Concord，NH） 拉科尼亚微型都市区（Laconia，NH） 曼彻斯特—纳舒厄大都市区（Manchester－Nashua，NH） 普罗维登斯—沃里克大都市区（Providence－Warwick，RI－MA） 伍斯特市大都市区（Worcester，MA－CT）
纽约—纽瓦克联合大都市区（New York－Newark，NY－NJ－CT－PA）	阿伦敦—伯利恒—伊斯顿大都市区（Allentown－Bethlehem－Easton，PA－NJ） 布里奇波特—斯坦福德（Bridgeport－Stamford－Norwalk，CT） 东斯特劳斯堡大都市区（East Stroudsburg，PA） 金士顿大都市区（Kingston，NY） 纽黑文—米尔福德大都市区（New Haven－Milford，CT） 纽约—纽瓦克—泽西大都市区（New York－Newark－Jersey City，NY－NJ－PA） 特伦顿大都市区（Torrington，CT） 托林顿微型都市区（Trenton，NJ）
华盛顿—巴尔的摩—阿灵顿联合大都市区（Washington－Baltimore－Arlington，DC－MD－VA－WV－PA）	巴尔的摩—哥伦比亚—陶森大都市区（Baltimore－Columbia－Towson，MD） 加利福尼亚—莱克星顿公园大都市区（California－Lexington Park，MD） 剑桥微型都市区（Cambridge，MD） 钱伯斯—韦恩斯伯勒大都市区（Chambersburg－Waynesboro，PA） 伊斯顿微型都市区（Easton，MD） 黑格斯敦—马丁大都市区（Hagerstown－Martinsburg，MD－WV） 华盛顿—阿灵顿—亚历山大大都市区（Washington－Arlington－Alexandria，DC－VA－MD－WV） 温彻斯特大都市区（Winchester，VA－WV）

注：DC 表示华盛顿特区；MD 表示马里兰州；MA 表示马萨诸塞州；NH 表示新罕布什尔州；NY 表示纽约州；NJ 表示新泽西州；PA 表示宾夕法尼亚州；DA 表示特拉华州；VA 表示弗吉尼亚州；WV 表示西弗吉尼亚州。

独立战争以后的美国工业化进程中，由于当时的工业布局水源与能源的制约，为便于接受城市的商业服务和资本支持，一些工厂布局在大城市周边的河谷地带并与大城市保持一天的通勤时间，就促使了纽约、费城、巴尔的摩、波士顿等大城市开始承担行政管理和金融服务功能，成为辐射广大工业城镇，主导海内外贸易的商贸中心，并在美国全国城镇规模体系中位居领先位置。1825 年伊利运河的开通及 1851 年运河沿线铁路的通车及随后的美国内战终结了美国的地方分割，催生了人口在东北部的空间集中。19 世纪 90 年代在电车和火车组成的快速、大容量交通系统下，城市开始由紧凑式的空间布局转向放射状发展，城镇化地区整体的形态已经由原先的串珠状发展到城市群的连绵状。以华盛顿—巴尔的摩—阿灵顿联合大都市区的形成为例，1792～1892 年，两城市以点状布局为主。1892 年以后，由于铁路和公路网络的发展，城镇化空间增长呈现点与线状同步增长的态势，点状城市沿着轴线呈现串珠状发展的特点，如在华盛顿特区，以旧城区为核心，形成向安纳波利斯、罗克韦尔、劳雷尔、马纳萨斯等方向的 5 条发展轴线，巴尔的摩地区形成旧城区与科基斯维尔的发展轴线等。1992 年该区域形成了网状结构，95 号公路与 1 号、295 号以及 29 号公路将两大城市的市中心紧密联系在一起，同时分别与 695 号和 495 号公路在巴尔的摩和华盛顿地区形成“哑铃”形的空间网络体系。与此同时，纽约—纽瓦克联合大都市区，费城—雷丁—卡姆登联合大都市区，波士顿—伍斯特—普罗维登斯联合大都市区的发展也是一种基于中心城市沿交通走廊互相扩展重合的“点—线—网—面”扩展过程，四个联合大都市区的相互融合又促成了由原先的串珠状到城市群的连绵状的空间扩展过程。

城市群之间的分工。美国国内一体化的推进，促使具有优势地位的纽约一跃成为美国最大的商业中心、金融中心及工业中心。1870 年纽约市（包含曼哈顿和布鲁克林）的人口超过 120 万，成为美国的首位城市，国际大公司总部的集中地，同时又是各种专业管理机构和服务部门的集聚地。波士顿由于受到纽约的挑战，国内贸易又远离西部和南部腹地的限制，商业优势不复存在，转而发展自身的工业经济，在城市周边建设了一系列的工业城镇，如洛厄尔纺织城等。费城也在港口城市上发展成为重要的工业城市，除了纺织业外，与西部煤炭铁矿等资源的铁路相联系，使其冶金业、机械制造业也有较大的发展。20 世纪 70 年代以后，伴随着阳光地带的西部和南部等新兴地区的蓬勃发展，以及全球化下日本、欧盟等地区经济实力的增强，作为美国传统工业区中心地位的东北部城市群，其制造业受到不同程度的结构性冲击，但东北部仍是全美最大的城市群。如今，纽约市该城市群的核心，是全美乃至全世界的金融中心，费城是该城市群的第二大城市，重工业发达，它是美国东海岸的主要炼油中心和钢铁、造船基地。波士顿是文化科技中心，是仅次于硅谷的全美微电子技术中心。华盛顿是美国的首都，是美国的政治中心。

（三）日本东海道城市群

东海道城市群，是日本的管理中枢、经济核心、资本和劳动集聚区，是战后日本成长为大国的主要承载区，日本经济的崛起主要起身于与美国的贸易，进而催生了日本东海岸城市群的首先崛起。国内普遍的简单的文献指出东海道城市群是从东京到大阪的沿太平洋东岸一字排开的带状区域，包含东京、横滨、千叶、名古屋、大阪、京都等地，本书接纳多数学者的看法，认为日本东海道城市群，经千叶到京都，沿太平洋一线的长度为600千米，平均宽度为30～40千米，总面积为10平方千米，占日本总面积的26.6%，约占日本总人口的61%。在该城市群内部，包含大中小城市共310个，其中，就大城市而言拥有日本超过100万人口的11个城市中的10个，集聚的工业企业和就业人数大约为2/3，工业产值大约为3/4，国民收入大约为2/3。

从20世纪50年代起，日本经济开始起飞。从50年代中期开始，日本人口开始向三大都市区（圈）的集中。进入60年代中期，尤其是1964年后连接三大都市圈的东海道新干线开通之后，城市群之间的人口、产业与资金流动更为便捷，人口开始从中心向外围进行扩散。70年代，为了减少太平洋地带与其他区域的经济差距，日本建设了地方中心城市之间及其与太平洋沿岸地带的高速交通体系，尤以东京为重中之重，扩展了原先一些城市与太平洋中心地带的经济联系。80年代后期，为了纠正人口、产业在东京过渡集聚的问题，实现多极分散型的国土结构，强调在全国主要城市间构建一日交通圈，以及发挥东京都市圈的国际作用及建设东京世界城市的目标，东京都市圈的地域范围不断扩大，通勤范围超过100千米，利用新干线可达200千米以上（王德等，2014）。

城市群城市之间的联系。从日本国内的一体化来看，日本较早地建设了联通全国主要城市的快速通道。东海道城市群快速交通走廊有三种交通模式：高速公路、JR东海道新干线、JR普通铁路。不同快速走廊提供不同的出行方式，可以为城市群的中心城市与周边城市之间提供多样化的出行方式。快速放射状交通走廊成为国内城市之间交通联系的重要特征。为了缓解城市群发展中日益严重的交通拥堵问题、改善交通运输环境，日本政府在制定全国综合开发建设时，从东海道城市群整体发展的角度出发，针对内外交通运输网络进行了五次统一规划（如表12－3所示）。日本JR东海道新干线是连接东京车站与新大阪车站的新干线高速铁路线，它在2.5小时之内将东京、横滨、名古屋、京都、大阪等日本沿海主要城市有机连接起来[①]，使人员和物质流通环境大幅度改善，有力地推动了东海道城市群的发展。

表 12 – 3　　日本东海道城市群交通发展战略

项目	全国综合开发计划				
	第一次	第二次	第三次	第四次	第五次
制定时间	1962 年	1969 年	1977 年	1987 年	1998 年
交通发展战略	在已有工业地带优先建设以高速公路为主的干线道路网，修建以东海道新干线为主的城市间交通体系。	建设城市群交通网络体系、积极建设城市群高速公路和高速铁路体系	完善城市群交通网络体系，积极建设城市群高速公路和高速铁路体系	强化环状和放射状路网建设，构筑形成当日往返交通圈之基础的高速交通体系	进一步完善城市群的国际国内交通网络

资料来源：张学良，等：《2013 中国区域经济发展报告——中国城市群的崛起与协调发展》，人民出版社 2013 年版。

东海道城市群城市之间的分工。在 20 世纪 50 ~ 90 年代的发展历程中，制造业首先在东京、大阪与名古屋核心区域快速增长，然后在核心城市周边的次核心区域中的城市快速增长，接着在外围区域增长。但是，制造业的劳动生产率始终是核心区域最高，外围区域最低，可以说日本区域间的制造业迁移出现了一种雁行模式。当前，在日本东海道城市群中，东京是日本的政治、经济、金融、管理中心，主导产业为信息、金融等生产性服务业。横滨、川琦、四日、名古屋的工业比较发达，是日本重化工业、精密制造、造船业、汽车制造等工业的主要生产基地。横滨、神户、名古屋也是日本重要的贸易港口城市。大阪是日本的经济、贸易、文化中心，第二大港口城市，家电、石化和钢铁产业比较发达。京都是文化古都，主导产业为陶瓷与纺织业，濑户是陶瓷制造城市。

三、中国主要城市群与国外世界级城市群的比较

2012 年，中国 23 个城市群以占全国 29.06% 的国土面积，集聚了全国 62.11% 的人口，创造了 86.87% 的地区生产总值，其中包括长三角、京津冀、珠三角、成渝、山东半岛、辽中南、哈长、海峡西岸、环长株潭、中原城市群在内

---

① 2009 年从东京到大阪的新干线距离为 550 千米，新干线运营时间为 2.5 小时，运行速度为每小时 220 ~ 240 千米，民航时间为 1 小时。

的十大城市群更是以13.57%的国土面积，集聚了43.28%的人口，创造了全国68.05%的地区生产总值，以城市群为核心的空间发展格局在中国已经基本形成。哈长城市群和辽中南城市群在发展阶段上的相似性和地域临近性，考虑到从四平、辽源的高铁，与提速之后的普通列车已经将四平与沈阳的通勤纳入1小时或2小时通勤时间之内，即以长春为核心的哈长城市群与以沈阳中心的辽中南城市群核心城市的辐射范围已经成为重叠状态，应将东北地区的两大城市群纳为一个整体来考虑。我们认为可以将哈长城市群和辽中南城市群作为一个整体来进行考量，并将其称为东北城市群。

（一）城市群经济规模的比较分析

从国际上主要城市群比较来看，2013年美国东北部城市群的GDP总额为30828亿美元，与全球二十大经济体相比，位居全球第5位，排在德国之后，法国之前，规模巨大。而该年该城市群的核心城市纽约大都市区的GDP为14712亿美元，位于澳大利亚之后，西班牙之前，位居全球第13位。再以伦敦为核心的英格兰东南部城市群为例，按照2011年整个城市群的GDP总额的45%计算，折合当年美元为11354亿美元，排在墨西哥之后，而位居印度尼西亚之前，位居全球第16位。2013年，大伦敦的GDP为6188亿美元，在全球排名中略低于全球二十大经济体的瑞士一国。从我国来看，我国的长三角、京津冀、中部、珠三角与东北地区城市群已经进入全球前20强。按照与世界前二十大经济体比较来看（如图12-1所示），如果将进入或超过第20位经济体总量的城市群在经济规模上列为世界级的话，那么我国五大城市群的在总体经济规模上已经跃入世界级。

（二）城市群一体化水平比较

从一体化的外在表现来看，区域一体化水平表现在先进区域与落后地区先分化后趋同，在国家范围内，生活水平迅速分化，趋同却比较缓慢。在发展的早期阶段，基本生活水平的省际和地区差距可能微不足道。但随着国家经济的增长，这一差距迅速拉大。随着收入增加，经济密集区和非密集区的生活开始逐渐趋同（世界银行报告，2009）。20世纪80年代我国提出了东部地区率先发展的区域政策，进入21世纪以来，加入世界贸易组织以后，随着西部大开发、东北振兴、中部崛起等战略的实施，我国的区域协调政策取得了一定的效果，城市之间的差距逐渐缩小。从衡量城市群内一体化水平来看，随着一体化程度的提升，城市之

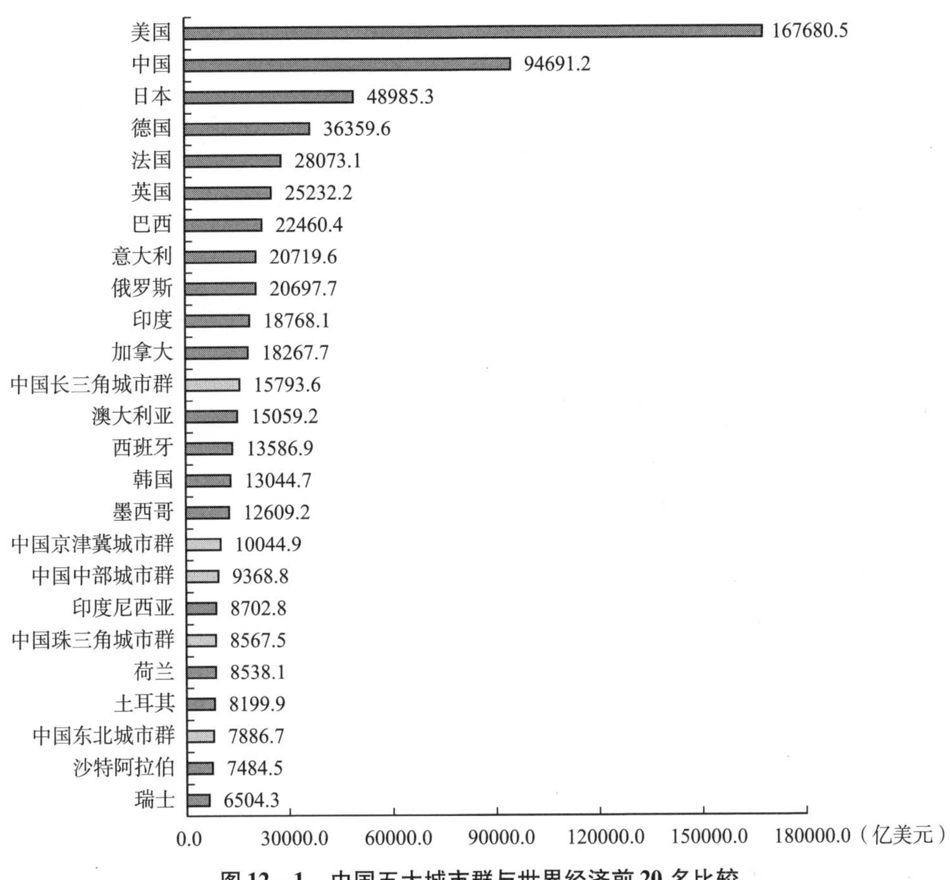

图 12－1　中国五大城市群与世界经济前 20 名比较

备注：按 2013 年人民币兑美元平均汇率 6.1932 折算。

间人均收入的差距会经历先扩大后逐渐缩小的发展态势。通常，标准差用来衡量各城市群内城市经济的绝对差距，而变异系数用来衡量城市之间的相对差距，系数越小，表明相邻地区一体化程度越高。变异系数的计算公式为：

$$CV = \frac{\sqrt{\frac{1}{n}\sum_{i=1}^{n}(y_i - \bar{y})^2}}{\bar{y}}$$

借用上述方法，本章衡量了美国东北部城市群 24 个大都市区，英格兰东南部 31 个城市和中国京津冀 13 市、长三角 16 市、珠三角 9 市、中部城市群 24 市、东北城市群 19 市 2013 年人均生产总值的标准差系数。按全市人均 GDP 标准差系数来看，英格兰东南部城市群的一体化程度最高，其次是美国东北部城市群，再次是长三角、东北地区、珠三角、中部和京津冀城市群（如图 12－2 所示）。按市辖区人均 GDP 来计算，在英格兰东南部城市群、美国东北部城市群之后，是长三角、珠三角、京津冀、中部和东北地区城市群（如图 12－3 所示）。由此可以看出，尽管我国城市群在经济规模总量上已经跃入全球前二十大经济体，但内部的差距依然较大，城市群内部的一体化水平有待提升。

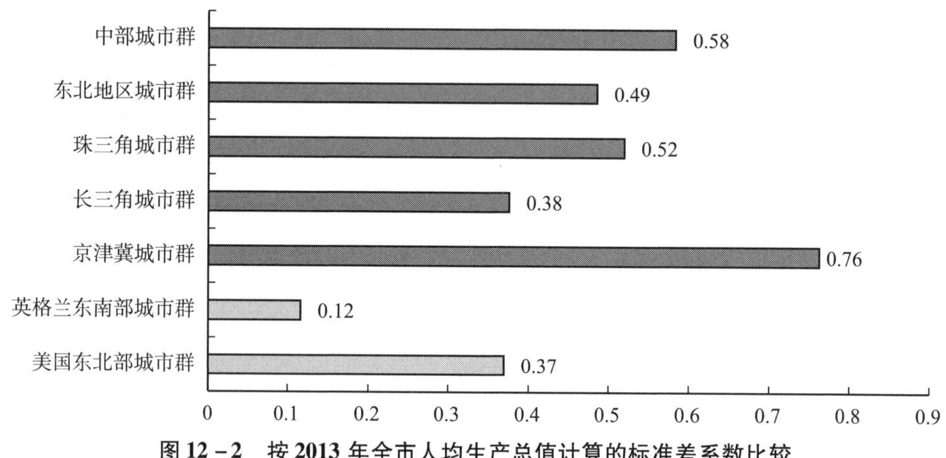

图 12－2　按 2013 年全市人均生产总值计算的标准差系数比较

资料来源：美国 BEA 大都市区数据库，《英国区域统计年鉴》（2013），《中国城市统计年鉴》（2014 年）。英国数据为 2011 年数据。

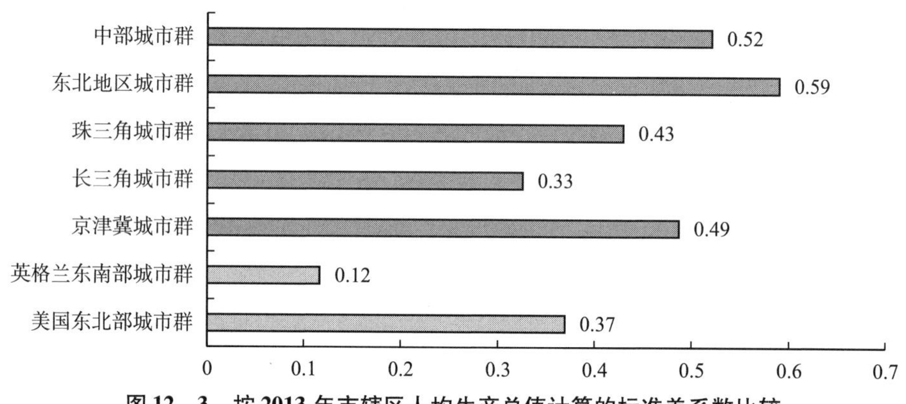

图 12－3　按 2013 年市辖区人均生产总值计算的标准差系数比较

资料来源：美国 BEA 大都市区数据库，《英国区域统计年鉴》（2013），《中国城市统计年鉴》（2014 年）。英国数据为 2011 年数据。

（三）城市群核心城市的比较

作为世界级城市群核心城市的世界城市，往往是全球的资本控制中心，跨国企业总部的主要集聚地，高端服务的生产场所，也是全球的创新创意中心，具有高度活跃的国内外经济联系，是全球城市网络的重要节点和全球价值链的关键节点，在世界经济中发挥着至关重要的影响力，是世界主要国家在全球化下优化配置全球资源的主要功能区，是决定城市群在世界城市网络体系中的地位和作用及综合竞争力的核心要素。世界城市形成于世界经济大国最有实力的城市群之中，世界城市发展需要所在区域的强大支撑，中国沿海城市群核心城市的发展水平与世界城市还有不小差距。

1. 生产总值

从发展水平上，从图 12－4 和图 12－5 可以看出，在城市 GDP 规模上，中国五大城市群核心城市距离纽约、伦敦与东京的差距较大，经济规模是决定一个城市对全球资源要素能否有效集聚的前提条件。2012 年，世界银行将人均 GDP 超过 9206 美元的国家和地区划分为高收入国家或地区，将人均 GDP 2976～9205 美元划分为中上收入国家，从几个城市的人均 GDP 来看，国内的城市也进入了高收入地区阶段，但是在量级上与纽约、伦敦和东京的差距依旧很大。

2. 指挥控制

从 2014 年《财富》杂志公布的全球 500 强公司来看，按城市拥有全球 500 强公司总部数量排序，前十位分别为：北京、东京、巴黎、纽约、伦敦、首尔、上海、大阪、莫斯科和休斯敦。纽约、伦敦、巴黎和东京就占到了 97 个席位，全球 500 强近 1/5 的总部被四大世界城市所包揽，而剩下 4/5 的总部分布在 222 个不同的城市。而从我国的城市来看，随着中国经济的发展，中国企业也在逐渐成长，北京已经位居世界第一位，上海位居世界第八位（如表 12－4 所示）。

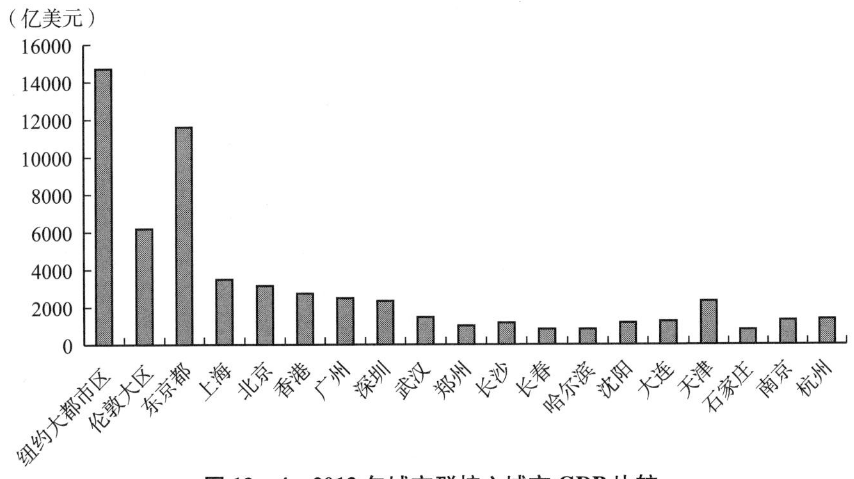

图 12－4 2013 年城市群核心城市 GDP 比较

资料来源：美国国家统计局大都市区数据库，伦敦统计局，东京都统计局，中国香港统计处，《中国城市统计年鉴》（2014 年）。根据当年平均汇率计算。

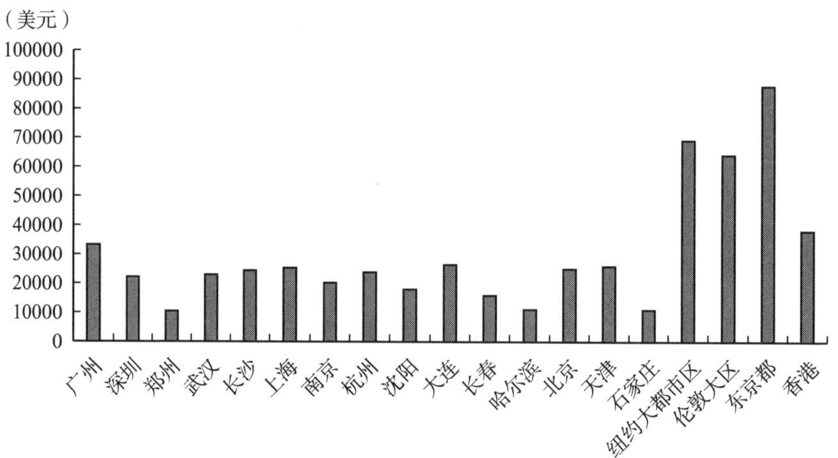

图 12－5　城市群核心城市人均 GDP 比较

资料来源：美国国家统计局大都市区数据库，伦敦统计局，东京都统计局，中国香港统计处，《中国城市统计年鉴》（2013）。根据当年平均汇率计算。

表 12－4　2014 年全球 500 强企业在全球主要城市的布局

排名	总部城市	个数	国家
1	北京（Beijing）	52	中国
2	东京（Tokyo）	43	日本
3	巴黎（Paris）	18	法国
4	纽约（New York）	18	美国
5	伦敦（London）	18	英国
6	首尔（Seoul）	15	韩国
7	大阪（Osaka）	8	日本
8	上海（Shanghai）	8	中国
9	莫斯科（Moscow）	7	俄罗斯
10	休斯敦（Houston）	7	美国

资料来源：根据财富中国网整理。

本土公司总部在核心城市的集聚。根据《中国总部经济发展报告（2013～2014）》数据，2012 年，在我国有 1576 家上市公司。现代服务业上市公司主要集中在北京、上海和深圳三个特大城市。2012 年，全国共有现代服务业上市公司 392 家，三市占服务业上市公司总数的 52.6%，占全国现代服务业上市公司营业总收入和净利润总额的 87.9% 和 91.1%。制造业上市公司总部主要集中在

"珠三角"与"长三角"地区，这两个地区分布的制造业上市公司总数为594家，占东部沿海地区制造业上市公司总数的57%。从制造业内部结构来看，传统制造业企业在全国排名前10的城市分别是上海、北京、深圳、苏州、无锡、杭州、绍兴、成都、广州和宁波，7个城市位于长三角，2个城市位于珠三角。从高技术制造业上市公司在全国各城市分布情况来看，高技术制造业企业在全国排名前10的城市分别是深圳、北京、上海、苏州、杭州、广州、武汉、天津、成都和佛山，3个城市位于长三角，3个城市位于珠三角，2个城市属于北京和天津。中部城市群的武汉、长沙与郑州相比占有优势，而东北地区城市群的企业上市公司数量较少。

世界500强企业主要衡量的是本国跨国公司在城市的集聚能力，城市在全球经济中的地位，还依赖于城市的流量和集聚外部跨国公司的能力。倪鹏飞（2012）以全球2000家跨国公司的分支机构在各城市的网点状况，制定了跨国公司指数。并通过分析各城市中央与地方财税比例、航空线数、跨国公司知名度数、距海距离和航海线数、互联网服务器因素，确定了全球联系指数。从北京、上海跨国公司联系度和全球联系指数来看，北京、上海虽然在跨国公司指数上与纽约、伦敦、中国香港的差距有所缩小，但是在全球联系度上，仍显不足。2011～2012年全球城市跨国公司与全球联系指数如图12－6所示。

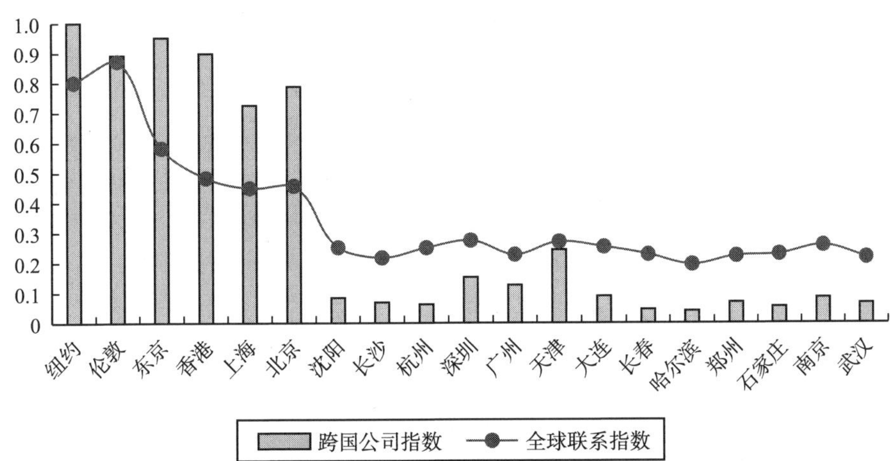

图12－6　2011～2012年城市群核心城市的跨国公司与全球联系指数

资料来源：根据倪鹏飞的《全球城市竞争力报告》（2011～2012）整理。

3. 产业结构

基于城市土地和劳动力成本的上升，城市高密度所形成的规模经济和高生活成本，城市政府与房地产开发商的结盟，对环境的重视等原因，制造业企业纷纷从大型城市中迁出。随着新型工业化与新型城镇化进程的加快，中国城市群的核心城市也开始进入到向服务经济转型的进程中来。但是与主要世界城市相比，中国城市群的核心城市的服务业无论是绝对规模还是相对占比，均低于纽约、伦敦与东京。诚如上面所比较，二产中制造业和高新技术产业发展仍显不足，现代服务业发展不足，城市产业结构仍需要进一步优化。以北京为例，作为中国首个进入后工业化时代的城市，北京不如纽约、伦敦和东京三产的规模与占比，能够促使一些产业成为在全球市场具有竞争力的产业，如金融业、科技服务业、信息产业（目前还主要是组装，缺乏核心技术的低端环节，如联想电脑等），只是在一少部分产业领域具有全球领先水平。从其他城市来看，三产明显落后，部分城市批发零售与餐饮住宿等传统服务业还占据很大比重。2011 年国内外城市群核心城市三次产业结构情况如图 12 －7 所示。

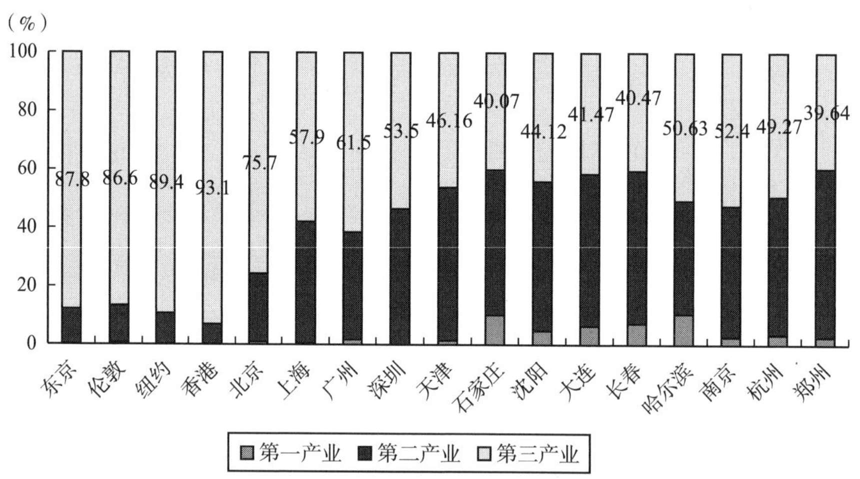

图 12 －7　2011 年国内外城市群核心城市三次产业结构情况

资料来源：《东京都统计年鉴》（2014），《英国区域统计年鉴》（2013）；《纽约经济发展局报告》；《香港统计年鉴》（2013）；《中国城市统计年鉴》（2012）。

四、东北城市群能否发展成为世界级城市群

通过以上分析，笔者认为东北城市群目前尚不具备建设世界级城市群的条件：一是在规模上不及国内的长三角、京津冀与珠三角三大城市群；二是在中心城市的功能上，东北城市群沈阳、长春、哈尔滨与大连四大中心城市的服务功能还不强，在世界城市体系中的地位不足以支撑东北城市群在全球化进程中展开与世界其他地区的竞争，但这并不等于应该忽视东北城市群的建设，未来随着东北

的经济发展与国家一系列东北振兴政策的实施，东北城市群的崛起还是大有希望的。

（一）推进基础设施建设，提升东北城市群的一体化水平

鉴于东北城市群在路网密度、城市群整体相互作用水平、高铁等方面与沿海三大城市群的差距，东北城市群应大力推进基础设施的建设，提升其互联互通水平，促进生产要素在城市群内部的自由流动，由此提升整个城市群的资源配置能力。为此，东北城市群应加强海路通道建设，构建陆海联动的综合集疏运体系；实施大通关政策，扩大沿海港口进出口货物的腹地范围；构建整个东北地区的共同市场，消除区域壁垒，取消不合理的跨行政区的地方保护政策；以中心城市沈阳、长春、哈尔滨、大连为核心，加强与邻近周边城市的基础设施网络建设，借助于核心城市的规模效应，提升周边城市与中心城市的互动发展与分工水平，进而形成不同都市圈一体化相互渗透的发展格局。

（二）推进核心城市制造业转移，促进核心城市向服务转型

从上面城市群核心城市的产业结构对比我们可以发现，沈阳、大连、长春、哈尔滨4个东北城市群的核心城市，制造业占比较大，服务业占比相对较小，未来这些中心城市：一是应大力发展服务业，尤其是总部经济，提升其对整个城市群的辐射带动能力；二是应将制造业积极向周边城市转移，进而提升周边城市的发展能力，借助于周边城市制造业发展对生产性服务的需求，进而提升4个核心城市的服务业发展水平。

（三）借助国家定位与国家战略，提升城市群的对外开放水平

国家对辽中南城市群的定位是东北地区对外开放的重要门户和路海交通走廊，辐射带动东北地区发展的龙头。国家对哈长城市群的定位是我国面向东北亚地区和俄罗斯对外开放的重要门户，带动东北地区发展的重要增长极。因此，东北城市群应借助于国家当前的“一带一路”倡议，充分发挥自身优势，明确自身特色，加强国际贸易与综合服务功能的培育，建立开放的经济合作载体与全球化平台，尤其是针对东北亚国家的载体与平台及功能的培育。东北城市群应依托口岸建设，进一步整合三省资源，突破发展瓶颈，寻找新的发展契机。通过与俄罗斯、韩国等国家的合作，搭建“一带一路”东北亚沿线各城市的合作交流平台，航空物流铁路交通设施与管理的合作对接平台，投融资平台与电子商务平台等，

提升整个城市群的开放发展水平。

（四）发挥城市群集聚效应，推动城市群向创新驱动转型

依托城市群规模经济和集聚经济特征：一是创造良好的创新创业环境，积极引进高端创新人才；二是加强城镇化进程，大力吸引农村人口向城市流动，促进城市的包容性增长；三是依托东北地区的大学等科研设施，引导产学研合作，通过技术创新与空间外溢，提高产业的层次和产品的附加值，推动商业模式的创新，推进产业转型；四是借助新一轮科技革命带来的商业新模式，产业新业态，大力发展以中小微企业为主题的科技型产业，提升整个城市群的经济发展质量。

参考文献

［1］彼得·霍尔、凯西·佩因：《多中心大都市——来自欧洲巨型城市区域的经验》，中国建筑工业出版社2010年版。

［2］蔡来兴，等：《国际经济中心城市的崛起》，上海人民出版社1995年版。

［3］方创琳、姚士谋、刘盛和，等：《中国城市群发展报告（2010）》，科学出版社2011年版。

［4］方创琳：《中国城市群研究取得的重要进展与未来发展方向》，载于《地理学报》2014年第8期。

［5］卡斯特尔：《网络社会的崛起》，社会科学文献出版社2000年版。

［6］顾朝林：《城市群研究进展与展望》，载于《地理研究》2011年第5期。

［7］黄征学：《城市群：理论与实践》，经济科学出版社2014年版。

［8］《上海财经大学区域经济研究中心，2013年中国区域经济发展报告——中国城市群的崛起与协调发展》，人民出版社2013年版。

［9］张学良，等：《2013中国区域经济发展报告——中国城市群的崛起与协调发展》，人民出版社2013年版。

［10］周振华：《崛起中的全球城市——理论框架及中国模式研究》，上海人民出版社，格致出版社2008年版。

［11］于立、周长林：《走向可持续发展的英格兰东南部地区》，载于《国际城市规划》2007年第10期。

［12］王莉、宗跃光、曲秀丽：《大都市双核廊道结构空间增长过程研究——以美国华盛顿—巴尔的摩地区为例》，载于《人文地理》2006年第1期。

［13］我国大城市连绵区的规划与建设问题研究项目组：《中国大城市连绵区的规划与建设》，中国建筑出版社2014年版。

［14］陈雪明：《国际大城市带综合交通体系研究》，中国建筑工业出版社

2013 年版。

［15］巴曙松、杨现领：《城镇化大转型的金融视角》，厦门大学出版社 2013 年版。

［16］赵弘：《2013～2014 年中国总部经济发展报告》，社会科学文献出版社 2014 年版。

［17］倪鹏飞、侯庆虎：《全球城市竞争力报告（2011～2012）》，社会科学文献出版社 2012 年版。

［18］Allen J. Scott. GLOBAL CITY – REGIONS AND THE NEW WORLD SYSTEM. http：//www. kas. de/upload/dokumente/megacities/megacities1/allgemein/scott – global – city – regions. pdf.

［19］Castells，M.（2000）. The rise of the network society（2nd ed.）. New York：Blackwell.

［20］C. Parnreiter. Global Cities in Global Commodity Chains：Exploring the Role of Mexico City in the Geography of Global Economic Governance，Volume 10，Issue 1，pages 35 – 53，January 2010，4 DEC 2009，DOI：10. 1111/j. 1471 – 0374. 2010. 00273. x.

［21］John Friedmann，The World City Hypothesis，Development urrd Churtae（SAGE，London，Beverly Hills and New Delhi），Vol. 17，1986：69 – 83.

［22］Jean Gottman，Megalopolitan systems around the world. Ekistics 243，February 1976.

［23］Jean Gottmann，Megalopolis or the Urbanization of the Northeastern Seaboard，Economic Geography，Vol. 33，No. 3，Jul.，1957：189 – 200. Stable URL：http：//www. jstor. org/stable/142307.

［24］Regional Plan Association，“America 2050：A Prospectus，” New York：September 2006.

［25］Pain，K. Spaces of practice in advanced business services：rethinking London – Frankfurt relations，Environment and Planning D：Society and Space，2008，26（2）：264 – 279.

［26］Pain，K. and Van Hamme，G. Changing Urban and Regional Relations in a Globalizing World：Europe as a Global Macro – Region，2014，Edward Elgar，Cheltenham.

附录

哈长城市群发展规划

前　言

哈长城市群是东北地区城市群的重要组成区域，处于全国“两横三纵”城市化战略格局京哈京广通道纵轴北端，在推进新型城镇化建设、拓展区域发展新空间中具有重要地位。为加快培育哈长城市群，推动产业集群发展和人口集聚，形成带动区域经济发展和对外开放的新增长极，依据《国家新型城镇化规划（2014—2020年）》和《全国主体功能区规划》，编制本规划。规划是培育发展哈长城市群的指导性文件和编制相关专项规划、布局重大项目的重要依据。

规划范围包括黑龙江省哈尔滨市、大庆市、齐齐哈尔市、绥化市、牡丹江市，吉林省长春市、吉林市、四平市、辽源市、松原市、延边朝鲜族自治州。核心区以上述市（州）中主体功能定位为国家级、省级重点开发的区域为主，统筹区域其他地区发展，核心区面积约5.11万平方公里，2015年末常住人口约2000万人。

规划期为2016~2020年，展望到2030年。

第一章　规划背景

哈长城市群正处于转型发展的重要阶段，必须紧紧抓住重大战略机遇，妥善应对风险挑战，通过创新激发发展活力，深化改革提升发展动力，实现转型跨越发展。

第一节　发展基础

区位优势独特。哈长城市群南依辽中南城市群，北临俄罗斯远东地区，东靠朝鲜半岛，西接内蒙古自治区，与京津冀、环渤海地区相呼应，便捷联通北美、欧洲地区，是我国东北地区对外开放的重要门户。

经济基础较好。该区域是全国重要的老工业基地和最大的商品粮基地，煤炭、石油、天然气等资源禀赋条件良好，已形成以装备、汽车、石化、能源、医药、农产品加工等为主体的工业体系，边境贸易、国际物流等服务业快速发展，开放型经济体系初步形成。

城镇体系完备。拥有哈尔滨1座特大型城市，长春1座Ⅰ类大型城市，大庆、齐齐哈尔、吉林、四平4座Ⅱ类大型城市，牡丹江、绥化、松原、延吉4座中型城市，一批小城市和各具特色的中小城镇快速成长，2015年底城镇化率为56.5%。

创新潜力较大。截至2015年10月，拥有普通高等院校127所，国家、省级科研院所和研发机构1500余个，两院院士61名，国家级经济技术开发区12个，国家级高新区7个，创新发展基础坚实。

旅游资源丰厚。哈长地区是金、满等文化发祥地，历史文化遗产和现代工业遗产丰富，拥有长白山、黑土地和松花江等生态旅游资源，具有发展生态和冰雪文化旅游的独特优势。

第二节　机遇挑战

重大机遇。国家深入实施区域发展总体战略，重点实施“一带一路”建设、京津冀协同发展等重大战略，推进全面振兴东北地区等老工业基地，为哈长城市群转型发展带来新的机遇。“两个一百年”奋斗目标加快实现，新型城镇化发展战略有力推进，为哈长城市群全面提高城镇化质量、推动城乡区域协调发展提供了支撑。东北亚区域合作日趋紧密，开放型经济体制全面建立，为哈长城市群充分发挥区位优势和开放优势，高水平参与国际经济合作创造了条件。生态文明建设加速推进，为促进哈长城市群绿色发展提供了有力支持。

问题与挑战。哈尔滨、长春两大城市产业结构和空间布局不尽合理，创新能力和城市综合功能有待提升，对周边区域发展的辐射带动作用有待增强。各城市功能定位与分工不明确，低水平同质化竞争严重。产业结构偏资源型、重化工型、传统型，支柱产业增长乏力，一些深层次体制机制和结构性矛盾凸显，民营经济发展不足，发展活力欠缺。跨流域污染和冬季大气污染问题突出，生态环境治理任务艰巨。人口老龄化日益严峻，人口外流趋势明显，人力资本积聚能力较弱，人才外流、“招工难”等问题制约产业发展。行政壁垒阻碍要素有序自由流动，跨区域协同发展机制尚须完善。

第三节　重要意义

加快哈长城市群发展，是推进实施新型城镇化战略的重要举措，有利于探索粮食主产区新型城镇化道路，推动形成功能完备、分工合作、布局合理的城镇体系，优化全国城镇化战略格局；有利于推动实施东北地区等老工业基地振兴战略，加快产业集群发展和人口集聚，破解发展难题、依靠内生发展推动东北经济提质增效升级，培育推动国土空间均衡开发、引领区域经济发展的重要增长极，促进东北地区全面振兴；有利于完善东北地区发展格局，拓展区域发展新空间，增强东北地区发展后劲，推动区域协调发展；有利于加快推进“一带一路”建设，深化东北亚地区合作，进一步提升东北地区对外开放水平。

第二章 发展思路

第一节 指导思想和原则

全面贯彻党的十八大和十八届三中、四中、五中全会精神，根据党中央、国务院的决策部署，按照“五位一体”总体布局和“四个全面”战略布局，牢固树立和贯彻落实创新、协调、绿色、开放、共享发展理念，紧紧抓住实施“一带一路”建设和新一轮东北地区等老工业基地振兴战略的机遇，坚持以人为本、科学发展、改革创新、依法治市，转变城市发展方式，完善城市治理体系，提高城市治理能力，着力完善体制机制，着力加强结构性改革，着力推进大众创业、万众创新，着力保障和改善民生，统筹空间、规模、产业三大结构，科学规划城市空间布局，实现基础设施互联互通、产业协作发展、生态环境共建、开放合作共赢、公共服务共享，探索粮食主产区新型城镇化道路，不断提升城市环境质量、人民生活质量、城市竞争力和新型城镇化水平，努力将哈长城市群建设成为具有重要影响力和竞争力、宜居宜业的绿色城市群。

应坚持以下原则：

改革引领，创新驱动。强化制度创新，进一步深化国有企业和国有资产管理体制等重点领域和关键环节的改革，整合创新资源，构建区域协同创新体系，建立有利于要素自由流动的统一市场体系，打造城市群创新共同体，深入推进大众创业、万众创新。

突出重点，协调推进。强化哈尔滨、长春的带动作用，提升辐射周边中小城市功能，强化大中小城市和小城镇产业协作协同，逐步形成横向错位发展、纵向分工协作的发展格局，促进城乡区域协调发展。

和谐共生，绿色发展。强化尊重自然、传承历史、绿色低碳等理念，实现生产空间集约高效、生活空间宜居适度、生态空间山清水秀，建设人与自然和谐共处的资源节约型、环境友好型城市群。

优势互补，开放合作。发挥比较优势，促进特色化、差异化发展，建立重大项目、平台共建和利益共享机制，深化全方位、多层次、宽领域合作，打造内陆开放高地。

以人为本，共享发展。围绕人的全面发展和人的城镇化，健全教育、文化、社保、医疗等公共服务体系，稳步提高基本公共服务均等化水平，着力增加人民福祉。

第二节　战略定位

东北老工业基地振兴发展重要增长极。着力推进结构性改革，加快转变发展方式，改造提升传统产业，建设国家新型装备制造业基地、粮食生产基地、食品医药产业的绿色安全示范区，加快形成以创新为引领和支撑的经济体系和发展模式，带动东北地区经济转型发展。

北方开放重要门户。加强“中蒙俄经济走廊”陆海丝绸之路经济带建设，加快长吉图开发开放先导区建设，大力实施“走出去”战略，构建外向型现代产业体系，深入推进国际产能和装备制造合作，积极参与国际分工合作，打造“一带一路”我国北方对外开放合作的重要门户。

老工业基地体制机制创新先行区。着力先行先试、改革创新，破解制约经济社会发展的体制机制障碍，营造有利于全面实施创新驱动战略、大力推进“双创”的政策环境和制度环境，形成促进创新的体制构架，为带动区域协同发展提供示范模式。

绿色生态城市群。尊重自然格局，合理布局城镇各类空间，保护自然景观，传承历史文化，保持特色风貌，促进大中小城市和小城镇协调发展，建设国际知名的生态和冰雪文化旅游目的地，推动形成人与自然和谐发展新格局。

第三节　发展目标

到 2020 年，城市群整体经济实力明显增强，功能完备、布局合理的城镇体系基本形成，城乡区域协调发展格局基本形成。“双创”发展取得积极成果，交通、能源、信息等基础设施基本实现对接互联，区域分工协作的产业发展格局初步形成，开放型经济向更广领域和更深层次拓展，流域生态保护取得积极成效，环境质量持续改善，初步建成人与自然和谐共处的生态型城市群。

到 2030 年，城市群城镇体系更加完善，改革创新持续深化，对外开放水平进一步提升，形成充分发挥市场配置资源决定性作用、充满内在活力的体制机制，建成在东北亚区域具有核心竞争力和重要影响力的城市群。

第三章　总体布局

统筹城市群空间、规模、产业三大结构，推动大中小城市和小城镇分工协作、协调发展，构建布局合理、功能完善的城市群一体化发展格局。

第一节　优化城市群空间格局

强化哈尔滨、长春两市的核心带动作用，有效发挥其他城市的支撑作用，建设哈长发展主轴和哈大（庆）齐（齐哈尔）牡（丹江）、长吉（林）图（们江）发展带，构建“双核一轴两带”的城市群空间格局。

相向发展，提升双核。进一步增强哈尔滨、长春的集聚和辐射能力，促进两市分工协作、互动发展，提升服务和开放功能，引领带动周边地区产业转移和要素流动，促进区域协同发展。以榆树、五常、双城、德惠、扶余、舒兰等县（市、区）为基础，探索建立哈长一体化发展示范区，在统一规划编制、基础设施共建、公共服务共享、体制机制协同等方面进行探索和试点。

南北延伸，拓展一轴。依托贯通南北的哈大交通轴线，拓展哈长发展主轴，向北延伸至绥化，向南延伸至四平、辽源，推动沿线城镇、产业和人口集聚，建成面向东北亚、具有较强竞争力的城市发展轴和产业集聚带。

扩大开放，壮大两带。哈大齐牡发展带，以建设“中蒙俄经济走廊”黑龙江丝绸之路经济带为重点，以绥满高速、哈齐高铁、哈牡客专、牡绥铁路等为纽带，连接哈尔滨、大庆、齐齐哈尔、牡丹江、绥芬河等节点城市，强化对黑龙江全省、内蒙古东部地区的辐射带动作用以及对俄蒙开放枢纽功能，推动口岸与中心城市双向互动，推进绥芬河—东宁重点开发开放试验区建设，形成东北地区陆路对外开放型城市发展带。长吉图发展带，以建设“中蒙俄经济走廊”陆海联运通道、图们江区域合作长吉图开发开放先导区为重点，依托珲乌交通干线，连接长春、吉林、松原、敦化、珲春等节点城市，强化向西腹地支撑作用和向东沿边开放功能，推进长吉一体化和延龙图一体化发展，构建与俄罗斯远东的贸易通道，加强对韩朝的交流合作，形成面向东北亚的沿边开放型城市发展带。加强两带合作联动，培育形成东北东部地区沿边开发带，形成核心带动、节点支撑、多点呼应、轴带联通的网络化格局。

第二节　完善城市群发展体系

强化哈尔滨、长春的带动作用，打造引领城市群发展的都市圈，发挥区域重点城市纽带功能，加强中小城市支撑能力，优化城镇发展体系，促进大中小城市和小城镇协调发展。

发挥哈尔滨、长春的带动作用。哈尔滨。充分发挥开放通道节点、科教文化资源和产业基础优势，强化对俄开放合作、物流集散、创新引领等功能。优化城市重大基础设施和产业布局，依托现有交通干线，建设五常、尚志、宾县、阿城、双城、肇东、兰西等卫星城，加快哈尔滨新区建设，打造哈尔滨都市圈。提升高端装备制造、绿色食品等优势产业集群辐射带动作用，促进与哈长发展主轴和哈大齐牡发展带等周边城市联动发展，建设成为对俄合作中心城市、东北亚国际商贸中心城市、东北亚区域性中心城市和国际冰雪文化旅游名城。

长春。充分发挥长春区位、科教文化资源和产业基础优势，强化创新引领、产业支撑和要素集散等综合功能，全面提升引领带动能力。延伸长春对外辐射半径，促进长吉一体化发展，联动农安、德惠、公主岭、伊通、永吉、蛟河等县（市）打造长吉都市圈。规划建设长春新区。加快长春与四平、松原、辽源等周边城市联动发展，提升核心城市集聚力和辐射力。推动汽车、轨道客车、农产品加工及战略性新兴产业、现代服务业集群布局，打造哈长城市群人口和要素集聚的核心平台，建设成为东北亚区域性中心城市、国家创新型城市、东北亚区域性服务业中心城市和绿色宜居森林城市。

构建联动发展区。以哈尔滨、长春、大庆、绥化、吉林、松原城区为基础，联动安达、肇东、宾县、尚志、双城、五常、扶余、榆树、舒兰、蛟河、德惠、农安、公主岭、伊通等县（市），形成城市群联动发展区，推动产业协同、功能联动、基础设施共建共享，增强要素集聚能力，发挥规模效应，提升发展效率，实现城镇空间向网络化组织转变，推动城市群发展壮大。

做大做强区域重点城市。提升大庆、吉林等区域重点城市的支撑功能和区域辐射带动作用，大庆建设成为城市群区域中心城市；齐齐哈尔建设成为城市群西北部重要开放城市；绥化建设成为城市群北部重要节点城市；牡丹江及绥芬河建设成为对俄合作开放示范城市；吉林建设成为长吉图发展带区域性中心城市；松原建设成为城市群西南部门户城市；四平、辽源建设成为城市群南部重要节点城市；延吉—珲春建设成为图们江区域合作开发的桥头堡。

建设重要节点城镇。强化节点城市空间连接、功能传导作用，引导产业转移承接和布局优化。支持绥芬河、珲春、东宁、图们、和龙建设全面开放的口岸城市，发展口岸经济。加快肇东、尚志、宾县、五常、公主岭、伊通、永吉、蛟河等核心城市周边县（市）发展，承接核心城市功能转移。提升敦化、安达、肇源、肇州、扶余、舒兰、德惠等交通节点城市发展质量。增强其他县城的基础功能与支点作用，培育一批特色中小城镇，形成网络化城镇发展格局。

建设美丽乡村。完善县域村庄规划，统筹农村基础设施和服务网络建设，科学引导农村住宅和居民点建设。严守耕地保护红线，落实耕地保护责任，推动建立健全耕地补偿机制。加强农村人居环境治理，加快农村公共事业发展，全面改善农村生产生活条件。依托白山黑土、松嫩平原，促进传统与现代、人文与自然有机融合，建设美丽、宜居的特色农村。推进农场、国有林区、林场、牧场小城镇建设，更好发挥服务农村（林区）、带动周边的作用。以环境整治和民风建设为重点，扎实推进文明村镇创建。

专栏 1－1　区域重点城市功能定位

大庆：石油化工产业基地、装备制造基地、新材料产业基地。

齐齐哈尔：重型装备制造基地、绿色食品基地、生态旅游基地。

绥化：绿色农产品加工与物流集散基地、寒地黑土生态宜居城市。

牡丹江：黑龙江对俄合作桥头堡、国际休闲与北国风光山水旅游名城。

绥芬河：区域商贸物流中心、对俄合作开放示范城市。

吉林：先进制造业基地、面向东北亚的休闲型旅游目的地。

松原：粮畜生产加工基地、绿色产业城市和生态宜居城市。

四平：绿色产业与物流集散基地、蒙吉辽区域合作示范区。

辽源：绿色产业与物流集散基地。

延边：图们江区域合作开发先行区和生态文明示范区。

第三节　推动人口布局优化

推动以人为核心的新型城镇化，促进有能力在城镇稳定就业和生活的常住人口有序实现市民化，引导要素在城市群空间集聚，形成更合理的人口、城市与经济布局体系。

发挥特大城市、大城市集聚效应。优化提升哈尔滨、长春综合服务功能，有序疏解特大城市非核心功能，引导人口向新区、开发区合理布局，推进城区、开发区、县域协调发展，防治“城市病”。提升吉林、四平、齐齐哈尔、大庆等城市综合功能，促进产城融合，有序推进棚户区改造、农民工融入城市等城镇化进程，增强人口承载集聚能力。

发展中等城市。全面放开牡丹江、松原等城市落户限制，利用本地特色资源，合理拓展产业空间，有效承接产业转移，提高人口吸引聚集能力，形成城区人口规模在50万以上、具有较强空间承载能力的中等城市。

培育一批生态宜居小城市。依托“一轴两带”节点地区、沿边开放地区与特色资源地区，发展一批基础较好、承载能力较强的小城市，积极承接大中城市产业转移，完善公共服务资源配置，强化宜居环境建设，扩大对外围城市人口的服务和吸纳半径，引导农业转移人口就地就近市民化。

第四章　创新发展提高质量效益

坚持创新发展，以科技创新为引领，大力推进大众创业、万众创新，优化创新创业生态链，加强创新合作机制建设，着力深化体制机制改革，构建开放高效的创新资源共享网络，以改革创新引领城市群创新发展。

第一节　突出科技创新引领作用

壮大区域创新主体。支持一汽、一重、长客、哈电气、吉化、大庆石油石化、齐轨道交通等骨干企业增强自主创新能力，建设智能制造业创新中心。支持中科院长春光机所、应化所、地理所、中国农科院哈尔滨兽研所和吉林大学、哈尔滨工业大学、哈尔滨工程大学、东北大学等开展重大创新研究，支持大中企业建设技术中心、中试中心和技术服务中心，鼓励中小型企业联合高等学校、科研院所设立行业研发中心和技术创新联盟，加快建立高科技企业孵化中心。

促进创新成果转化。完善创新体系，提高自主创新能力，加大主导产业与战略性新兴产业科技投入力度。加强汽车、高铁、飞机、石化、生物医药、新能源、新材料、机器人、海洋工程和高端船舶装备、卫星等重大关键性核心技术与共性技术研发，完善“产学研”协同创新机制。鼓励城市群建立技术创新联盟，引导和促进城市群创新要素集聚和整合。支持哈尔滨、长春建设科技创新转化基地。

推动创新载体建设。推进哈尔滨、长春国家创新型城市试点建设，促进创新资源、创新要素集聚发展。鼓励企业与高校院所开展合作，推动科技成果率先在本地转化。加快建设长春长东北科技创新中心、长春北湖科技园、哈尔滨科技创新城等一批科技创新产业园，推进吉林中部创新转型核心区建设。

第二节 营造“双创”良好环境

构建“双创”平台。发挥行业领军企业、创业投资机构等社会力量作用，鼓励发展众创、众包、众扶、众筹等新支撑平台。大力发展创客空间、创新工场、创业社区等新型孵化载体。广泛应用研发创意众包、生活服务众包等业态，支持哈尔滨、长春、大庆服务外包示范城市建设。大力发展创业风险投资基金，构建多元化、多层次、多渠道的创新创业投融资体系。

完善“双创”扶持政策。降低创业门槛，深化商事制度改革，鼓励更多社会成员特别是科技人员和高校毕业生自主创业，形成政府激励创业、社会支持创业、劳动者勇于创业的活跃局面，以创业带动就业。构建普惠性“双创”支持政策体系，加大金融支持和税收优惠力度。

健全“双创”服务体系。加快重大产业集群及小微企业集聚区公共服务平台建设，大力发展创业辅导、信息咨询、技术支持、融资担保等公共服务，联合打造一批“双创”服务品牌。打破行政分割，建立科技基础设施、大型科研仪器和专利信息资源共享机制。

研究探索创业券、创新券等公共服务新模式，完善管理和运行机制。

第三节 激发人才创新创业活力

优化创新创业人才培养与流动机制。重点培养一线创新人才、青年科技人才和科技领军人才，造就杰出科技创新创业团队。打破体制壁垒，鼓励人才合规有序流动和兼职兼业。建立完善人才吸引制度，健全人才公共服务体系，引进高层次人才和急需紧缺人才，激发各类人才的创新活力和创业热情。建立以智力资本为重点的科技人员收入分配机制，实行以增加知识价值为导向的分配政策，提高科研人员成果转化收益分享比例，鼓励人才弘扬奉献精神。

加强知识产权保护。加强技术和知识产权交易平台建设，建立从实验研究、中试到生产的全过程科技创新融资模式，改革技术创新管理体制机制和项目经费分配、成果评价和转化机制，促进科技成果资本化、产业化，激发创新创业活力。完善知识产权快速维权与维权援助机制。

第四节 深化体制机制改革

深化行政管理体制改革。加快推进简政放权、放管结合、优化服务，加快转变政府职能，统筹推进行政审批、职业资格、收费管理、商事制度、教科文卫体等领域改革，着力解决跨领域、跨部门、跨层级的重大问题，加快形成区域统一大市场。加快建立科学完善的食品药品安全治理体系。创新社会治理，共保社会和谐稳定。

建立协作协同发展机制。逐步统一城市群内土地、环保等政策，推进区域产业政策对接。鼓励黑龙江和吉林两省及相关城市共建产业合作园区，为推进区域产业合作开展先行先试。统一市场准入制度，促进城市群市场主体登记注册一体化。建立城市群企业信用信息互通共享机制，实现统一社会信用代码、企业登记、纳税、合同履约、产品质量监管等政府信息共享，支持金融信用信息基础数据库、资本市场诚信数据库建设。加强知识产权协同保护。规范发展多功能、多层次的综合性产权交易市场。推进长春民营经济综合配套改革示范区建设。

创新利益共享机制。鼓励黑龙江、吉林两省和城市群内各市（县）研究共同出资设立区域合作发展基金，推行政府和社会资本合作（PPP）模式，重点用于跨区域基础设施建设、生态建设与环境治理、公共服务体系建设、产业协作等合作共建项目建设。建立跨地区投资、地区生产总值、财税等利益分享机制，推动城镇间产业分工、产业整合、园区共建。探索建立跨行政区水资源开发利用、生态环境保护和生态保护补偿机制。

第五章 基础设施互联互通

按照适度超前、布局合理、结构优化、一体服务的原则，统筹重大基础设施建设，加快构建高效快捷的综合交通运输网络体系、配套完善的水利设施体系、安全清洁的能源保障体系、资源共享的一体化信息网络体系，增强城市群发展的支撑和保障能力。

第一节 构筑综合交通运输网络

构建重点城市快速通达的铁路网络。推进以哈尔滨、长春为核心的高速铁路及区域连接线建设，优化路网结构，扩大城市群路网规模，努力构建以哈大（连）线、牡（丹江）通（化）线和珲（春）乌（兰浩特）线、齐（齐哈尔）牡（丹江）线为主干线，以覆盖50万人以上城市的高速铁路为主、实现各区域有效联接的普速铁路为辅的网络化现代化铁路运输格局。改造提升既有线路，重点建设、改造繁忙干线、主要枢纽和中心城市客货站场，大力发展集装箱运输，着力提升客运快速化和货运重载化水平，完善黑龙江和吉林对俄铁路跨境运输通道。规划建设哈尔滨机场轻轨。

构建覆盖全域的公路网络。加强主要城市和重点城镇的互联互通，突出区域间、经济轴线间的连接线建设，重点推进国家高速公路，完善大中城市绕城高速公路，新建改造区域间干线公路，完善农村公路网络，构建形成以高速公路为骨架、国省干线公路为基础、农村公路为补充的外通内畅、快速高效、便捷安全的公路交通运输网络。

构建安全畅通的水运网络。以松花江、嫩江为主，加强航道提升和港口码头建设，实施松花江依兰航电枢纽、悦来航电枢纽等航道治理工程，构建形成以松花江、嫩江为主航道，干支联动、畅通高效、安全生态的内河运输网络。

构建便捷高效的空运网络。推进哈尔滨太平机场、长春龙嘉机场改扩建，新增和加密通往俄罗斯、日本、韩国等国际航线航班，开辟对欧洲、北美地区新航线，培育哈尔滨、长春机场区域枢纽。推进绥芬河、松原机场新建，延吉机场迁建，齐齐哈尔、大庆机场改扩建等支线机场建设工程，拓展国内航线和城市群内支线航线，优化航线网络。规划建设若干重要特色节点城镇的通用机场。

加快交通综合枢纽建设。重点建设集铁路、公路、机场、城市公共交通等功能于一体、实现“零距离换乘”的综合客运枢纽，加快建设与开发区、商贸市场、粮食主产区、口岸等重点区域有效对接的综合货运枢纽（物流园区）。推进运输服务信息化、智能化、一体化建设，促进各种运输方式之间的协调衔接，提高综合交通运输服务水平和管理效能。

专栏1－2　铁路、公路重点项目

铁路建设

高速铁路及区域连接线：建设哈尔滨至牡丹江、哈尔滨至佳木斯、佳木斯至牡丹江、敦化至白河铁路，研究建设牡丹江至敦化、四平至通化至白河、长春至辽源铁路等。

普速铁路：推进长春至西巴彦花铁路建设，规划建设珲春至东宁、吉林铁路枢纽西环线，研究建设长春铁路枢纽西环线。

铁路站场：加快推进哈尔滨站改造、长春综合货场和绥芬河货场改造等。

扩能及电气化改造：加快实施滨洲线、平齐线、通让线、哈牡线电气化改造；规划实施沈吉线、长图线、牡佳线电气化改造；研究建设朝阳川至开山屯、图们至扎鲁比诺港扩能。

公路建设

高速公路：加快推进G11鹤大高速全线贯通，新改建G1211哈尔滨至吉林段、G1112集安至通化段、G1015榆树至松原段、G12S长春至大蒲柴河段、G1112东丰至双辽，扩建G1京哈高速哈尔滨至拉林河段、拉林河至长春段。

国省干道：升级改造G203绥沈线肇州至肇源段、望宝桥至金宝屯段，新建

G203 绥沈线肇源至松原段，升级改造 G301 绥芬河至满洲里、G231 嫩江至双辽、G333 三合至莫旗、G232 牙克石至四平、G102 北京至抚远相关路段，改扩建 G202 黑大公路宝泉至克拜界段、团结至桦树（吉辽界段）段、牛心顶至湾龙段，规划建设省道哈尔滨至大安、九站至王府、九台莽卡至榆树五棵树江滨一级路。

综合客运枢纽：推进长春西客站、大庆西客站等客运枢纽建设。

第二节 共建水利基础设施

增强供水保障能力。加快推进重点地区、重要城市水源工程、水资源调配工程和应急备用水源工程建设，建设哈尔滨松花江水源地工程及引嫩扩建骨干、引呼济嫩、引松入榆、林海供水、吉林中部引松供水等重大引调水工程，以及穆棱奋斗、绥化阁山、龙江花园、通河二甲沟、依兰丹青、尚志幸福沟、蛟河团山子等大中型水库。巩固提升农村（林区）饮水安全工程成果，提高城乡供水保障水平。

健全防洪减灾体系。加强大江大河治理，建成松花江、嫩江干流治理及胖头泡蓄滞洪区工程，加强主要支流及重点中小河流治理工程建设，推进病险水库水闸除险加固，提高防洪标准，江河干流堤防达到 20～100 年一遇，主要支流及重要中小河流达到 10～30 年一遇，哈尔滨、长春达到 200 年一遇，其他城市达到 100 年一遇。完成山洪灾害防治区内重点山洪沟工程措施治理，升级改造山洪灾害防治非工程措施系统。推进现有大型灌区续建配套与节水改造工程建设。加快城市及产业集中区排涝泵站等设施建设，建设海绵城市，加强重点大中型涝区建设，除涝标准达到 5～10 年一遇。

第三节 加强能源保障体系建设

提升传统能源供给能力。加大油气、煤炭资源勘探力度，增加石油、天然气、煤炭后备可采储量。提高大庆、松原油田原油采收率，积极开发天然气。深化国际能源合作开发，加大能源进口。加强能源储备，建设国家重要的石油、天然气、煤炭储备基地。强化煤电油气能源运行管理和调度调节，完善跨区域能源保障机制。

建设新能源和可再生能源基地。推动城市群中西部风能资源开发，加快建设大型现代风电基地。积极发展光伏发电，加强光伏发电并网服务。聚焦太阳能光热利用，建设太阳能采暖和制冷示范工程。大力发展生物质发电，支持生物质液化、气化等综合利用项目建设。提高水能资源梯级利用效能，推进黑龙江荒沟抽水蓄能电站建设。统筹推进齐齐哈尔、大庆、牡丹江、松原、长春、吉林地区地热能开发利用，建设地热能综合开发利用示范基地。强化垃圾焚烧热电厂、污水沼气发电、污水源热泵等分布式清洁能源的开发利用，建设能源就地供应示范基地。

构建能源大通道。加强油气管网建设，加快投产大庆—锦西原油管道（大庆—铁岭段），加快建设中俄原油管道二线工程及中俄东线天然气管道，推进大连LNG与陕—京—沈—长管线连接工程，落实内蒙古煤制气至长吉工程。加强天然气干线管网和大中城市天然气基础设施建设。控制新增火电装机，研究建设电力外送通道，从供需两端推动解决“窝电”问题。

第四节　推进城市基础设施建设

推进城市地下综合管廊建设。支持老城区结合旧城更新、道路改造、河道治理等统筹安排管廊建设。加快现有城市电网、通信网络等架空线入地工程，在城市建造用于集中敷设电力、通信、给排水、热力、燃气等市政管线的地下综合管廊。加快推广PPP等合作模式，引入社会资本参与市政基础设施建设和运营。加快哈尔滨地下综合管廊建设试点城市建设。

提升城市公共交通发展水平。推进哈尔滨、长春“公交都市”示范城市建设，加快转变城市交通发展模式，鼓励吉林、大庆、齐齐哈尔、牡丹江等具备条件的城市有序规划建设轨道交通、城市快速干道和立体交通工程，推进城市智能公交系统建设，完善快速公共汽车等大容量地面公共交通系统。支持中小城市和县城发展公共交通。加快实现城市群内公共交通“一卡通”，提高居民出行便利化水平。

促进信息基础设施共建共享。加强信息通信网络建设，推进4G网络覆盖城市公共热点区域，建设“宽带哈长”、“无线哈长”。推进哈尔滨、长春、齐齐哈尔、牡丹江、大庆、辽源等智慧城市试点建设，打造城市群信息共享平台。加强新一代移动通信、下一代互联网、数字电视、卫星通信等网络建设，推进电信网、广电网和互联网“三网融合”。加强信息资源安全管理，建成通信应急指挥平台系统和覆盖城市群的卫星通信网，共保信息网络安全。

第六章　产业协调发展

坚持协调发展，依托现有产业基础，推动产业互补协作和转移承接，围绕创新链布局产业链，集群发展优势产业和战略性新兴产业，改造提升传统产业，大力发展现代服务业，巩固提升现代农业，落实“中国制造2025”“互联网+”行动等，探索粮食主产区新型城镇化道路，形成支撑新一轮东北振兴发展、辐射东北亚区域的重要产业集聚区。

第一节　联手打造优势产业集群

装备制造产业集群。利用信息技术提升装备制造产业水平，发展以数字化、柔性化及系统集成技术为核心的智能装备制造，共同建设装备制造产业集群。依托长客轨道客车，建设轨道客车研发、生产和维修基地。依托齐齐哈尔铁路货车，建设重载铁路货车研发、生产和维修基地。依托哈尔滨电站设备，打造具有国际竞争力的新能源装备产业集群。依托哈尔滨民用航空产业基地，建设国内一流的航空产业集群。推进哈尔滨、大庆、齐齐哈尔和长春、四平装备制造联合研发和配套协作，打造大型发电设备、成套装备和数控机床、农机装备、石油化工装备、光电和新能源装备等产业集群。

汽车产业集群。以长春、哈尔滨、大庆、吉林为重点，整合四平、公主岭、辽源、牡丹江零部件配套优势，优化整车产品结构，积极发展自主品牌汽车，共同建设具有国际竞争力的汽车研发和生产基地。提升质量品牌，做大做强汽车零部件配套产业，联手打造大型零部件产业集群，支持长春、哈尔滨、大庆建设零部件研制生产中心。发展纯电动汽车、插电式混合动力汽车等新能源汽车，打造新能源汽车研发中心与生产中心。加快发展汽车后市场，推进配套服务体系建设，打造具有竞争力的汽车服务中心。

石油化工产业集群。统筹大庆、哈尔滨、吉林、松原等石油化工产业发展，突出产品差异化、精细化、规模化优势，联手打造特大型石油化工产业集群。加快建设大庆千万吨级炼油、百万吨级乙烯工程，深度开发乙烯及下游产品，重点发展合成树脂、合成橡胶、合成纤维、有机化工材料，把大庆建设成为国家重要的石油化工产业基地。积极争取利用境外石油、天然气资源。

农林产品精深加工产业集群。依托区域丰富的农（林）产品资源优势和黑土地资源优势，联合打造重要的农（林）产品加工产业集群，建设农业产业化示范基地。推动哈尔滨、长春食品产业创新发展，支持县城为重点的特色农业绿色科技基地建设，重点发展水稻、玉米、大豆、马铃薯等农产品精深加工，壮大乳制品、蛋制品、啤酒饮料、食用菌、人参鹿茸、蛙鹿禽鱼等绿色食品产业，打造全国知名绿色食品品牌。推进玉米主产区的深加工企业联合重组，促进玉米加工向糖、酸、醇、酯深加工发展，积极发展非粮生物化工和生物质能源产业。提升畜禽乳精深加工能力，大力推进畜禽产业向下游延伸，提高产品科技含量和附加值。

战略性新兴产业集群。依托哈尔滨、长春科研资源优势和高新技术产业基础，充分发挥国家级新区、高新区和新型工业化产业示范基地要素集聚平台作用，联合打造一批创新园区和战略性新兴产业基地，重点突破创新链的关键技术、产业链的关键环节，加快形成生物医药、机器人及智能控制设备、航天装备、海洋工程装备、光电信息、新能源、新材料、云计算等战略性新兴产业集群集聚区。

专栏 1－3　战略性新兴产业发展重点

生物医药产业：重点发展疫苗、基因工程类药物、生物中药、化学药等，生物药重点布局在长春、哈尔滨，化学药重点布局在哈尔滨、大庆、吉林、辽源，中药重点布局在延吉、敦化、牡丹江。

光电信息产业：重点发展汽车电子、新型电子元器件、智能控制设备、光电子、软件、动漫等，光电子、汽车电子重点布局在长春、哈尔滨，电力电子、新型元器件重点布局在吉林、大庆，软件产业重点布局在长春、哈尔滨、吉林、延吉。

新材料产业：重点发展金属材料、无机非金属材料、高分子材料、新型建筑材料等，重点布局在长春、哈尔滨、齐齐哈尔、大庆、吉林、辽源、牡丹江。

新能源产业：重点发展太阳能、油页岩、风电、新能源汽车等，重点布局在哈尔滨、牡丹江。

机器人及智能控制装备制造业：积极发展机器人整机及关键部件，汽车、食品、冶金、制药、石化后处理等行业自动化生产线，重点布局在哈尔滨。

海洋工程装备制造业：积极推动船用发动机电控系统、船用燃气动力装置、综合导航系统、水下作业装备、中速船用柴油机曲轴等关键技术及产品的产业化，重点布局在哈尔滨、齐齐哈尔、牡丹江。

第二节　积极发展现代服务业

加快发展金融服务业。加强长春、哈尔滨两市金融合作，依托现有区域性要素交易平台，共同推进区域金融开放创新。鼓励设立哈长城市群产业投资基金、创业投资基金，吸引社会资本参与。支持保险资金在依法合规、风险可控的前提下，参与城市群建设。提升金融业对外服务能力，推动对俄对韩国际结算市场建设。支持哈长城市群开展跨境人民币业务创新试点，鼓励企业在跨境贸易和投资中使用人民币计价结算。

大力发展现代物流业。适应“中蒙俄经济走廊”陆海丝绸之路经济带建设需要，支持哈尔滨航空物流业发展、推动长春国际汽车城国际物流基地建设，稳定运营长春—满洲里—欧洲、哈尔滨—欧洲的国际铁路货运班列，推动国际班列发展，提高对通道沿线货源的双向集聚能力。加快建立区域物流公共信息平台，发展第三方物流、冷链物流、邮政快递和新兴业态。加大粮食物流通道建设力度，完善和优化粮食物流节点布局。加强东北亚地区跨境贸易信息服务，在哈尔滨建设对俄大宗产品仓储分拨中心，在长春建设对韩贸易为主的物流产业合作园区。规划建设哈尔滨临空经济示范区，支持四平内陆港建设，强化珲春、绥芬河等沿边口岸功能，提升对外物流服务功能。

推进信息服务业产业化进程。实施“互联网＋”行动，推进物联网、云计算、大数据、地理信息等信息服务产业化进程，重点发展电子政务、智能交通、食品安全、智慧金融等“云应用平台”，建设哈尔滨“云谷”，完善提升新华

（大庆）国际石油资讯中心服务功能，建设长春卫星遥感图像应用云平台，完善提升长春东北亚大宗商品网络交易平台。积极培育科技创新孵化器，支持长春、哈尔滨打造公共技术创新服务中心。大力发展软件开发、文化创意、动漫、广告与服务外包产业，加快吉林东北亚文化创意科技园、吉林动漫游戏原创产业园、新媒体动漫产业（平房）发展示范区等集聚区建设。

协同发展旅游会展业。整合开发沿长白山山脉、松花江沿线旅游景点及资源，加强旅游基础设施建设，研究建设长白山亚布力滑雪旅游度假区等主要旅游景区通达周边主要城市的快速铁路，打造国内外知名的精品旅游线路、休闲度假胜地。突出冰雪、雾凇、森林、生态、湖泊、湿地、温泉、工业、边境、红色等特色旅游资源，合力打造旅游品牌。依托中国—东北亚博览会、中国—俄罗斯博览会、中国（齐齐哈尔）绿色食品博览会等展会品牌，提升区域发展影响力。完善哈尔滨太平机场72小时过境免签政策，提升境外游客集聚能力。提升面向俄罗斯、韩国出境游市场的综合性信息服务水平，打造国内游客赴俄、赴韩朝旅游集散中心。提升哈尔滨国际冰雪节、哈尔滨之夏音乐会、长春电影节、中国（长春）国际动漫艺术节等展会影响力。

推动商贸服务业繁荣发展。以哈尔滨、长春为核心，立足区域性中心城市人流、物流、资金流集聚优势，大力推广连锁经营、货仓式商场、物流配送等现代流通方式。支持商贸龙头企业做大做强，推动区域性商品交易中心、专业集散市场、标准商业步行街和大型商业综合体转型升级，打造地标性区域商圈。支持传统商贸服务业与网络信息技术融合，打造线上线下电子商务平台。

共建健康养老产业。积极应对人口老龄化趋势，发展具有地区特色的生态绿色健康养老产业。推进哈尔滨、长春、牡丹江、吉林、松原等城市生态养老基地建设，推广“医养结合”养老模式，提升服务能力和品质。发挥生态环境资源和四季分明的气候优势，引进国内外先进的康体疗养机构，大力发展“候鸟式”养老、中医康复疗养、温泉康体疗养、食疗药膳等康体服务，构建集医疗服务、健康管理与健康促进、健康保险等于一体的健康养老服务产业体系，打造全国具有竞争力的夏季养老和健康产业基地。推进哈尔滨、长春、齐齐哈尔、梅河口等地养老服务业综合改革试点。

第三节 发展壮大现代农业

夯实现代农业生产基础。深入实施黑土地保护工程，全面提升农业水利化、机械化、信息化水平，推进高标准农田建设，大力推进土地整治，保护提升耕地质量，打造一批粮食生产核心功能区。建设全国重要的粳稻、大豆、优质专用玉米和马铃薯生产基地。推进哈尔滨“全国优质绿色食品原料基地”、长春“优质粳米之都”建设。

完善现代农业经营体系。推进黑龙江省“两大平原”现代农业综合配套改革试验。引导土地流转，发展规模经营，培育壮大家庭农场、专业大户、农民合作社、农业产业化龙头企业等新型经营主体。完善大宗农产品仓储、物流基础设施建设，打造高效现代化农产品物流体系。大力发展“互联网+”现代农业，依托现有交易市场规范发展大宗农产品电子交易业务，构建服务城市群的综合性信息系统和服务平台。提升仓储物流节点功能，重点推进“粮食工程”等农产品仓储模式。

建立现代农业产业体系。推动粮经饲统筹、农林牧渔结合、种养加一体、一二三产业融合发展。做大做强龙头产业，延伸产业链条，推动精深加工，推动大豆、水稻、玉米、马铃薯、森林食品深加工、非转基因油脂生产、乳品加工基地建设。支持哈尔滨、大庆、松原、延边等国家农业科技园区建设，加快推进齐齐哈尔绿色食品产业园区、吉林中新食品区建设，提升区域品牌影响力和知名度，带动有机绿色食品生产大县提档升级，打造知名品牌。大力发展都市农业、休闲农业、观光农业、设施农业，建设以绿色有机为核心的国家现代农业示范区。优化农业产业结构和区域布局，开展种植业结构调整试点。

第七章　生态文明共建

坚持绿色发展，树立绿水青山就是金山银山的意识，强化尊重自然、传承历史、绿色低碳等理念，加大自然生态系统和环境保护力度，推动城市发展由外延扩张式向内涵提升式转变，全面促进资源节约循环利用，建立健全生态文明制度体系，建设人与自然和谐发展的绿色生态城市群。

第一节　构建区域生态屏障

严格开发保护制度。推动各地区依据主体功能定位发展，加快完善财政、产业、投资、人口、环保等配套政策，健全国土空间用途管制制度，完善自然资源监管体制。强化土地用途管制，落实占补平衡制度，切实减少各类建设对耕地的占用。科学划定城市开发边界，控制城市开发强度，推动城市发展由外延扩张式向内涵提升式转变。落实最严格的耕地保护制度、节约用地制度和基本农田保护制度，加快划定永久基本农田保护红线，加强黑土地、草原保护和利用，强化土地用途管控。开展水土流失综合治理，加强坡耕地及侵蚀沟水土流失治理。严格河湖管理与保护，严禁非法侵占河湖水域。构建反映市场供求和资源稀缺程度、体现自然价值和代际补偿的资源有偿使用和生态补偿制度。加快推进长白山林区生态保护和经济转型发展。

打造区域生态廊道。依托长白山脉、张广才岭、大小兴安岭等，构筑连接城市群东北—西南走向的生态屏障，新建一批自然保护区，加强自然保护区管理，结合中西部平原地区的水土保持和荒漠化治理，推进吉林西部长岭乾安高地防风固沙生态保护带。以山脉、河流水系、道路为基本骨架，平原、台地为自然本底，城市区域为人文景观板块，推动实现自然景观与人文景观共融，打造区域生态廊道。依托现有各级交通路网，建设城市群交通干线两侧绿化带，构建高度连通的生态廊道网络体系。推进四平、延边、牡丹江、五常生态文明先行示范区建设。

形成生态景观格局。加快城市群东部森林山地景观风貌区、中东部低山丘陵景观风貌区、中部农田景观风貌区和西部草原景观风貌区建设，打造松花江、嫩江、牡丹江、图们江和拉林河五条水域生态景观廊道，形成“四区、五廊”景观生态空间格局。以松花江、嫩江等主要河流为轴线，合理规划滨河绿带、坝、堤和人行步道系统，建设沿江水系自然景观带，加快推进哈尔滨松花江百里生态长廊、长春伊通河等沿江两岸的绿色生态廊道建设。

扩展城市生态空间。要将环境容量和城市综合承载能力作为确定城市定位和规模的基本依据，划定水体保护线、绿地系统线、基础设施建设控制线、历史文化保护线、永久基本农田和生态保护红线，打造以自然山水为依托，林地、草原、农田为基础，园林绿地为重点的城市绿地生态系统，优化重组城市内部生态节点、生态廊道、生态斑块等生态功能区，维护景观生态格局的连续性，形成结构合理、环境优良、景观特征明显的城市空间生态格局，全面推进城市园林绿化及人居生态环境建设，促进城市绿色发展。加快城区老工业区、独立工矿区搬迁改造和采煤沉陷区生态修复与综合治理，加强工矿损毁土地复垦，加快资源枯竭城市转型，促进城市生态环境良性发展。推动吉林、齐齐哈尔、松原、牡丹江、绥芬河、舒兰、海林等市（县）生态市建设。

第二节　推进环境综合治理

深化污染联防联治机制。推进区域环境监测网络一体化建设，实现区域环境信息共享，系统提升区域环境监管水平。严格环保执法，建立环保与各职能部门的联动机制，强化环境考核和问责机制。完善突发环境事件应急机制。完善危险废物经营许可证制度，加强危险废物污染环境突发事件应急体系的建设。深入做好大气、水、土壤污染防治工作。

打好大气污染防治攻坚战。建立大气污染联防联控机制，加大对工业、城镇生活、农业、移动源等各类污染源的综合治理力度，加强二氧化硫、氮氧化物、颗粒物、挥发性有机物等多污染物协同控制，确保稳定达标排放，稳步减少重污染天气。加强城中村棚户区改造、集中供热替代、散煤清洁化治理、煤改气。加快优化产业结构、调整能源结构，加强企业技术改造及污染治理，重点推进淘汰落后产能、清洁能源替代利用、煤炭清洁高效利用、工业节能和清洁生产改造、秸秆综合利用和供热计量改革等工作。

加强重点流域水污染治理。加大松花江流域水环境综合治理力度，加强流域内城镇和工业园区污水、垃圾、污泥、危险废物处理等设施建设，改善重点流域水环境质量。以饮用水水源地保护为重点，科学划定饮用水源保护区，健全饮用水卫生供应系统和监测系统。加强水功能区限制纳污红线管理，建立入河湖污染物限排总量控制和水功能区监督管理制度，保护水生态环境。加强农村面源污染治理，以及畜禽养殖粪污及死亡动物、农作物秸秆、废弃农膜及农业投入品废弃包装物的治理。加强城市河湖综合整治和水系连通，消除城市黑臭水体，保护地下水系统。研究在大庆等地开展地下水修复和生态补水试点工作。实施白山水库调水工程，修复东、西辽河等生态脆弱漂流季节性断流，保障区域水资源供水安全。

第三节　推动绿色循环低碳发展

大力发展循环经济。合理规划园区产业结构和企业空间布局，推动企业、园区和行业间废弃资源、能源和伴生副产品的梯级和循环利用，加强城市生产系统和生活系统循环链接，积极开展园区循环化改造和低碳经济园区试点。推进再生资源产业规范化、规模化发展，提高工业固体废物综合利用水平。鼓励企业实行清洁生产和工业用水循环利用，建设节水型工业。加强重点企业清洁生产审核，推进重点行业改造生产流程，提高能源资源利用水平和效率。

节约集约利用资源。统筹土地资源的开发利用和保护，工业向园区集中、居住向社区集中、农业适度规模集中，推动土地集约利用、规模经营，提高土地使用效率。严控增量用地、优化利用存量，实行建设用地强度控制。严格土地利用总体规划实施管理，优化土地资源配置，推动土地综合开发利用，推广应用科学先进的节地技术和节地模式。加强生活垃圾分类回收和再生资源回收的衔接。严格水资源红线管理，加强用水效率控制管理，强化工业、农业等领域节水改造和技术推广，全面推进节水型社会建设。实行雨污分流，加大推广再生水利用力度，提高污水资源化利用程度。强化节能理念，大力发展绿色建筑和低碳、便捷的交通体系，推进绿色生态城区建设。

发展绿色生态产业。倡导绿色循环低碳生活方式，鼓励绿色生产和绿色消费，推广使用绿色产品。大力发展节能环保产业，提升节能环保技术、现代装备和服务水平。发展有机农业、生态农业，以及特色经济林、林下经济、森林旅游等林产业和草牧业。因地制宜地发展新能源和可再生能源，推动能源新技术产业化。

建立能源消费总量控制和节约制度。强化约束性指标管理，实行能源消费总量和强度双控行动，健全节能和能源消费总量控制目标责任制和奖励制度，确保完成本地区节能和能源消费总量目标。实施全民节能行动计划，提高节能标准，开展能效“领跑者”引领行动。进一步完善能源统计制度，控制重点城市煤炭消费总量。建立健全工业、建筑等重点用能单位节能管理制度，探索实行节能自愿承诺机制。强化节能评估审查和节能监察。加强对可再生能源发展的扶持。

第四节　依法开展环境影响评价

以改善环境质量为核心，实行最严格的环境保护制度，建立统一、高效的环境监测体系和跨行政区环境污染与生态破坏联合防治协调机制，形成政府、企业、公众共治的环境治理体系。严格执行环境影响评价制度，对纳入规划的重大基础设施等建设项目依法开展环境影响评价、履行相关程序、落实环境保护要求。完善产业和项目准入制度，严格土地、环保准入，确保项目选址或选线与区域生态环境保护相协调。把环境影响问题作为规划实施监督及规划后评估的重要内容，密切关注规划实施对区域生态系统、环境质量、人民健康产生的不良影响，发现不良生态环境影响应及时提出改进措施或调整修订规划。严格执行污染物排放标准，完善污染物排放许可制度，严格控制规划实施区域内主要污染物排放总量。

第八章　开放发展合作共赢

坚持开放发展，着力推进体制改革和机制创新，大力发展开放型经济，不断深化国内外区域合作，全面提升开放层次和水平。

第一节　扩大对外开放

畅通对外开放大通道。积极参与“一带一路”建设，推动沿边开发开放。依托绥芬河—满洲里、珲春—乌兰浩特沿线公路、铁路基础，重点加强哈大齐牡、长吉图对外开放陆路大通道，打造东北亚物流交通枢纽。培育哈尔滨、长春面向俄远东地区、日韩朝地区的区域航空枢纽。

打造对外交流合作平台。按照国务院统一部署，加快推广自由贸易试验区可复制改革试点经验，提升对外开放服务功能。加强沿边重点开发开放试验区、边境经济合作区、综合保税区、互市贸易区等园区建设，加快推进中俄、中德、中韩、中新等产业合作园区建设，提升哈尔滨、绥芬河、长春兴隆等综合保税区发展水平，支持具备条件的地区按规定申请设立综合保税区。

推动国际产能和装备制造合作。加快推进工业、农业、木材加工、科技和物流等各类境外经济贸易合作区建设，推动汽车、装备制造、冶金建材、石油化工、农林牧业、森工、现代服务业等领域优势企业“走出去”。鼓励企业采取多种方式参与境外基础设施投资和能源资源合作。研究推进利用境外港口进一步拓展与俄罗斯、日韩、东南亚等地区相连接的江海联运和陆海联运新通道。加强境外投资合作信息平台建设，培育国际化的咨询、评估、法律服务等中介机构，完善出口信用保险政策和对外投资担保体系。

推进口岸通关便利化。加大口岸基础设施建设投入，加快电子口岸建设，推进国际贸易“单一窗口”服务，搭建集口岸通关、执法管理和相关物流商务服务于一体的大通关统一信息平台，实现“一站式”通关服务。扩大中俄海关监管结果互认试点范围，推进东宁—波尔塔夫卡、绥芬河—波格拉尼奇内互市贸易区互免签证。

第二节　加强国内合作

加强与环渤海地区合作。依托京哈干线走廊，大力发展城市群与环渤海地区的立体交通网络，共建“大通关”信息共享平台。积极开展旅游、会展、金融、物流等服务业领域的合作，加强与京津冀、环渤海地区联动发展，探索建立与辽中南地区协同发展机制。

全面深化与其他地区合作。增强对东北地区和内蒙古东部地区的辐射带动作用，积极吸纳周边地区劳动力转移就业，带动周边地区特色产业发展。进一步加强面向长三角、珠三角、港澳台等东部沿海地区的招商引资和市场开拓，引导资金、技术向城市群转移，促进产业结构优化升级。积极开展与长江经济带及中西部地区的交流合作，创新合作形式，深化合作领域，实现共赢发展。

第九章　基本公共服务共享

坚持共享发展，统筹公共服务设施建设，加强社会公共服务资源供给共享，推进城镇常住人口基本公共服务均等化，构建适应城市群发展要求的公共服务体系。

第一节　加强教育交流合作

推进优质教育资源区域共享。支持中等职业学校、高等学校联合办学，推动学分互认、师资互聘，共建重点学科、专业、实训基地和实验室，开展重大课题联合攻关、技术联合开发。大力发展特色职业教育，加强示范性职业教育集团学校建设，积极推进重点职业教育实训园区建设，鼓励中等职业学校跨行政区招生。推进义务教育、特殊教育交流合作，保障农业转移人口随迁子女平等就学。

合力创新人才培养机制。鼓励高等院校、职业院校与科研院所、企业共建创新战略联盟，联合培养高层次的创新型人才。联合建设师资培训平台，加强“双师型”教师培训，引导一批普通本科高等学校向应用技术类型高等学校转型，通过工学结合、校企合作、订单培养等模式联合培养产业亟需的专业技术型管理型人才。

第二节　推进医疗卫生合作

健全城市医疗服务体系。完善综合医院、专科医院和社区卫生服务机构等医疗服务体系，推进区域医疗联合体试点建设。有序发展涉外医疗服务，完善康复、老年护理服务体系，推进医疗服务、预防保健、卫生计生监督、医疗救助机制和医疗保险区域一体化。

共享医疗卫生资源。推动预约诊疗统一平台建设。鼓励高水平医学专家在城市群内医院多点执业。加快同级医疗机构检查、检验结果互认，构建双向转诊机制。加强省际院前急救协作，提高医疗紧急救援能力。推动医学科研联合攻关，提高东北地区高发疾病预防控制和诊疗能力。建立国家级和省级中医药大师、名师专家库，为名老中医跨省开展师承教育提供便利条件。

推动医疗卫生信息化建设。完善区域人口健康信息平台，实现公共卫生、计划生育、医疗服务、医疗保障、药品供应、综合管理等业务应用系统的互联互通和业务协同，实现电子病历、电子健康档案等信息资源动态更新。提升区域内城乡居民健康信息服务水平，推进健康大数据应用，发展智慧医疗服务。

第三节　共同推动文化繁荣

推动公共文化服务体系建设和文化产业发展。整合公共文化资源，共建公共文化服务项目，推进基本公共文化设施管理一体化、服务标准化。完善提升城市博物馆、图书馆、群众艺术馆等大型文化设施功能，推进公共文化设施面向居民免费开放。鼓励域内文化单位联合举办公益性文化活动，在更宽领域满足群众性文化活动需求。加强新兴媒体建设，深入挖掘传统文化内涵，推动文化产业与互联网、科技、制造、金融、旅游、时尚等相关产业融合。支持大型文化企业跨行业跨地域兼并重组和上市，联合打造影视剧、动漫游戏、演出娱乐、数字出版等领域具有区域影响力的特色文化精品，打造东北亚国际文化交流中心。

加强国家历史文化名城保护。保护弘扬中华优秀传统文化，延续城市历史文脉，保护好优秀的历史文化遗产。加强哈尔滨、吉林、齐齐哈尔国家历史文化名城保护工作，建立覆盖历史城区、历史文化街区、历史风貌行政区和历史建筑的保护体系。老城区内控制人口，增加绿化量，历史文化街区核心区不新建与保护无关的建筑。妥善处理历史文化名城、文物古迹保护与城市建设的关系，保护历史文化遗产的原真性和整体性，避免出现拆旧建新、拆真建伪等新的建设性破坏。支持长春等符合条件的城市申报国家历史文化名城。积极推动历史文化名镇、名村和传统村落的建设与保护。

共同保护传承利用文化遗产。依托历史文化名城、文化街区和民族风情小镇，深入发掘特色历史、工业、民族等文化资源，加强金上京遗址、城市工业遗产、中东铁路建筑群等物质文化遗产以及非物质文化遗产保护，建设具有历史底蕴和时代特色的人文宜居空间。支持地方特色的非物质文化遗产的保护和传承，保护具有浓厚乡土气息的民居及地方特色民俗。

第四节　完善社会保障体系

加强就业创业服务保障。鼓励地方设立高校毕业生就业合作组织和青年创业联盟等创业服务机构，为高校毕业生、农村转移劳动力等重点群体提供就业创业信息和职业技能培训服务。完善创业扶持政策，鼓励各城市联合建立青年创业扶持基金，引导鼓励就业创业服务机构提供多样化产品，提高服务水平，推动以创业带动就业。积极支持农民工等人员返乡创业。

推进社会保险体系对接。推动“互联网+”社保模式，建立覆盖城乡的社会保障信息网络，逐步实现社会保障“一卡通”。建立和完善城镇职工、城乡居民社会保险参保缴费、关系转移、待遇核发、档案管理等跨地区转移接续机制，统筹考虑域内跨省异地就医结算机制。

完善住房保障体系。加快推进棚户区、农村泥草（危）房改造及相关配套工程，稳步实施各类保障性安居工程，多种方式筹集公租房房源，加快开展廉租房、公租房等各类保障性住房并轨运行工作，完善多元化的保障性住房融资体系，构建多层次住房供应体系。

第十章 组织实施

黑龙江、吉林两省人民政府要切实加强对规划实施的组织领导，建立省际工作协调机制，制定实施方案，明确分工，落实责任，研究解决城市群建设中出现的重大问题，统筹推动重大项目实施、重大政策落实等工作，依法依规落实规划确定的重点任务和主要目标，规划实施中涉及的重大事项、重大政策和重大项目按规定程序报批。两省要探索有利于推动规划实施的考核评价体系和考评办法，推动建立城市群统一的政府绩效管理制度。

国务院有关部门要按照职责分工，研究制定支持哈长城市群建设的具体政策措施，在专项规划编制、政策实施、项目安排、体制创新等方面给予积极支持。发展改革委要会同住房城乡建设部加强对规划实施情况的跟踪分析和督促检查，会同两省适时组织开展规划实施情况评估，研究新情况、解决新问题、总结新经验，重大问题及时向国务院报告。

后记

改革开放以来，中国城镇化进程不断加快，形成了若干城市群。城市群成为城镇化的主要载体，“十一五”规划谓之“城市群是城镇化发展的主体形态”。城市群在聚集人口、产业等经济要素方面发挥着越来越大的作用，已经成为中国经济的重要支柱。

《国家新型城镇化规划（2014—2020年）》提出“进一步加快培育成渝、中原、长江中游、哈长等城市群，使之成为推动国土空间均衡开发、引领区域经济发展的重要增长极”。国家发改委决定编制哈长城市群规划，我所受国家发改委地区经济司的委托并接受国家开发银行的资助，对哈长城市群的规划进行了系统的研究。

2015年4月以来，课题组多次组织讨论，并分两次赴黑龙江省、吉林省进行调研，实地考察了哈尔滨、长春、大庆、齐齐哈尔、绥化、吉林、四平、辽源、松原以及榆树、扶余、德惠等城市，与当地干部进行深入交谈，收集了大量资料。在此基础上，课题组成员进行了分工，分别研究了城市功能定位、空间布局、基础设施、生态环境、体制机制、世界级城市群等11个专题，从各个侧面对城市群发展战略和哈长城市群进行了分析。在研究基础上起草了《哈长城市群规划研究》初稿，供发改委地区司参考。本书以课题研究报告为基础由李爱民整理而成，肖金成进行框架设计并修改定稿。基于尊重哈长城市群规划历史的原则，本书保留2015年研究原貌，大部分沿用2013年数据。

各章执笔人如下：

第一章、第二章：李爱民；第三章：张燕；第四章：陈梦筱；第五章、第七章：马燕坤；第六章：刘保奎；第八章：汪阳红；第九章、第十章：滕飞；第十一章：余勤；第十二章：申现杰。

在课题组赴黑龙江省、吉林省考察调研期间，黑龙江省发改委和吉林省发改委给予了大力协助，协助收集了大量资料；在报告起草及研究课程中，国家发改委地区经济司刘苏社司长、邹勇巡视员、吴树林副司长、冯垚处长等领导给予了多方面指导，邹勇巡视员亲自带队赴两省调研，在此表示衷心的感谢！

肖金成

2019 年 8 月 8 日